도시농부 직업이 되다

도시농장에서 성공하는 고수익 경작법

도시농부 직업이 되다
도시농장에서 성공하는 고수익 경작법

초판 1쇄 2017년 9월 15일

지은이 커티스 스톤
옮긴이 신인호
발행인 최홍석

발행처 (주)프리렉
출판신고 2000년 3월 7일   제 13-634호
주소 경기도 부천시 원미구 길주로 77번길 19 세진프라자 201호
전화 032-326-7282(代)   **팩스** 032-326-5866
URL www.freelec.co.kr

기획편집 이강인
교정교열 하나래
디자인 이대범

ISBN 978-89-6540-192-6

도시농장에서 성공하는 고수익 경작법

도시농부
都市農夫
직업이 되다

커티스 스톤 지음 신인호 옮김

프리렉

누구나 한 번쯤은 흙을 만지고 땅을 일구어 생계를 유지하며, 틀에 갇혀 사는 삶에서 벗어나 자신이 소유한 경작지에서 농사를 짓고, 자양분이 풍부한 먹거리를 먹을 수 있는 농부가 되고 싶다는 꿈을 꾸어 본 적 있을 것이다. 멋지고 해 볼 만한 도전이다. 하지만 실제로 그 길을 선택하려면 다음과 같이 자문해 봐야 한다. '농사지어서 어떻게 생활비를 벌 것인가?'

농사에 대한 관심이 활발히 일어나고 있지만 농사로 수익을 내는 일은 여전히 요원한 일이다. 농사는 돈벌이가 되지 않는다는 말은 과장이 아니다. 최근에 발표된 미국 농무부(USDA) 자료에 의하면 대부분의 농민들은 농사로 생계비를 벌기 위해 고전하고 있다고 한다.

미 농무부가 개략적으로 설명한 바에 의하면 농산물 생산량이 최고인 해에도 농민들은 적자를 면치 못하고 있다. 평균 농가 소득 예측치인 1,558달러는 2014년도 예측치인 1,570달러와 별반 차이가 없다. 대다수의 농가가 생활비 대부분을 농업 외 소득으로 충당하고 있으며 평균적으로 농업 외 소득으로 벌어들인 소득 예측치는 2015년도에 전년 대비 4% 증가할 것으로 보고 있다.[1]

농부로 살아가기 위해 별도의 일자리를 또 가져야 한다면 결코 옳은 일이 아니며 얼마 안 되어 농사일도 걷어치우게 될 것이다.

수년간에 걸쳐 '퍼머컬처 보이스(Permaculture Voice)' 지면을 통해 조엘 살라틴(Joel Salatin), 마이클 폴란(Michael Pollan), 제프 로튼(Geoff Lawton), 마크 셰퍼드(Mark Shepard), 알란 세이보리(Allan Savory) 등이 분야의 선각자들과 농업의 미래에 대해 토론해 왔기 때문에 미래의 농업 분야는 무엇이 가능하며 무엇이 변해야 하는지 충분히 파악하고 있다.

또한, 농업 분야에 뛰어들어 농사에 자신의 미래를 걸고자 하는 수많은 사람과 대화도 나누었다. 이 사람들은 20~30대에 차세대 농업인이라 할 수 있는 조엘 살라틴 같은 선각자의 발자취를 따라가겠다는 꿈을 꾸며 농업 분야에 진출한 사람들이다. 이들과 토론하면서 농업에 대한 꿈과 매력을 이해할 수 있었지만 동시에 그 꿈을 실현하는 데 장애가 되는 다음과 같은 요소들도 파악하게 되었다.

- 제한된 가용 경작지와 과다한 매입 비용
- 과도한 장비 구입 비용
- 소규모 농장주를 위한 효율적인 유통 시스템 부족
- 질 좋고 영양이 풍부한 로컬 푸드보다 저렴한 식료품을 선호하게 만드는 불량 식품 시스템

많은 사람이 이러한 장애 요소를 극복하기 어렵다고 말한다. 생산 원가는 높고 판매 가격은 낮으며 판매 이익 또한 미미하다는 것이다. 그러다보면 결국 농업인이 되겠다는 꿈은 흐지부지 사라지고 만다.

농업으로 어느 정도 수익을 내는 것은 가능하지만 마음속에 그리던 이상적인 작물 재배와 현실에서 부딪치는 흑자 작물 재배와는 큰 차이가 있다. 많은 사람이 대규모 경작을 하는 조엘 살라틴처럼 성공하려

면 대규모 경작지가 필요하다고 믿는다.

　나도 한때는 여러분처럼 농업을 업으로 삼으려면 당연히 큰 경작지가 필요하다고 믿었다. 하지만 커티스를 만난 후 이러한 농업 경영에 대한 편견이 깨져 버렸다.

　커티스를 처음 만난 것은 '퍼머컬처 보이스'의 지면을 통해서였다. 커티스가 하는 일련의 일에 대해 듣고 처음엔 좀 의아했다. 그는 도시에서 농사를 짓고 대부분의 일을 자전거를 타고 해결하고 있었다. 그런 일은 아주 이상적이고 바람직한 일이지만 현실적으로 가능한 걸까? 그러나 커티스는 정말로 자전거로 모든 일을 해결하고 있었다. 적정 농업(legit farming)이 정답이란 말인가? 시간을 갖고 깊이 검토해 본 결과 새로운 사실을 알게 되었다. 자전거를 타고 도시에서 농사를 짓는다는 것도 놀랍지만 더욱 충격적인 사실은 대부분의 농부들이 꿈도 꿀 수 없는 수천만 원의 수입을 지속해서 내고 있다는 것이다. 그것도 불과 1,350㎡(약 400평)의 경작지에서 말이다. 충격적인 일이었다. 커티스의 농장은 단순하면서도 효율성이 매우 높았다. 그렇다고 기술집약적인 농장도 전혀 아니었다. 수경 재배도 아니었고 아쿠아포닉(aquaponics) 재배 방식도 아니었다. 옛날 방식 그대로인 땅을 갈아 작물을 재배하는 방식이었다. 거의 불가능에 가까워 보였지만 사실이다.

　커티스의 작업 방식은 아주 특이했다. 도시 내의 자가 소유도 아닌 빌린 땅에서 소규모로 농사짓고 수익을 내고 있었다. 지금까지와는 전혀 다른 패러다임이다.

　캐나다 브리티시 컬럼비아주 캘로나에 있는 커티스의 경작지에 직접 가서 그의 방식을 확인해 보았다. 작은 규모지만 효과적으로 수입을 내며 운영하는 진정한 유기 집약적 재배 방식이었다. 커티스의 방식은 실제로 가능했고 이 책에서 그는 자신이 택한 재배 방식을 상세하게 설명하고 있다.

이러한 방식은 이미 수차례 현장 실험마저 거쳤다는 점도 강조하고 싶다. 그동안 그럴듯한 이론만 내세우고 그 이론을 뒷받침할 실례를 내놓지 않는 이론가들이 너무 많기 때문이다. 그러나 커티스는 몸소 경험한 것을 보여 주고 있다. 이 책에는 실제로 시험해 보지 않은 이론은 한 가지도 제시하지 않았다. 실제 재배 현장에서 겪은 체험만을 이야기하고 있다. 커티스는 지난 6년간 농사만 지어 수익을 만들어 내는 농부였다. 농사는 그의 유일무이한 직업이다. 앞에서도 언급한 바 있지만 커티스는 농사로 수익을 창출하고 그것으로 생계를 유지하는 진정한 농부다.

커티스의 성공 비결은 무엇이며, 어떤 방식으로 이 책의 독자들을 성공한 농부가 되도록 도와줄 것인가? 몇 가지로 정리하면 다음과 같다.

- 농장과 농장에서 재배한 작물을 성공적으로 브랜드화하고 마케팅한다.
- 농장에서 하는 모든 일을 매우 효율적이며 효과적으로 처리한다.
- 작물 재배에 처음부터 끝까지 사업 마인드로 접근한다.
- 작물 재배와 관련한 모든 사항을 꼼꼼하게 기록한 후 그것을 분석하여 변화를 준다.
- 작업 현장에서 문제점을 바로 알아내고, 즉각적으로 대처하는 능력을 갖춘다.

대다수 농부는 위에 나열한 5가지 사항을 잘 실행하지 못한다. 실은 수많은 농부가 위의 사항을 아예 시도하지도 않는다. 그렇기에 그들은 농업으로 성공하지 못하고 이내 그만두게 되는 것이다.

지금까지 나열한 성공에 이르는 핵심 요소들이 농사 기법이나 기술과 직접적으로 연관되었다고 보기는 힘들다고 생각할 것이다. 앞에서 말한 사항들은 대체로 개략적인 개념이고 작물을 재배하며 쌓아온 특별한 신념과 사고방식이다. 커티스는 이와 같은 신념과 사고방식을 가지고 도시농업을 수익성 높은 사업으로 성공시켰다. 성공적인 농부가 되고 싶은 여러분도 그의 신념과 사고방식으로 도시농업에 접근한다면 큰 효과를 볼 것이다.

농업을 하기 위해서는 조직적 사고가 중요하며, 큰 문제는 해결이 가능한 작은 단위로 쪼개어 분석해야 문제 해결에 도움이 된다. 커티스는 어떤 재배법이 성공적이고 어떤 재배법이 실패하는지에 대해 집요하게 관심을 기울였다. 그리고 어느 순간이 되면 성공한 재배법에만 집중했다. 이 책을 통해 커티스가 접근한 재배 방식을 잘 살펴보고 어떻게 적용할지 생각해보기 바란다. 하지만 지나치게 고민하지 않아도 된다. 고민하느라 시간을 낭비할 필요도 없으며 복잡하게 생각할 필요도 없다. 그냥 커티스가 한 대로 하고 여러분이 처한 환경과 주변 시장 형편에 맞게 그의 재배 기법을 적용해 시행해 보면 된다.

농사로 성공하는 일은 불가능한 것이 아니다. 현대 사회에서 농업인으로서 성공하려면 예전의 시골농부가 아니라 현대적인 농업 기술을 갖춘 사업가가 되어야 한다. 여러분이 머릿속으로 그리고 있는 농부와 농사일에 대한 이미지는 여러분이 실제로 겪어야 하는 현장에서는 절대 실현되지 않는다. 전통적인 농업 모델은 해체되었고 더 이상 시행되지도 않는다.

차세대 농업인을 위해 커티스가 새로운 모델을 내놓았고 결론적으로 그의 모델이 주장하는 바는 농업도 결국은 사업이라는 것이다. 농업인의 이상적인 삶은 유지하면서 농업도 사업이라는 점을 간과해서는 안 된다.

새롭게 농사에 발을 들인 수많은 농업인이 농업을 사업으로 접근하지 않고 마음만 앞서다 보니 적응하는 데 고통을 겪고 있다. 결국 마음도 상하고 농사짓는 일마저 그만두게 된다.

널리 알려진 전형적인 실패 사례는 다음과 같은 것들이다. 특정 판매선을 고려하지 않고 작물을 심으며, 지나치게 많은 경작지를 얻고, 조밀하지 않게 듬성듬성 작물을 심으며, 작물 재배를 사업이 아니라 취미 생활로 여기며 농사를 짓는다는 점들이다. 이러한 실패의 원인들은 커티스가 체득한 대로 농사일을 전략적 사고로 접근한다면 농사를 짓기 전에 미리 파악하게 될 것이다.

농업을 평생 직업으로 선택한 사람이라면 이 책은 작물 재배 시 아무리 해도 되지 않는 일은 피하고, 집중해야 할 일이 무엇인지 판단하는 데 큰 도움이 될 것이다. 커티스의 농장 경영 시스템을 모델로 삼아 농장을 설립한다면 수익을 내는 성공적인 농업인이 될 수 있다고 믿는다. 물론 쉬운 일도 아니고 시간도 제법 걸릴 것이다. 어려운 일이지만 체험을 통해 배우면서 힘든 시절을 견디어 내야 한다. 농업에 종사하는 일을 가로막는 장애물들은 충분히 극복할 수 있는 것들이다.

수익성 있는 농업은 가능하다.
이 책 속에 그 해법이 있다.
나머지는 여러분의 몫이다.

디에고 푸터, '퍼머컬처 보이스' 창간인

과거 이력

평생 나는 로큰롤 뮤지션으로 살려고 했다. 16살 때까지 동네 친구들과 밴드를 결성해 연주하고 주말에는 가까운 도회지인 밴쿠버와 시애틀까지 가서 순회공연을 했다. 음악을 연주하는 일은 내가 유일하게 좋아하는 일이며 평생 하고 싶은 일이었다. 2002년도에 음악 학교를 졸업하고 '피플 포 오디오(People for Audio)'란 그룹을 결성해, 캐나다 온타리오주 궬프(Guelph)에서 작곡과 녹음, 연주 활동을 하며 1년을 보냈다. 그때부터 9년간, 봄부터 초여름까지 2개월에서 3개월 동안 브리티시 컬럼비아주의 조림작업원으로 일했다. 이 일은 음악을 연주하는 일 외에 내가 비교적 잘할 수 있는 일이었다. 조림작업원으로 파트타임일을 하면 당분간 놀아도 될 만큼 충분한 돈을 벌 수 있어서 겨우내 연주 활동에 집중할 수 있었다. 아마 그 시절에 이미 농부의 소양이 길러졌는지도 모른다. 내가 야외에서 일하고 자연과 함께하는 일을 사랑한다는 사실도 그때 알게 되었다. 2003년도에 9명의 피플 포 오디오 멤버들은 모두 다 같이 몬트리올로 이주했고 그곳에서 또 6년간을 보냈다. 그 당시 여러 차례 녹음 활동과 순회공연을 했고 밴드에서 연주하는 일이 내가 하고 싶은 일의 전부라고 생각했다.

'이유 없는 반항' 세대의 일원이었던 나는 아주 젊은 시절부터 펑크록 음악에 빠져 살았고, 노옴 촘스키와 같은 사상가도 알게 되었다. 펑크 록에 빠져 지내던 어느 날 '해결 방안이 없다면 여전히 문제다.'라는 오래된 속담을 알게 되었다. 그 속담은 내내 나의 뇌리에 남아 있었다. 2007년 하반기 무렵 서방 세계와 그 외 다른 나라에서 벌어지는 여러 사건에 대해 개인적으로 상당한 충격을 받았다. 끊임없이 이어지는 전쟁과 환경 파괴, 소수 엘리트에게 부가 편중되는 경제 시스템에 회의를 느끼기 시작했다. 종종 그와 같은 정의롭지 못한 일 때문에 잠을 이루지 못하곤 했다. 그 당시 음악 관련 활동도 점차 줄어들고 있었다. 밴드도 해체 직전이었고 생전 처음으로 내 인생에 대해 다시 생각하게 되었다. 내가 진정으로 바라는 일은 뮤지션이 되는 일이었지만 분명한 건 내 바람대로 일이 잘 풀리지 않았다는 사실이었다.

그해 겨울, 낮에는 스크린 프린팅 가게에서 일했고 밤에는 대부분 인터넷 검색을 하며 보냈다. 그러던 중 자급자족하며 사는 법, 환경친화적 건축과 농업에 대해 알게 되었다. 시간이 갈수록 이 지구상에서 지속 가능한 방식으로 살아가는 방법을 찾는 일에 집착하게 되었다. 나의 삶을 내가 통제하며 살고 싶었고, 내가 추구하는 가치에 맞게 살아가고 싶었다. 심지어 내가 접한 세상의 수많은 일에 혐오를 느끼기도 했다. 풍요로운 나라에 사는 우리들만 관광 여행을 다니고, 먹고 싶은 대로 먹고, 돈도 모두 가져간다는 일이 몹시 싫었다. 일상생활을 하며 목격한 일들은 어떤 식으로든 환경에 악영향을 주고 있었으며, 그 전에는 단 한 차례도 겪어 보지 못한 절망감에 빠지게 했다. 어느 날 밤 인터넷 검색을 하다가 우연히 우프(WWOOF: World Wide Opportunities on Organic Farms, 세계 유기농 농장 체험 기구)[1]라는 프로그램을 발견하고 그곳에서 내가 찾는 답을 찾을 수도 있겠다고 느꼈다. 이 기구를 통해 유기농업에 대해 더욱 적극적으로 탐구하게 되면서 내 삶도 문명의 이기를 벗어나 활기가 넘치게 되었다. 그 무렵에 몬트리올을 벗어나서 뭔가 새로운 일을 시작해야겠다고 깨달았다. 그것이 명확하게 무엇인지 여전히 알 수 없었지만 나는 한 발 또 한 발 앞으로 내딛기 시작했다.

그리고 5년 후에 내가 어떤 모습으로 살아가고 있을지 윤곽이 잡히기 시작했다. 어떤 방식이 되었든 반드시 자급자족하며 살기로 했고 5년 동안 브리티시 컬럼비아주에서 조림작업원으로 계속 일하기로 했다. 정말 길다 싶을 정도로 오랜 시간 일을 하다 보면 매년 좀 더 많은 돈을 저축할 수 있을 것이고, 최종 목표는 땅을 살만한 돈이 모이면 문명의 이기를 버리고 나만의 자급자족 농장 단지를 시작하는 것이었다. 그 계획서에는 우프를 통해 체험 여행을 떠나는 것이 첫 번째 단계로 포함되어 있었고 그런 체험 여행을 통해 기본적인 농사 기술도 배울 계획이었다. 체험 여행은 오토바이를 타고 브리티시 컬럼비아주에서 북미 대륙 남서부 해안가를 돌며 그곳에 있는 농장과 농가를 방문하는 것이었다.

2008년 3월 말, 몬트리올을 떠나 다시 브리티시 컬럼비아주로 돌아갔다. 그곳에서 봄부터 여름까지는 조림작업원으로 일하고 다른 계절에는 서부 해안가를 따라 오토바이 여행을 시작할 계획이었다. 브리티시 컬럼비아주에 도착하여 새로운 회사에서 일을 시작했고 그곳에서 나와 여러 면에서 비슷한 꿈을 가진 제이슨이라는 친구를 만났다. 우리는 금방 친해졌고 종종 함께 차를 타고 출근하며 자급자족하는 삶과 목표 달성을 위해 무엇을 할 것인지에 대해 많은 대화를 나누었다. 제이슨은 1년 전에 자전거를 타고 미국 전역을 횡단했다고 했다. 믿기 힘든 이야기였지만 대단히 깊은 감명을 받았다. 그래서 나 또한 오토바이를 타고 해안을 따라 여행하는 대신 자전거를 타고 가기로 계획을 바꾸었다. 조림작업원으로 일하는 남은 기간 내내 밤마다 여행에 대한 계획을 세워나갔다. 켈로나에서 출발해 해안을 따라가는 자전거 여행이었다.

2008년 8월 18일, 내 인생을 변화시킨 여행을 떠났다. 믿기 어려울 정도로 친절하고 관대한 사람들을 만났고 방문하는 곳마다 전혀 생각하지 못했던 특별한 경험을 하게 되었다. 문명의 이기를 버리고 자급자족하는 농장과 환경공동체, 자신들만의 가치를 추구하며 살아가는 사람들이 사는 농장 단지를 방문했다. 그 여행에서, 자급자족 하며 살아가는 방법을 배우기보다는 나에 대한 문제를 깨닫는 것이 더 많았다. 나 자신이 추구하는 목표를 항상 잊지 않으려고 노력했다. 어디를 가든 사람들은 가까이 다가왔다. 특히 꼭 만나 보고 싶은 사람들이 가까이 다가왔다. 여행 중에 만난 사람들에게 깊은 감명을 받았고 그들도 나로 인해 큰 감동을 받았다고 했다. 이러한 상호 교감은 그동안 내가 갖고 있던 세상에 대한 인식을 바꾸는 계기가 되었다. 옳다고 생각하는 일을 어떤 방식으로든 실천에 옮기는 일도 세상에 매우 큰 영향을 끼친다는 사실을 깨달은 것이다. 원래 계획대로 라면 미국 샌디에이고를 거쳐서 보다 더 멀리 여행할 계획이었지만 이미 나는 무엇이든지 할 수 있다는 자신감이 생겼다. 매일 160km나 되는 거리를 자전거를 타고 가는 일은 체력 단련과 정신력 강화에 효과가 있었다. 홀로 자전거를 타고 여행하다 보면 낯선 이들에게 도움을 청할 수밖에 없다. 어쩔 수 없이 나의 부족한 부분을 드러내는 것이었지만 오히려 사람들의 마음을 열게 하는 이유가 되기도 했다. 사람들과 멀어지는 것이 나의 자존심과 자만이었다는 것을 깨달은 순간이었다. 이 여행을 통해 열린 마음으로 사람들에게 다가가는 것이 얼마나 의미 있는 일인지 깨닫게 되었다.

어째서 농장을 경영하려 했는가

2008년 11월 자전거 여행에서 돌아온 후, 겨우내 농업에 관한 책을 지속적으로 읽으면서 어떻게 농사를 지어야 하는지 수없이 검토했다. 그 당시 내가 어떤 농장을 원하는지 대충은 감을 잡았지만 그 농장을 어떤 형태로 만들겠다는 확신이 서지 않았다. 자꾸만 망설이게 만든 가장 큰 문제는 브리티시 컬럼비아주의 땅값이 너무 비싸다는 점이었다.

그것은 내가 세운 5개년 계획 기간 중 2년 내내 여전히 고민거리였으나 어쨌든 계획을 성사시키기 위해서는 계속 추진해 나갈 수밖에 없었다. 원한 만큼 돈도 모이지 않았지만 그래도 농업에 대한 조사를 수없이 했고 그 결과 몇 가지 사실에 대해 결론을 내릴 수 있었다. 조사 과정에서 존 제본스(John Jeavons)는 물론 엘리엇 콜만이 쓴 책을 모두 읽었다. 그 결과 이제 내가 해야 할 농업 분야는 일종의 소규모 집약(SPIN : small-plot intensive) 농업이라는 것을 깨달았다. 그러나 여전히 땅 문제가 해결되지 않았다. 그해 겨울 친구 중 한 사람이 방문했고 우리는 농업에 관한 이야기를 나누었다. 나는 경작할 땅을 확보하는 일이 큰 고민거리라고 이야기했다. 친구는 잘은 모르지만 소규모 집약 농업에 대한 이야기를 들어본 적이 있다고 했다. 그는 이런 방식으로 농사를 짓는 농부들은 4,048㎡(약 1200평)의 경작지에서 1억 원까지 번다는 점도 언급했다. 그 당시에는 말도 안 된다는 생각이 들어 사실 믿지 않았다. 내가 엘리엇 콜만의 책을 통해 파악한 사실은 4,048㎡ 경작지에서 최대한 올릴 수 있는 수익은 2천 4백만 원까지였다. 속으로 친구가 과장하고 있다고 생각했다. 그해 늦은 봄 다시 한 시즌 동안 조림작업원 일을 하기 위해 브리티시 컬럼비아주 해안과 내륙 지방으로 돌아갔다.

그 시절, 어느 때보다 극도로 피로감을 느끼기 시작했다. 조림작업원으로 일한 지 벌써 9년째였고 내 몸이 이제 그 일도 할 만큼 했다고 느끼는 듯했다. 자전거 여행에서 돌아와서는 활력이 넘치는 걸 느꼈지만 어쩌면 목표했던 5년 안에 토지 구입 자금을 충분히 모으지 못 할 거라는 생각이 들자 우울해지고 다시 절망의 굴레 속에 빠지는 것을 느꼈다. 게다가 조림작업원 일도 그만두어야 한다는 것을 알고 있기에 땅을 사서 자급 농장을 만들려는 내 꿈도 사라지고 있는 듯했다. 그해 조림 시즌이 4분의 3쯤 지난 어느 날, 나는 근처에 있는 마을에서 역시 조림작업원 일을 하는 친구를 방문했다. 우리는 농사지을 땅을 구하지 못하는 절망적인 상황과 더 이상 조림작업원 일을 버텨내지 못할 것 같다는 점에 대해 이야기를 나누었다. 그런데 예전에 만났던 다른 친구처럼 그도 소규모 집약 농업을 언급했다. 가장 친한 친구 2명에게서 소규모 집약 농업에 대해 이야기를 듣고 나니 그 일에 대해 좀 더 자세하게 알고 싶어졌다.

그해 조림작업원 일은 6월에 마감되었고 캘로나로 돌아와 소규모 집약 농업에 대한 서적을 찾아 읽기 시작했다. 저자들이 책에서 주장하는 사안들을 믿을 수가 없어서 브리티시 컬럼비아주에서 실제로 그 일을 하는 사람을 찾기 시작했다. 내 또래의 폴(Poal)이라는 사람을 만났는데 그는 브리티시 컬럼비아주 넬슨(Nelson)시에서 자전거를 타고 다니며 소규모 집약 농장을 운영하고 있었다(좀처럼 믿기 어려운 성공담인 것이 넬슨시는 미국 샌프란시스코시만큼 언덕진 곳이었기 때문이다). 그는 내게 많은 시간을 할애해 주었다. 나는 그가 겪은 체험에 대해 엄청난 양을 기록했다. 그 당시 나도 폴이 넬슨시에서 하는 일을 캘로나에서 하고 싶다는 것을 강하게 느꼈다. 폴처럼 자전거 페달을 동력으로 삼아 시작하고 싶었다. 나는 무척 고무되었고 실제로 행동에 옮기고 싶다는 생각이 들었다.

장애물이 오히려 해결책이 되다

그해 여름 하반기에 소규모 집약 농업 관련 서적을 더 찾아 읽고 온라인으로 도시농업을 하는 사람들의 사례를 찾아보았다. 그 결과 이 일이야말로 내가 할 일이라는 확신을 하게 되었다. 친구와 가족들에게 이 일에 대해 이야기하기 시작했고 얼마 지나지 않아 작은 대지를 확보하게 되었다. 그곳은 내 오랜 친구의 가족이 소유하는 캘로나 도심에 있는 주택의 대지였다. 대지는 두 개로 나누어져 있었다. 모두 합해 2,024㎡(약 600평)였고 한쪽 대지에는 건평이 186㎡쯤 되는 오래된 저택이 서 있었는데 그 저택 앞뜰과 뒤뜰은 각기 223㎡였다. 인접한 또 다른 대지에는 몇 년 전에 불타 버린 집터가 있었다. 그 대지 소유주가 불탄 집을 헐어내어 집터에서 깨끗이 치워버렸기 때문에 그곳에 남은 것은 집 기초가 있었던 커다란 웅덩이뿐이었다. 그 대지를 소유한 가족들은 친절하게도 내게 그 집터도 사용하게 해 주었다. 그들이 바라는 것은 내가 대지 전체를 돌봐 주고, 경작을 시작한 후에는 매주 한 번 한 바구니의 채소를 공급해 달라는 것이었다. 한때는 다른 사람들에게 집을 빌려주고, 매월 일정 비용을 들여 경관을 유지해 왔지만 결국 더 이상 유지 관리할 수 없는 지경에 이르게 된 상태였다. 적절한 시기에 딱 내가 나타난 셈이었다. 대지 소유자는 대지를 관리할 매니저가 필요했고 나는 농사지을 땅이 필요했던 것이다. 바로 서로에게 이익(Win-Win)이 되는 셈이었다. 2009년 8월에 그 대지를 개간하기 시작했다. 대지 둘레가 구석진 데다가 앞쪽이 너무 트여 있어서 울타리를 치기 시작했다. 한쪽 구석에 있는 대지는 표토의 대부분이 건축 폐기물로 덮여 있어서 새 흙을 들여와 덮어 주어야 했다. 땅 소유주는 나와 울타리 공사를 하는 업자에게 인건비를 지급하고 새로운 흙을 들여오는 비용까지 지불할 정도로 큰 호의를 베풀었다. 울타리를 치고 새 흙을 들여와 덮는 비용은 모두 합해 9백 6십만 원이 들었다. 그해 10월 초까지 다음 해 작물 재배를 위한 준비가 완료되었다. 일단 잔디를 제거한 후 경작지를 만들어 피복 작물로 가을 호밀을 심었다. 다음 해 봄까지는 그 대지에 별다른 변화가 없었다.

　겨울이 오기 전에 농사짓는 일을 가능한 많이 체험해 보고 싶었지만 그해 경작 시기가 너무 늦어서 체험할 기회가 별로 없었다. 브리티시 컬럼비아주 빅토리아(Victoria)에 있는 '페달 투 페달(Pedal to Petal)' 이라는 그룹은 페달 동력을 이용하여 퇴비 운반 서비스를 하고 있었 다. 그들이 하는 방식에 영감을 얻어 가을부터 겨울까지 뭔가 그들이 하는 일과 비슷한 일을 하며 지내기로 했다. 그렇게 하면 최소한 퇴비 에 관해 한두 가지 정도는 배울 수 있다고 생각했다. 시내에 있는 아 이스크림 가게에서 깡통을 모두 수거해도 되는지 물었더니 어차피 빈 깡통은 버리는 것이라며 기꺼이 수거하게 해주었다. 그 빈 깡통을 친 구들 한 명당 하나씩 나눠 주고 채소 찌꺼기를 이 통에 담아두면 일주 일에 한 번씩 자전거를 타고 와서 가져가겠다고 말했다. 이렇게 별로 내놓을 것 없는 퇴비 제조 프로그램이 본격적으로 시작되기까지는 그 리 오랜 시간이 필요하지 않았다. 일주일에 20시간 정도는 채소 찌꺼 기 깡통을 수거하고 찌꺼기를 쌓아 놓고 뒤집어서 건조된 갈색 퇴적물 이 드러나게 하는 작업을 했다. 그러자 친구가 일하는 레스토랑에서 도 채소 찌꺼기를 수거할 의사가 있는지 물어 왔다. 이 일은 그 레스토 랑의 셰프와 인연을 맺게 되는 첫걸음이었고 결국 그와의 관계는 더 욱 긴밀하게 되었다.

가을부터 겨울까지 매주 퇴비 제조 프로그램에 매여 꽤 바쁘게 지 내면서도 농사짓는 일과 원예업 관련 책들을 틈틈이 읽었다. 이웃 사 람들이 그들의 지역에서 무슨 일이 벌어지고 있는지 관심을 갖게 되 기까지 그렇게 오랜 시간이 걸리지 않았다. 내가 의식하기도 전에 많 은 사람이 찾아와 질문하기 시작했다. 그 후에는 신문사와 라디오 방 송국에서 찾아왔다. 그해 10월까지 엄밀히 말해서 작물 재배는 시작 도 하지 않았는데 정원 관리 모임과 교육기관으로부터 내가 하려는 일 에 대하여 강연을 해달라는 초청을 받았다. 실제 현장 경험이 아무것 도 없어서 솔직히 당혹스러웠다. 하지만 이론면에서는 상당한 수준이었고 여전히 열심히 배우고 있는 것도 사실이었다. 그래서 나는 내가 하려고 하는 도시농업에 대해 논리적으로 분명하게 설명만 하기로 했다. 그 이유는 어차피 수없이 반복해서 같은 사항을 설명해야만 한다는 사실 때문이었다. 그해 늦은 겨울 토마토와 피망, 양파 등 지속 성장 작물 재배 준비를 했다. 6개월 동안에 온갖 언론 매체와 접촉하다 보니 시에 거주하는 많은 사람은 이미 나를 도시농부 혹은 퇴비 제조인으로 기억하고 있었다.

그때는 실제로 아는 것이 별로 없었기에 심적으로 불안한 상태였던 걸로 기억한다. 어느 날 밤에는 식은땀을 흘리다 잠을 깨고는 '젠장 내가 정말 이 일을 하긴 할 것인가?'라는 생각에 잠을 설친 적도 있었다. 시에 사는 모든 사람이 나를 대단한 도시농부로 여기고 있지만 실제로는 전문적으로 채소를 길러본 적이 없었다. "실패하면 어쩌지? 얼마나 창피한 일일까?" 하지만 나는 그런 부정적인 생각보다 긍정적인 사고방식을 지니는 방법을 예전부터 이미 습득하고 있었다. 항상 "실제로 실현될 때까지는 마치 실현된 것처럼 행동하라."는 말은 내가 항상 외우는 주문이 되었다. 새로운 것을 끊임없이 배우기 위해 많은 노력을 기울였고 조언을 해 줄 동종 업계의 멘토를 찾기 위해 많은 시간을 할애했다. 우리 지역에 사는 나이 지긋한 유기농 농업인이나 전문 원예사가 없었더라면 아마 내가 하는 일도 많이 달라졌을 것이다. 재배 상식과는 전혀 다르게 (실제로) 작물을 재배하는 경작인들과 대화하는 일이 아주 소중하다는 것을 깨닫게 되었다. 단순히 하라는 대로 했지만 그들이 알려준 작물 지식과 해충 사이클 그리고 토양의 생산력과 생명력까지 포함한 모든 것이 내가 빠르게 성공할 수 있는 중요한 요소가 되었다. 나는 끊임없이 경청하고 배우면서 약점을 드러내는 것을 두려워하지 않았으며 내가 생각해도 어리석은 질문도 주저하지 않았다. 항상 질문했고, 답을 아는 것처럼 행동하지도 않았다. 오늘날까지도 그런 태도를 견지하고 있다. 이러한 태도는 서부 해안을 따라 자전거 여행을 하면서 습득한 것인데 농사를 지으며 성공적으로 살아가는 내 인생에 매우 소중한 생활신조가 되었다.

처음 4년간의 교훈

농사를 짓기 시작한 후 3개월 동안 소중한 교훈들을 많이 얻었고 그러한 교훈을 여러분에게도 나눠 주고 싶다. 그 첫 번째 교훈은 '한 번에 너무 많이 하려고 하지 마라!'는 것이다. 1,012㎡(약 300평) 혹은 그보다 더 작은 규모로 시작해야 한다. 처음 나는 2,024㎡의 경작지로 시작했다. 사실 그해 초 넓이가 556㎡인 한 단지를 경작지로 시작했고 그 수준을 계속 지켜나갔어야 했다. 도시농부가 직면하게 되는 문제점 중의 하나는 수많은 사람이 도시농업을 긍정적으로 보기 때문에 도시농부가 도시에서 농사를 짓겠다고 하면 실제로 땅을 내놓겠다는 사람들이 넘쳐 난다는 점이다. 바로 그런 일이 내게도 일어났다. 11월부터 2010년 3월까지 내가 하고 있는 일에 대해 수많은 기사가 지역 신문에 실리자 매일 한 건씩 땅을 제공하겠다는 사람들의 전화를 받았다. 정말 터무니없는 일이었지만 그 제안들을 그냥 거절하기가 쉽지 않아서 결과적으로 너무 많은 땅을 받아들이게 되었다. 그해 작물 재배 시즌에 일곱 군데 경작지, 총 2,024㎡에서 농사를 짓게 되었다. 그해 내가 직면한 가장 큰 문제는 어느 경작지든 가능하면 똑같이 돌보려 했다는 점이다. 그러나 그 당시에도 농장의 동력은 페달 동력이어서 자전거로 경작지에서 경작지로 이동하는 데 많은 시간을 허비했다. 또 너무 많은 종류의 작물을 재배했고 대부분의 작물들이 거의 수익을 내지 못했다. 그래도 다시 되돌아보면 전반적으로 그 재배 시즌은 성공적이라고 볼 수도 있다. 그해 5월 15일부터 10월 31일까지 작물 재배를 해 총 2천 6백만 원을 벌어들였다. 나를 도와주는 일꾼 한 명이 그 시기에도 역시 거의 매일 작물 재배를 도왔다. 그 시즌이 내게는 육체적으로 가장 힘든 해였는데 거의 일 년 내내 매주 100시간씩, 심지어는 작물 재배가 성수기를 지난 뒤에도 그렇게 힘들게 일을 했다.

그다음 2년 동안에도 과부하가 걸린 경작지 규모는 그대로였고 (2,024㎡), 여전히 상근직으로 일꾼 한 명을 썼다. 더 이상의 경작지는 추가되지 않았고 농장의 총소득은 증가했다. 2011년에는 2,024㎡의 경작지에서 총 6천 6백만 원의 수입을 올렸고, 2012년도에는 2,024㎡도 안 되는 경작지에서 총 9천 3백만 원의 매출을 올렸다. 그 당시 나는 얼마나 많은 경작지에(서) 작물 재배를 하느냐보다는 시장에서 원하는 작물을 재배하는 것이 더 중요하다는 점을 깨닫기 시작했다. 당시 유행하던 방법처럼 3년간은 주로 파머스 마켓에 작물을 판매했으나 해를 거듭하면서 점유율을 줄여나갔다. 판매선 다양화를 추구한 결과 공동체 지원 농업(CSA: Community Supported Agriculture)과 파머스 마켓 그리고 레스토랑으로 판매선을 확대했고 결과적으로 작물을 더 많이 유통시킬 수 있었다. 한쪽에서 팔리지 않는 작물을 다른 판매선에서 팔 수 있었기 때문이다. 작물을 재배한 지 3년 만에 레스토랑이 주 판매선이 되었다. 버나드 카사반트(Bernard Cassavant)라는 특별한 레스토랑 셰프를 소개받게 되었고, 그 레스토랑에 공급한 지 한 달 만에 내 사업은 거의 두 배로 불어났다. 버나드는 브리티시 컬럼비아주에서는 명성이 자자한 셰프였고 그가 내 작물을 구매하기 시작하자 더욱 많은 레스토랑이 그 뒤를 이어 구매하기 시작했다. 버나드의 레스토랑 하나만 해도 어느 땐 한 주에 거의 백만 원어치를 주문할 정도로 잘나가던 시절이었다.

2013년에 친구와 동업 관계를 맺고 농장들을 합병했다. 농사 경력이 1년밖에 안 된 그 친구와 나는 함께 10,118㎡의 경작지에서 거의 90가지의 채소를 재배했다. 우리의 경작지 중 한 곳의 규모는 8,096㎡였고 다른 한 곳은 2,024㎡로 나의 근교 도시 경작지와 친구의 도시 경작지를 포함한 것이었다. 그해는 분명히 매출만으로 보면 크게 성장한 해였다. 우리는 총 1억 2천 3백만 원의 매출을 올렸으나 비용이 너무 늘어나 결과적으로는 거의 이익을 내지 못했다. 성수기에는 상근직으로 8명의 일꾼이 작업을 했으며 경작지도 규모가 너무 커졌다. 다시 말해 경영인도 너무 많고 작물 종류도 너무 많으며 경작지도 지나치게 넓었다. 그해 한 시즌이 지나간 후 우리의 동업 관계는 끝났고 서로 다른 길을 가기로 했다. 그것이 두 사람 모두에게 더 좋은 길이었다. 작물 재배를 시작한 첫해에 힘들게 일하며 배운 교훈을 다시 상기해 보았다. 너무 욕심내지 마라! 작은 규모로 천천히 키워 나가라!

그린 시티 에이커: 1,394㎡에서 9천만 원의 수익을 내는 상업 농장

2014년에는 농장 크기를 총 1,350㎡로 급격하게 줄였고, 다섯 군데의 경작지도 경작지 간 거리를 반경 530m로 좁혀 중앙집중화했다. 재배 작물의 종류도 수년간의 경험에서 배운 대로 가격과 수확 시기로 볼 때 가장 수익이 많은 작물 15가지에만 집중하기로 했다. 대상 고객도 레스토랑 일곱 군데와 배달 전문 도매상 두 군데, 주말 파머스 마켓을 주 고객으로 선정했다. 지금은 주당 평균 40시간을 일하고 5년간 농사일을 하며 터득한 대로 느긋하게 인생을 즐기며 산다. 여름이 되어 작황이 꾸준하면 그 시즌의 성수기에 도달하게 되고 실제 작업량이 줄어든다. 월요일부터 목요일까지 보통 오후 2시에 작업을 끝내고 그날의 나머지 시간을 해변에서 편안히 쉬면서 보낸다. 파트타임제로 일주일에 16시간 작업을 도와주는 일꾼을 두었고 농장 근처에 사는 몇몇 이웃들이 일손을 거들었다. 이웃들에게는 대가로 채소를 주기로 하고 일손을 얻었으며 그런 단순하고 서로 도움이 되는 교역이야말로 모든 사람을 행복하게 하는 일이라고 깨닫게 되었다.

2013년과 비교해 2014년에 일어난 주요 변화는 대부분의 작물과 경작지를 축소한 것이다. 2013년 겨울에 어째서 전년도보다 수익이 크게 줄어들었는지 분석해 보기로 했다. 스프레드시트로 작물마다 총 매출 대비 이익을 산출하고 분류하여 보았다. 그 결과 알아낸 사실은 농장 전체 수입의 거의 80%를 10개의 작물이 내고 있었다는 것이고, 그 작물 대부분은 도시 중심지에 있는 작은 경작지에서 재배한 것이었다. 새롭게 발견한 또 하나의 사실은 해마다 매출의 가장 큰 부분을 차지하는 공동체 지원 농업 프로그램은 소모하는 시간과 노력에 비해 수입이 너무 적다는 것이었다. 2014년에 들어서면서 공동체 지원 농업 분야를 배제하고 작물 생산의 80%를 줄였다. 15가지 작물만 전문으로 재배하고 레스토랑 고객과 주말 파머스 마켓 판매에만 집중하기로 했다. 상당히 큰 변화였지만 2014년은 그때까지 작물 재배한 시즌 중 최고의 시즌이 되었다. 일은 더 적게 하면서도 더 많은 수입을 올리게 되었다.

개인적으로 실천 가능하며 경제적으로도 풍요로운 라이프 스타일을 얻을 수 있는 더 나은 농장 경영 방법을 독자들에게 알려주는 것이 이 책의 가장 중요한 목적이다.

도시에 있는 농장

왜 도시농업인가?

Why Urban Farming?

교외 주택단지의 몰락(the end of surburbia)이라는 용어를 들어 본 적이 있을 것이다. 실제로 이와 같은 현상을 배경으로 하여 만든 영화가 상당한 인기를 끌기도 했다. 교외 주택단지가 몰락하게 된 가장 큰 원인은 유류 가격이 인상되면서 도시 외곽에 거주하는 일이 북미 대륙의 중산층들에게는 더 이상 경제적으로 이점이 될 수 없기 때문이다. 돈과 시간을 들여서 도시로 출근하는 번거로움이 교외에 산다는 매력만으로 충분하지 않게 되자 교외 주택단지의 몰락 현상이 급격하게 일어났다. 그러나 이 현상을 상반된 두 가지 측면에서 조명해 볼 수 있다.

1. 부동산 가치의 하락과 대규모 인구 유출로 인해 교외 주택단지는 유령도시로 변할 것이다.

2. 몰락한 교외 주택단지를 자급자족이 가능한 현대 사회의 농장 단지로 재활용하는 최적의 기회가 될 수 있다.

이 책에서는 2번 현상이 어떻게 현실화되는지 설명하려고 한다.

우선 몇 가지 사실을 살펴보겠다. 현재 미국에는 161,874㎢의 잔디밭이 있다. 도시에서 사용하는 담수의 30%에서 60%가 잔디밭에 뿌리는 용수로 사용되고 있으며, 5억 8천만 갤런의 휘발유가 잔디 깎는 기계의 연료로 사용되고 있다.[1] 잔디밭을 유지하는 데 드는 비용, 즉 용수 비용과 잔디 깎는 비용, 잡초 제거비, 조경 비용 등을 따져 보면 사실 잔디밭은 돈 먹는 하마라는 결론이 나온다. 게다가 대다수의 북미 사람들은 잔디밭을 유지하는 일을 더 이상 감당할 수 없게 되었다.

그렇다면 잔디밭 문제에 대해 다른 시각으로 생각해 보면 어떨까? 아마 두 가지 골치 아픈 문제를 동시에 해결할 수 있을 것이다.

1. 아무리 고민해 봐도 잔디밭은 계속 유지하기 어렵다.
2. 농업 분야에 종사하려는 대다수 젊은이에게 가장 높은 진입 장벽은 적당한 경작지를 찾는 것이다.

특히 교외에 소재한 잔디밭은 새내기 농부들에게 다시 없는 기회를 제공한다.

첫 번째는 미국 내 중간 크기의 주택마다 그 넓이가 평균 약 740㎡에 달하는 잔디밭이 딸려 있기 때문에 교외에는 빈 땅이 넘쳐난다고 볼 수 있다.[2]

두 번째는 땅을 구입하지 않고도 경작할 수 있게 되니 농부가 되기 위한 전제조건으로 여겼던 무조건 땅을 소유해야 한다는 고정 관념도 사라지게 된다.

세 번째는 잔디가 깔린 모든 대지가 작물을 재배하기에 매우 유용한 경작지로 변한다.

지역 발전의 새로운 대안으로서 교외 주택단지를 재조명한다면 어떤 결과를 만들어 낼 수 있을까? 대다수 교외 주택단지 내에 있는 크고 작은 거리가 전부 재활용 가능 지역으로 변하고 재개발을 거쳐 풍요로운 지역으로 바뀐다면 사람들은 어떤 반응을 보일까? 나는 이러한 현상이 '단순한 가능성이 아니라 반드시 일어날 현상'이라고 생각한다.

도시농업은 수익적인 면에서도 유리하고 경작 측면에서도 장점이 넘쳐난다.

도시농업은 소비 시장에 근접해 있으며 창업 및 간접비도 절감할 수 있고, 따뜻한 기후와 용수 사용이 편리한 점도 장점이 된다.

도시농업의 장점

시장 접근성

시장 접근이 쉽다는 것은 도시농업만의 강점이라고 할 수 있다. 도시 안에서 거주하고 경작과 판매까지 하므로 근거리 내에서 모든 경제활동이 이루어진다. 경작지에서 멀리 떨어진 곳까지 가서 작물을 팔 필요 없이 대부분의 작물은 도시 내에서 자체적으로 소비될 것이다. 도시 번화가에 있는 레스토랑까지 배달하는 데 소비하는 시간은 자전거로 5분 정도에 불과하다. 레스토랑 셰프는 고객들에게 항상 신선한 식재료를 자랑할 수 있도록 해주며, 도시농부에게는 배달 시간과 노동력을 엄청나게 절약하게 해 주는 장점이 있다.

경작한 작물이 한 블록 정도 떨어진 곳에서 소비된다는 점은 마케팅 측면에서도 대단한 매력이 있다. 우리 농장의 공급거래처인 파머스 마켓도 경작지에서 차로 5분, 자전거로 10분 거리에 있다. 이러한 접근성 때문에 우리는 장이 한창 열려 있을 때 팔려고 내놓은 작물이 다 떨어졌다 해도 자전거를 타고 급히 경작지로 가서 작물을 더 가져올 수 있다. 나는 이런 방식을 '덤으로 팔기'라고 부르며 이런 일을 수차례씩 경험하고 있다. 어떤 농부가 이러한 역동성을 가지고 있을까?

저렴한 창업비용과 간접비

도시농업 창업을 가로막는 진입 장벽은 현저히 낮아졌다. 주된 이유는 더 이상 경작지 구매를 고민할 필요가 없어졌기 때문이다. 경작지는 곳곳에 널려 있다. 도시농업 창업을 가로막았던 또 다른 장벽 중 하나인 비싸고 거대한 농기계 역시 더 이상 필요 없게 된다. 경작지가 소규모이면 설비나 농기계가 소형이어도 충분하기 때문이다. 소형 농기구는 구조도 단순하고 가격마저 저렴하다.

더욱 유리한 경작 여건

도시는 항상 시골보다 기온이 몇 도씩 더 높다. 이러한 현상을 열섬 효과라고 한다. 사방에 늘어선 콘크리트 벽과 빌딩들로 인해 도시는 낮 동안에 엄청난 양의 열에너지를 흡수하고 그 열에너지를 저녁 때 방출한다. 이러한 현상은 특히 여름철에 두드러진다. 오토바이나 차를 몰고 도시 밖 탁 트인 지역으로 나가 보면 순간적으로 기온이 떨어지는 것을 느낄 것이다. 이렇게 온도 변화를 느끼는 이유는 열섬 효과가 지배하는 도시를 벗어났기 때문이다. 내가 사는 도시의 번화가는 온도 분포상 6b 지역이며 그곳에서 2km 밖에 사는 사람들은 온도 분포상 5b지역에 살고 있다. 서리가 내리지 않는 날(무상일수)을 비교해 보면 더 큰 차이를 발견할 수 있다. 도심 지역의 농부는 도시 외곽에 사는 농부들보다 서리가 내리지 않는 날을 30일이나 더 가진 셈이다.

도시농업이 누리는 또 다른 이점은 경작지가 미세 기후변화 지역에 분포해 있다는 점이다. 빌딩과 벽, 울타리로 둘러싸인 경작지는 매서운 바람으로부터 작물을 보호해 준다. 또한, 경작지마다 차별화된 특성을 지니게 되면서 어떤 경작지는 다른 경작지보다 특정 작물을 더 잘 기를 수 있다. 이 같은 도시기후의 특성 때문에 경작지별로 다양한 형태의 작물을 재배할 수 있는 환경을 갖게 된다.

해충과 잡초 문제

도시에서도 해충은 문제가 된다. 하지만 복수의 경작지에서 작물을 재배한다면 어느 한 곳의 경작지에 해충 문제가 발생했을 때 그곳의 작물 재배를 중단하고 다른 곳에서 경작하면 된다. 도시에서는 장애물과 장벽이 너무 많아서 해충들이 작물을 따라 이동하지 못한다. 잡초 문제도 농촌에서처럼 큰 문제가 되지 않는다. 장벽과 장애물에 막혀 사방에서 날아드는 잡초 씨도 농촌보다 훨씬 적다. 예전에 근접한 대지들이 탁 틔어 있는 도시 근교 경작지에서 작물을 재배한 적이 있었다. 그 당시 그 경작지에서는 도시 경작지와는 다르게 잡초와 매일같이 싸워야 했다.

농업용수 문제

농업용수에 대한 접근성을 시골과 도시로 나누어 비교해 보면 도시에 엄청난 장점이 있다. 시골에 있는 수많은 농장들은 봄이 되기를 기다렸다가 강에서 농업용수를 공급받아야 하기에 작물 재배가 때로는 늦어질 수도 있다. 지하수가 인근 농장이나 공장으로 인해 오염될 수도 있다. 반면 도시에 있는 경작지에 농업용수를 대려면 대부분 집에 있는 수도꼭지에 호스만 연결하면 될 정도로 간단하다. 용수는 깨끗하고 수압도 좋다.

사회적 관계 형성

수년에 걸쳐 고객들을 수없이 많이 만나게 된 것은 그들이 먼저 내 경작지로 찾아왔기 때문이었다. 경작지 근처에 사는 이웃들은 마치 내가 그 동네에 거주하기라도 한 것처럼 서로 잘 알게 되었다. 수년간 그런 정원 경작지에서 작물을 재배하면서 가까운 거리에 사는 사람들 대부분과 친하게 되었다. 결국은 그렇게 해서 많은 친구를 사귀게 되니 기분 좋은 일이었다.

매주 경작지 근처 이웃들이 얼마나 자주 파머스 마켓을 방문하는지 헤아릴 수 없을 정도다. 그들이 내 고객이 되는 것은 물론 미래의 고객이 될 친구들도 데리고 온다. 옛말에 "만족한 고객이 최고의 영업사원이다."라는 말이 있다. 도시농부에게는 그 말을 "너의 이웃이 최고의 영업사원이다."라고 바꾸는 게 더 적절할 것이다. 복수의 경작지로 얻게 되는 가장 큰 이점은 다양한 이웃들과 사회적 자본을 형성할 기회를 더 많이 얻게 된다는 것이다.

사회적 자본이란 사람들 사이에서 오랜 세월 관계를 맺으면서 형성된 일종의 자산이라고 할 수 있다. 사람들과 좋은 관계를 맺으면 대부분 호의를 베풀고, 또다른 사람을 소개해 주기도 하고, 어떤 일에는 영향력을 행사해 주기도 한다. 이러한 상대에게서 받은 보상은 은행에 저축한 자금과 같으며 오히려 소득세와 판매세 혹은 물가 인상으로 인한 경제적 가치도 훼손당하지 않는 것이다. 정부 관료 누구도 사회적 자본은 뺏어 가지 못한다. 사회적 자본은 사람들과 우정을 쌓고 상호 정보 교환을 하며 지역 사회에 공헌하면서 축적한 것이기 때문이다.

02

역할 선정: 도시농부의 지역 사회에서의 위상

Connecting the Dots: An Urban Farmer's Place in the Community

단순히 농부만은 아니다

도시농업이 전통 농업과 크게 다른 점은 수많은 사람이 사는 곳에서 농사를 짓고 그래서 사람들을 많이 만나게 된다는 것이다. 도시농부는 평범한 농부 이상이 될 자질을 갖추고 있다. 도시농부는 동네 길거리에서 어떻게 먹거리를 기르고 있는지 단순히 보여주기만 해도 교육자가 될 수 있다. 또 단순히 일상적인 활동을 해 나가면서 더 많은 사람을 지역공동체라는 개념으로 서로 맺어주는 역할도 하게 된다. 작물을 사주고, 도시에 있는 인맥과 연결시켜 주는 고리가 되는 등 시골 농민들을 도와주면서 그들의 중개인 역할도 할 수 있다.

지역화의 선구자

도시농부가 로컬 푸드 운동의 선봉에 서게 되는 데는 지역 사회에 공급하는 먹거리를 재배하고 있어서만 아니라 도시농업을 실천하고 앞장서서 그 방향을 제시하기 때문이기도 하다. 주변에 농사를 짓는 이웃이 있다는 사실은 이웃들 모두에게 미치는 파급 효과가 상당히 클 것이다. 나는 이러한 효과를 직접 체험했고 얼마나 강력한지 겪을 때마다 매번 놀란다. 그런 현상이 수년간 작물을 재배하던 경작지 주변 모두에서 일어났는데 최소한 10여 명의 사람들이 열성적으로 정원을 관리하기 시작하는 모습을 보았다. 사람들이 그렇게 하는 데는 꼭 나 때문이라고 말할 수는 없지만 분명한 것은 내가 이웃으로 살면서 농사를 짓기에 사람들이 어떻게 식물을 집중 관리하는지 배우게 되었다는 것이다. 다시말해 사람들이 정원 관리를 하기 시작하거나 정원 규모를 키우는 동기 역할을 했다는 것이다. 이는 내가 매일 매일의 일상 속에서 접하면서 깨달은 것이다.

교육자

대다수의 도시농부는 자연스럽게 결국 교육자가 된다. 바로 누군가의 앞마당에서 농사를 지으면 시도 때도 없이 내가 지금 하는 일이 무엇인지 이웃들로부터 질문을 받게 된다. 한 곳에 오래 머무를수록 자신도 모르는 사이에 이웃들에게 정원을 관리하는 소중한 많은 정보를 제공하게 된다. 여러분이 경작지에 도착하면 정원 관리에 대해 물어보려고 이웃들이 기다리고 있을 것이다. 이런 식으로 몇 번 반복하다 보면 정원 관리에 대한 조언을 점점 더 잘하게 된다. 같은 내용을 매번 반복해서 설명하다 보면 자신도 모르게 정원 관리 교육 강사가 된 것처럼 말하게 된다.

바로 그런 일이 내게도 일어났다. 처음에는 대중 강연 강사나 교육가 혹은 작가가 될 생각은 전혀 없었다. 내가 원한 것은 농부가 되어서 내가 추구하는 가치에 맞게 사는 것이었다. 사람들은 경작지를 찾아와 나와 대화를 나누는 것이 일상이 되었다. 그들은 내가 무엇을 심을 건지 언제 심을 건지 등의 질문을 했다. 그 지역의 경험 많은 정원 관리사는 내가 그들보다 빨리 식물을 심는 것을 보고 놀라곤 했다. 처음엔 "이 지역 형편에 맞지 않게 좀 이르게 심는 것 같네요. 서리 걱정은 안 하세요?"라는 말을 많이 들었다. 세월이 어느 정도 흐른 후 내가 어떻게 재배하는지 보고는 작물 재배에 대해 더 많이 알고있다는 행동을 버리고 오히려 자신들 정원 관리에 대해 도움을 청했다. 생애 첫 번째 강연은 가든 클럽에서 은퇴한 전문 정원사들 앞에서 한 것이었다. 강연을 시작한 처음에는 40년이 넘도록 정원을 관리해온 정원사들 앞에서 도시농업에 대해 강연하는 것이 황당한 일이라고 생각했다. 하지만 내가 하는 일에는 그들에게는 아주 생소한 점이 있고 그것이 그들에게는 들을만한 가치가 있을 것이라고 느꼈다. 그들은 내가 이런 일을 하는 방법에는 별 관심이 없었고, 왜 내가 이런 일을 했는지 그저 이 일을 하고 있다는 사실에 더 관심을 가졌다. 나는 기본적으로 사람들의 마당에서 작물을 재배하며 생활비를 벌고 있었다. 왜 그렇게 하느냐는 관점으로 접근해야 했다. 무엇을 하느냐도 중요하지만 왜 라는 질문에 사람들은 더 끌린다.

가든 클럽 초청 강연 후 고등학교와 대학, 학회에서도 강연 의뢰를 받았다. 첫 강연을 마친지 채 1년이 되지 않아서 사람들은 실제로 강사료를 지급하 고 도시농업에 대해 듣고 싶어했다. 당연히 내가 살아온 과거 여정도 대중 강 연자가 되는 데 큰 도움이 되었다. 16년을 공연 연주가로 살아오면서 내게 맞 는 일이 모두에게 맞는 일은 아니라는 것을 알게 되었다. 이야기의 요점은 도 시농업의 공공성 때문에 도시농부들은 사람들과 일상적으로 소통해야 한다 는 것이다. 그런 이유로 도시농부들은 사람들에게 자신만의 메시지를 전달할 책임이 있다. 도시농업에 대해 어떤 시각으로 바라보든 상관없이 그 메시지에 도시농부 자신의 의지가 실려 있는지가 중요하다는 말이다.

도시와 농촌의 연결

나는 농업인들이 모두 함께 일할 기회가 많이 있다고 믿고 있고, 도시농업이 점점 더 광범위하게 받아들여지고 있는 추세여서 도시농부와 시골농부를 연 결시켜 주는 일 역시 대단히 중요하다고 본다. 어떤 작물은 도시에서 재배한 다는 것이 무의미하다는 현실을 직시하자. 성숙 기간이 상당히 긴 작물은 어 떤 작물이든 넓은 공간이 필요하고 판매 가격도 저렴하다는 점에서 도시농부 가 재배하기에는 경제적인 이점이 없다. 하지만 시골농부들은 작물 선택에 거 의 제한을 받지 않는데 그것은 경작할 땅이 충분해서 뭔가 다른 작물을 심기 위해 서둘러 수확을 끝내고 경작지를 다시 갈아엎을 필요성을 느끼기 못하기 때문이다. 또 시골농부들은 대형 농기계를 이용해 농사를 짓기도 하는데 예를 들어 감자는 트랙터를 사용해 경제적으로 수확이 가능하다. 하지만 시골농부들이 직면하는 가장 큰 문제 중의 하나는 시장에 대한 접근성이다. 시골농부들은 인구 밀집 지역으로부터 멀리 떨어져 있기 때문에 도시농부처럼 고객을 찾기는 쉽지 않다. 이러한 점에서 서로 협력할 필요가 있고, 도시농부가 지역 사회를 위해 중요한 역할을 할 수 있다. 상세한 내용은 9장 "소농 중개인" 편을 참고하라.

03

간략한 경제성 분석

Quick Breakdown of Economics

223㎡의 뜰에서 7개월 만에 19,200달러 수입

농장의 주요 생산시스템을 본격적으로 분석하기 전에 어떻게 1,012㎡ 경작지에서 한 시즌당 5만 달러의 수입을 올릴 수 있는지 경작지에 대한 경제성 분석을 해보자. 이 정도 크기의 경작지가 북미 교외 주택단지의 앞마당이나 뒷마당의 평균 크기이다.

한 경작지에서 최대의 생산량을 달성하려면 그곳에 재배하는 작물을 특화해야 한다. 다시 말하면 성장이 빠르고 단위 면적당 부가가치가 높은 작물을 심어야 한다는 뜻이다. 우리 농장에서 재배하는 모든 작물은 2가지 그룹, 즉 신속 성장 작물과 지속 성장 작물로 나누어져 있다. 신속 성장 작물은 성장 속도가 빠른(성숙 기간 60일 미만) 작물이며 지속 성장 작물은 60일 이상 자라며 성장 기간에도 여러 번 수확이 가능한 작물이다(예: 토마토와 케일). 나는 모든 작물을 규격화된 이랑에서 재배한다. 특히 규격화된 이랑 사이즈는 너비가 76cm에 길이가 7.6m이다. 어떤 경우에는 길이는 좀 달라질 수 있고 아주 드문 경우이지만 너비도 달라질 수 있다. 223㎡의 경작지라면 24개의 이랑을 만들 수 있다.

이 경작지(고회전 경작지라고 부르는 곳)에서는 신속 성장 작물만 전문적으로 재배한다. 이곳에 있는 이랑들은 재배 시즌 내내 수차례에 걸쳐서 회전하는데, 어떨 때는 4번씩 회전한다. 이 의미는 한 해 작물 재배 시즌에 한 이랑당 4

가지 다른 작물을 재배할 수 있다는 말이다. 이러한 경작지에는 루콜라, 당근, 고수, 샐러드용 순무, 상추, 미주나, 겨자채, 파슬리, 스켈리언, 시금치 등을 심는다. 주목할 점은 당근이 신속 성장 작물로 취급되지 않는다는 점인데 보통 나는 지속 성장 작물로 분류한다. 당근과 같은 작물은 고회전(HR: Hi-Rotation) 경작지에 혼합하여 재배할 수도 있다.

시즌 내내 관리기가 수월하게 작업할 수 있도록 경작지를 두 구역으로 분할하였다. 이렇게 해 놓으면 한 번에 한 개 혹은 두 개의 두둑만 관리기로 간다 해도 쉽게 경작지에 진입할 수 있다. 고회전 경작지 한 이랑에서는 한 번 회전할 때마다 200달러의 수입이 발생하니 시즌당 총 800달러의 수입이 발생한다.

이 같은 공식에 의해 고회전 경작지의 총수입은 단순 수학 계산으로 해보면 800달러×24이랑 = 19,200달러가 된다. 한 이랑을 예로 들어 보면 시금치를 첫 작물로 재배하기 시작하면 4월 1일에 씨를 뿌리고 5월 15일에는 수확할 수 있다. 시금치는 총 15.8kg을 수확할 수 있으며 0.45kg당 7달러로 판다. 15.8kg이 총 수확량이며 2주에 걸쳐서 2번으로 나누어 수확 작업을 해도 된다. 어떻게 하든 이번 수확으로 얻는 총수입은 245달러에 해당한다. 그런 다음 이 이랑에 다시 시금치를 재배할 수도 있다.

이번에는 5월 25일에 그 이랑에 래디쉬를 심기로 한다. 그 이랑은 31일 후인 6월 25일에 수확이 가능할 것이다. 래디쉬는 대체로 이랑당 75단을 수확할 수 있고 1단에 2달러 50센트에 판매한다. 그렇게 하면 187달러 50센트라는 계산이 나온다. 이 작물은 한 번 작업으로 다 끝내서 그 주 안에 모두 판매해야 한다. 이러한 방식을 나는 완전 수확(cropping out)이라 부른다. 그 이랑에 흙을 다시 갈아주고 다가오는 주 초반에 다른 작물을 심는다. 6월 29일 그 이랑에 상추를 다시 심으면 첫 수확 일은 7월 30일이 될 것이다. 3주에 걸쳐서 3번 수확이 가능할 것이다. 이러한 엽채류 수확 방식을 나는 "반복 수확(Cut and

Come Again)"이라고 한다. 1회에 6.8kg씩 3번 수확하니 총 20.4kg을 수확하고 0.45kg당 8달러로 총 360달러를 벌어들인다. 8월 20일에 이랑이 정리되면 8월 24일에 다시 작물을 심는다. 이번에는 루콜라를 심는다. 루콜라는 여름에는 24일이 지나면 수확할 수 있다. 9월 17일 총 200달러를 벌게 된다. 그렇게 해서 이랑 하나당 9월 말까지 대략 1천 달러의 수입을 올리게 된다. 이 추정 수입은 어떤 작물에서는 더 많이 나오기도 하지만 나는 보수적인 계산을 선호한다. 왜냐하면 농사를 짓는 데는 예측할 수 없는 변수, 예를 들어 이상 기후와 관수 문제, 해충 피해 문제 등이 있기 때문이다. 이러한 표본을 사용하면 더 규모가 큰 작물 경작 계획서도 만들어 볼 수 있다. 대부분의 경우 시금치, 래디쉬, 상추, 루콜라를 복합 이랑으로 그룹화하여 작물 재배를 하고 있다.

2,024㎡ 혹은 그 이하의 경작지에서 실현 가능한 농업 경영

이 책에서 여러분은 2,024㎡ 혹은 그 이하의 경작지에서 어떻게 영리 목적 농장을 운영하고, 어떻게 상당한 금액의 소득을 올릴 수 있는지 알게 될 것이다. 소비자 중심 시장에 직접 접근하는 전략과 부가가치가 높은 작물을 재배하는 법, 수년에 걸쳐 창안한 노동과 시간을 절약하는 기법 등에 대해 설명하려고 한다.

04

농장이 속한 지역과 농장 생활

The Zones of Your Farm and Your Life

(북미 지역에서) 전형적인 소규모 농장이라고 하면 보통 살림집과 두 동의 온실, 작업실과 창고, 농장 출입문 앞에서 판매장소로 쓰기도 하는 별채로 구성된 한 단지의 농장을 떠올리게 된다. 어떤 면에서는 도시 농장도 별반 다르지 않다. 하지만 소규모 도시 농장에 딸린 구조물들의 위치는 아주 다르다. 원래는 함께 있어야 할 구조물들이지만 한 곳에 있을 수가 없다. 왜냐하면 도시농부가 사용하는 경작지는 너무 작고, 대부분 여러 곳으로 분산되어 있기 때문이다. 최대한 효율적으로 경작지를 사용하려면 구성을 조직화하여 한 경작지에서 다른 경작지로 이동하는 시간을 낭비하지 않아야 한다. 먼저 도시 농장 운영에 필요한 요소가 뭔지 파악해야 한다. 다음 세 가지 요소가 주로 고려해야 할 사항이다.

- 도시와 소도시 혹은 외곽지대 중 어떤 곳을 농장 운영본부로 선정할 것인가?
- 작업장은 어디로 정할 것인가?
- 경작지는 어디인가?

도시 선정

어디에 운영본부를 설치할 것인가 하는 문제가 제일 먼저 고려되어야 할 가장 중요한 결정 사항이다. 북미 지역에서는 샌프란시스코와 밴쿠버, 포틀랜드, 디트로이트 같은 곳으로 가고 싶을 것이다. 대부분의 사람들이 도시농업이 이미 활발하게 진행되고 있는 곳으로 가고 싶어 하는 것으로 안다. 왜냐하면 다른 농부들과 동료 의식을 나눌 수 있는 곳이고, 이미 활성화되어 있는 경작지 공유 프로그램이나 지역공동체 농장 혹은 공적 자금 이용과 같은 자원 활용이 가능한 곳이기 때문이다.

내 말에 충격 받을지 모르겠지만 도시농업이 이미 활성화되어 있는 곳은 가지 말 것을 권한다. 판매 시장이 형성되어 있으며 아무나 흉내 낼 수 없는 자신만의 특성을 발휘할 수 있고 무엇보다 자신한테 적합하다고 여겨지는 곳으로 가야 한다. 이미 시장이 포화 상태에 있는 곳은 피해야 한다. 이런 실수를 범한 농부들을 많이 봐 왔는데 이미 자리를 잡은 기존 경작자들과 경쟁하느라 돈을 벌지 못하는 현실적인 어려움을 겪고 있다.

솔직히 말해서 도시농업도 새로운 것이 아니다. 사람들은 수백 년 동안 도시농업을 어떤 형태로든 개선하고 유형화하여 왔으며 어쩌면 내가 강조하는 앞뜰과 뒤뜰을 이용해 영리 목적으로 농사짓는 일도 이미 해 왔는지 모른다. 앞서 언급한 도시들은 벌써 10년이 넘게 도시농업을 하고 있다. 이미 도시농업이 활성화되어 있는 곳으로 간다면 결코 참신한 이야깃거리가 될 수도 없고 자신에게도 아무 도움이 되지 않을 것이다.

비즈니스 용어로 "선점 효과"라는 말이 있다. 이 용어 속에 담긴 뜻은 어떤 곳에 새로운 개념을 도입한 사람이 시장을 첫 번째로 장악하는 사람이 된다는 것이다. 이것은 창업 초기에 대단히 큰 도움이 되고 시간이 지나가도 여러분이 도시농업을 그곳에 처음 들여온 사람이라고 인식하게 된다는 것이다. 향후 마케팅에도 엄청난 도움을 주게 된다. 최초로 도시농업을 들여 왔다는 사실이 참신한 이야깃거리가 되고 그 때문에 창업할 때에도 돈 안 들이고 홍보하며 효과적으로 첫선을 보이는 혜택도 누리게 된다. 대부분의 사업체는 돈을 들여 그렇게 한다.

대도시든 소도시든 어느 한 곳을 택해 도시농업을 시작하기 전에 몇 가지 고려해야 할 요소가 있다.

도시 크기와 인구 밀도

도시 면적은 얼마나 되는가? 내가 가본 미국의 한 도시는 면적이 대단히 넓어서 도시 내 어디를 가더라도 차로 20분이 걸렸다. 이런 곳이 정말 마음에 든다면 경작지를 한곳으로 통일하는 것이 가장 좋은 선택이다. 도시농업 대상지가 인구 밀집 지역이라면 다중 경작지도 고려해 볼 만하다. 인구수로 5만에서 20만 정도의 도시가 다중 경작지로 적합하다.

인구 통계학과 로컬 푸드 수요

도시 면적은 재배하는 작물 수요와 연관이 있다. 잠정 고객들에게 로컬 푸드를 먹는 것이 중요하다고 교육하는 사람이 여러분 한 사람이라면 그런 곳에 정착하기가 몹시 힘이 들 것이다. 먹거리 문화가 이미 자리잡은 곳을 찾아보아라. 그곳에는 로컬 푸드와 농민을 찬양하는 축제와 이벤트, 홀푸드(대형 유기농 슈퍼마켓 체인점)와 같은 식료품점, 건강한 삶에 관심이 있는 자전거를 타는 사람들이 있다. 내가 살펴본 바로는 그들이 바로 도시농부가 목표로 해야 하는 고객들이다.

잠재 시장 접근

파머스 마켓과 레스토랑이 우리 농장이 추구하는 주요 시장이다. 이 책 3부에서 파머스 마켓과 레스토랑을 상세히 다루겠지만 농업 경영을 할 장소를 찾을 때 이같은 전문 매장은 농산물을 판매하는 대상 시장으로서 대단히 중요하다. 파머스 마켓에 관해서는 온라인으로 마켓 수가 얼마나 되는지, 일상적으로 얼마나 많은 사람이 장을 보는지 검색해 보라. 또 시장에 참여하려고 기다리고 있는 대기자가 있는지 장이 서는 기간은 얼마나 되는지 파악해 보아야 한다.

로컬 푸드 식재료를 사용하고 있는 레스토랑이 얼마나 있는지 알아보는 것도 중요하다. 이미 로컬 푸드를 사용하고 있다면 더 납품할 여지가 있는지도 확인해 보아야 한다. 관광산업이 그 지역에 어느 정도 영향을 끼치는지 그리고 관광 시즌과 기간 등도 파악해 두어야 한다. 주요 시장과 근접해 있다는 점은 매우 중요하며 도시농부에게는 가장 큰 이점 중 하나이다. 매주 레스토랑이나 파머스 마켓에 배송하는 데 소요되는 시간이 편도 1시간 이상 걸린다면 가장 큰 이점인 접근성을 잃어버리게 된다. 따라서 이들 시장을 파악하는 일이 농장에 가장 적합한 도시를 선택하는 결정적인 요소가 된다.

경작지 크기

인구 밀도가 높은 도시일수록 경작지의 크기는 더 작을 수 밖에 없다. 도시 크기가 클수록 도시농부들은 여러 개의 넓이가 작은 경작지를 갖게 되고 작은 도시는 정반대다. 뒷마당 농사로는 중소 도시의 교외 지역이 경작지 규모나 인구 밀도면에서 모두 적당하다. 93㎡ 이하의 다중 경작지를 택했다면 경작지는 서로 가까운 거리에 있어야 한다. 그렇지 않으면 경작지 사이를 왕래하느라 많은 시간을 낭비하게 된다. 넓은 경작지라면 경작지 사이의 거리는 좀 멀어도 된다. 이 문제는 4부에서 더 다루도록 할 것이다.

운영 본부

농사지을 장소가 결정되면 운영 본부를 어디에 둘지 생각해 봐야 한다. 농장을 운영하면서 가장 많은 시간을 보내는 일이 무엇이냐에 따라 운영 본부의 위치를 결정해야 한다. 포장과 저장, 채소 세척 등 운영 본부에서 작업해야 되는 모든 일이 포함된다. 이곳은 농업 경영의 중심지이며 거주지와도 가까워야 한다. 운영 본부를 기준으로 그 외의 장소들이 자리잡게 된다. 그곳은 농장의 핵심이기에 중앙에 있어야 하고 접근성도 용이해야 한다.

농장과 경작지 순위 분류

나는 농장을 두 가지 카테고리로 구분하여 경작지를 관리한다. 하나는 고회전(HR: Hi-Rotation) 경작 방식이고 다른 하나는 2회전(BR: Bi-Rotation) 경작 방식이라고 부른다. 경작지마다 이랑을 몇 번씩 갈아서 작물을 다시 심는지에 따라 구분하고 있다. 고회전 경작지는 재배 작업이 꾸준히 일어나고 있는 이랑들이며 각 이랑은 시즌 내내 여러 번 작물을 심고 있다. 2회전 이랑들은 시즌에 두 가지 작물을 각각 한 번만 심는다. 어떤 경우에도 우리 농장의 이랑들은 시즌당 한 종류의 작물만을 심지 않는다. 2회전 경작 방식은 소규모로 경작하는 경우 경제적이지 못하다. 따라서 양파, 감자, 겨울 호박, 멜론, 마늘, 옥수수와 같이 성장 기간이 긴 작물 재배는 권하지 않는다.

고회전 경작지에는 우선적으로 성장이 빠른 작물을 심고 이랑마다 평균 4번씩 작물 재배를 한다. 어떤 경우에는 더 자주 심기도 한다. 어느 시기에는 지속 성장 작물(당근과 비트 등)을 심기도 하지만 대부분 고회전 경작지에는 성장 기간이 평균 60일 이하인 채소만 심는다. 고회전 경작지는 수확하고 다시 심기를 반복하기 때문에 경작지를 오가는 시간을 줄이기 위해 살림집과 운영 본부가 가까워야 한다. 농장의 경작지가 여러 곳에 있다면 경작지 사이를 오가는 시간을 최소화하는 것이 매우 중요하다. 작물 재배 최적 시즌인 7월부터 9월까지는 고회전 경작지로 한 주에 수차례 작업하러 간다. 그곳에서 매일 어떤 작물을 수확하거나 이랑을 갈아엎고, 작물을 다시 심기 때문이다. 고회전 경작지에 있는 이랑 하나가 한 시즌에 벌어들이는 총수입은 대략 800달러가 넘는다. 평균 이랑당 한 작물로 200달러인 셈이다.

2회전 경작지란 의미는 한 시즌 동안에 한 이랑에 2번만 작물을 재배한다는 뜻이다. 성장 기간이 가장 긴 작물을 이곳에 심는다. 이런 작물들은 대부분 수요가 꾸준한 작물이다. 2회전 경작지는 지속적인 작업이 필요하지 않기에 이랑을 배치할 때도 가장 먼 곳에 둘 수 있다. 하지만 토마토는 예외다. 생육 최적기에는 계속해서 가지치기를 해주고 수확도 자주해야 하기에 가까운 거리에 있어야 한다. 2회전 경작지에 재배하는 우선 재배 작물들은 토마토와 파티팬호박, 당근, 비트, 케일 등이다. 예를 들어 토마토를 비롯한 대부분의 여름 작물들은 우리 농장이 속한 기후대에서는 5월 중순까지도 뿌리를 땅에 내리지 못하기 때문에 신속 성장 작물(서늘한 기후대의 엽채류나 래디쉬)을 먼저 심을 수 있다. 그렇게 신속 성장 작물을 먼저 심게 된다면 우선 재배 작물은 후속 재배 작물이 된다. 케일 같은 경우는 정반대이다. 케일이 우선 재배 작물이고 후속 재배 작물은 케일을 경작지에서 수확한 다음에 심는다. 4월 첫 주에 케일을 경작지에 이식하여 한여름까지 키운다. 케일 수확이 끝나면 보통은 가을 당근과 비트 같은 작물을 잇달아 심는다. 어떤 경우에는 신속 성장 작물을 심기도 하지만 보통은 래디쉬나 순무를 심는다. 이렇게 하면 경작지에 자주 갈 필요가 없기 때문에 경작지의 위치가 조금 떨어져 있어도 문제되지 않는다. 2회전 경작지에 있는 이랑에서는 한 시즌당 최소 400달러의 수입을 올린다. 이랑당 한 작물로 200달러인 셈이다.

05

도시에서 더 잘 자라는 작물

Crops Better Suited for the City

작물가치 평가율

도시농부는 모든 작물을 재배할 수도 없고 또 재배하려고 해서도 안 된다는 것을 알아야한다. 이 점을 분명히 이해해야 한다. 도시농부는 대부분 일반 농부들보다 작은 경작지에서 작물을 재배하기 때문에 몇몇 작물의 경우는 단순히 비교해도 경제적이지 않다. 이 밖에 고려해야 할 점은 시장에 대한 접근성과 시장 가격, 단위면적당 생산성, 작물의 보존성 등이다. 19세기 독일 경제학자인 요한 하인리히 폰 튀넨(Johann Heinrich von Thunen)은 1826년 자신의 저서 ≪고립된 국가(The Isolated State)≫[1]에서 도시를, 원형 그래프를 사용해 생산되는 농작물 종류별로 분할할 것을 제안했다. 어떤 특정 작물은 운송비와 토지 비용, 시장 접근성 등에 근거하여 지정학적으로 특정한 지역에서만 재배해야 한다는 것이다. 튀넨은 도시 한가운데서 곡물을 재배하는 일은 경제적으로 효율적이지 않다고 주장했다. 그 이유는 곡물은 외피가 단단해 운송 중에도 곡물의 영양 가치를 잃지 않지만 단위면적당 토지 가격 대비 생산성이 낮아서 소규모 토지로는 수익을 내기가 거의 불가능하다는 것이다. 반면 보존성이 매우 낮은 샐러드용 채소를 160km 떨어진 곳에서 재배하여 도심으로 운송하는 것 역시 경제적이지 않다고 주장했다. 신선한 엽채류의 값어치를 높여주는 요소들을 모두 고려해보자. 유통 기한은 짧고, 단위면적당 생산성은 높으며 성숙 기간도 짧다. 이렇게 볼 때 이러한 작물은 그것을 소비하는 곳과 가까운 곳에서 재배하는 것이 더 효율적이다. 도시농부들에게는 성숙 기간이 짧다는 점이 매우 중요하다. 왜냐하면 몇 차례에 걸쳐 작물을 재배할 수 있으므로 단위면적당 최대의 생산성을 보장하기 때문이다.

그림 5-1   《고립된 국가》에서 도시를 중심으로 농업이 어떻게 분포되어 있는지 보여주고 있다

　　쿠바 봉쇄기에 일어난 일련의 사건들이 이러한 농작물의 기본적인 재배구조에 대해 잘 설명하고 있다. 1990년대 소련이 붕괴하고, 미국 정부가 쿠바에 전면적인 봉쇄 조치를 내리자 대부분의 화석 연료와 농업용 화학 비료 공급이 끊겨 버렸다. 이 기간에 쿠바인들은 기아에 허덕였고 굶주린 국민을 먹이기 위해 무언가 신속하고 획기적인 정책이 필요했다. 샐러드 채소와 같은 작물이 도시 안에서 재배되었는데 그것은 그런 작물이 주민들에게 신속하게 먹거리를 공급할 수 있고 주민들의 거주지 가까운 곳에서 수확할 수 있었기 때문이었다. 이런 혁신적인 발상 덕분에 쿠바는 지금도 도시농업 분야에서 세계적인 리더가 되고 있다. 여기서 '필요는 발명의 어머니'란 격언을 떠올리게 된다.

튀넨의 이론과 쿠바식 접근 방안은 도시농업에 어떤 작물이 가장 적합한지 결정할 때 참고해야 한다. 도시 농장에서 재배할 작물을 선택할 때 적용되는 또 다른 비슷한 이론이 있긴 하지만 지정학적 문제와 재정적 문제에서 가장 의미 있는 작물을 선택할 때는 좀 이야기가 다르다. 내가 경험한 바에 의하면 도시에 있는 소규모 경작지에서 재배하기 적합한 작물들은 다음과 같은 5가지 특징이 있다. 이것을 작물가치 평가율(CVR: Crop Value Rating)로 요약했다.

작물가치 평가율은 재배하고 싶은 작물의 특성에 따라 5가지 중 한 가지씩 설정하면 된다.

1. 짧은 성숙 기간(60일 이하)

2. 이랑당 높은 생산성(폭 76cm, 길이 7.6m 이랑당 227g)

3. 단위무게당 상대적으로 높은 가격(kg당 최소 9달러)

4. 긴 수확 기간(최소 4개월)

5. 높은 작물 수요(높은 수요, 낮은 시장 포화도)

위에 나열한 작물가치 평가율을 상세하게 살펴보자.

1) 짧은 성숙 기간

짧은 성숙 기간(DTM: days to maturity)이라는 말은 작물이 자라 수확하기까지 60일이 채 안 걸린다는 뜻이다. 래디쉬는 28일이 걸리니 이 범주에 해당된다. 시금치는 45일이니 같은 범주다. 토마토는 보통 70일 이상 걸리니 이 범주에 해당되지 않는다. 어쨌든 우리 농장에는 뿌리가 땅에 착근한 후 성숙 기간이 70일이 넘는 작물은 재배하지 않는다. 당근과 비트를 포함한 성숙 기간이 긴 작물도 재배 대상에서 제외된다. 항상 작물 종류에 상관없이 성숙 기간이 가장 짧은 작물을 재배하려고 노력한다.

2) 이랑당 높은 생산성

이랑당 생산성이 얼마나 되는지 살펴보자. 예를 들어 양배추는 성숙할 때까지 대략 80일이 걸린다. 작물이 75% 정도 성숙되면 대략 이랑의 18제곱cm를 점유하고 점유한 두둑에서는 일시에 판매되는 한 가지 작물만 생산되며 비교적 낮은 가격에 판매된다. 양배추 생산성과 래디쉬 생산성을 비교해 보자. 래디쉬는 28일이면 수확 가능하고 똑같은 면적에서 양배추는 8단을 수확할 수 있다. 일반적인 관점은 면적당 최대한의 가치를 생산하는 것이다.

3) 단위무게당 상대적으로 높은 가격

일반적으로 kg당 9달러 미만의 작물은 재배하지 않는다. 이 요건을 충족하는 최저가 작물은 체리 토마토로 kg당 9달러이다. kg당 11달러인 케일과 래디쉬는 다른 범주에 속하지만 긴 수확 기간과 단위면적당 높은 생산성을 충족시킨다. 단위무게당 최고 가격에 팔리는 작물은 새싹채소(microgreen)로 kg당 40달러다. 이 한 가지 기준이라도 만족시키기 위해서는 최소 kg당 9달러에는 팔려야 한다. 그렇다고 해서 9달러 이하로 판매되는 작물은 재배하지 않는다는 게 아니라 재배 여부는 그 작물이 다른 기준에 적절히 맞는지 알아보고 결정해야 한다.

4) 긴 수확 기간

이 기준은 다음의 2가지 중 하나가 해당되면 된다.

- 최소한 4개월 동안 재배 가능한 작물인가?
- 4개월 동안 지속적으로 수확 가능한 작물인가?

예를 들어 래디쉬는 시즌 내내 심을 수 있고 이런 면에서는 시즌이 길다고 할 수 있다. 케일 역시 여름철을 제외하고 연중 4개월 내내 수확할 수 있다. 토마토는 수확 기간이 길지 않으나 가능한 한 수확 기간이 긴 다양한 종자를 선별해서 재배한다. 수개월간 열매를 맺는 무한 수정 종자가 이에 해당된다.

5) 높은 작물 수요

수요는 많은데 시장 포화도가 낮은 작물이라면 단연코 그 어떤 것보다 가장 중요한 작물 선정 기준이 된다. 가격이 높고 성장 속도가 빠른 작물은 꾸준히 재배할 수 있지만 그 작물이 어떤 것인지도 모르고, 아무도 사주지 않는다면 채소 쓰레기에 불과하다. 나도 고생을 겪고 나서야 알게 된 교훈이다. 어느 해 새싹채소 재배를 점차적으로 늘려갔다. 그다음 해에는 수확량을 4배로 늘렸는데 이미 다른 농부들도 재배하기 시작했고 시장은 포화 상태가 되어 있었다. 시장이 포화 상태에 이르면 셰프들에게는 비교적 빠르게 인기 없는 작물이 되고 만다. 그렇게 되면 처치할 수 없는 작물 더미에 나 앉아 있을 수밖에 없다.

단위무게당 높은 가격은 아니지만 인기가 많아서 판로 걱정이 없는 케일이 그 기준에 딱 들어맞는 작물의 예이다. 작물가치 비교 기준에 모두 들어맞지는 않지만 인기가 높아서 전반적으로 좋은 점수를 받는다.

작물가치 평가율을 설명하는 몇 가지 사례

작물가치 평가율이 3점에서 5점인 세 가지 작물을 살펴보자(같은 작물이어도 지역에 따라 수요의 정도, 시장 포화 정도 등이 차이가 나기 때문에 평가율은 달라질 것이다). 내가 농사짓는 지역에서 시금치는 작물가치 평가기준 총점 5점 중 5점을 받았다. 시금치는 성숙 기간이 45일 이하로 짧은 데다가 이랑당 생산성이 높고, 가격(kg당 15달러)도 높다. 전반적으로 수확 기간도 길고(10개월) 사용 용도가 다양해서 인기가 있는 일반적인 작물이다. 한편으로 체리 토마토는 총점 5점 중 3점을 받았다. 이랑당 3.2kg으로 생산성이 높고, kg당 13달러로 가격도 괜찮으며 우리가 전념하는 양쪽 시장에서도 매우 인기가 높다. 비트는 4점을 받았는데 성숙 기간이 60일에서 70일로 짧기 때문이다. 작물가치 평가 기준표를 가지고 물류적인 측면과 경제적 측면도 함께 고려하여 어떤 작물을 심을지 선택하는 총괄 시스템 표를 작성할 수 있다. 농장에서 키우는 작물은 3점과 5점을 받은 작물 외에는 대부분 평균 4점을 받았다. 기본 원칙은 경작지가 작을수록 작물가치 평가기준표상 높은 점수를 받는 작물로 대부분을 구성해야 작은 경작지로 인한 불이익을 최소화할 수 있다.

경작지가 넓으면 작물가치 평가기준표상 낮은 점수를 받은 작물을 더 많이 선택할 수 있다. 경작 면적 1,012㎡에서만 작물 재배를 한다면 작물가치 평가 기준표상 4점에서 5점 받은 작물을 선택해야 한다. 경작지 규모가 작은 곳에서는 작물가치 평가기준표상 5점짜리 작물만 심어야 한다. 2,024㎡ 이상의 경작지에서는 시장 점유율을 높이기 위해 작물가치 평가기준표상 3점~5점짜리 작물은 물론 심지어는 2점짜리 작물도 심어야 한다. 이런 크기의 농장에서는 이 책에서 다루지 않은 시즌이 긴 작물도 재배해야 한다.

현금이 왕: 빠른 회전율

이러한 기본 원칙을 가지고 분석하다 보면 어떤 작물이 도시농업에 적합한지 쉽게 파악할 수 있다. 도시농업에 수반되는 결정적인 요소는 현금 흐름이다. 성숙 기간이 짧은 1년생 작물들은 보상이 빠르다. 어떤 경우에는 작물을 심은 후 30일 만에 수확한다. 다년생 작물을 심고 수확으로 보상받으려면 종종 1년 이상 걸린다. 빠른 회전율은 땅을 소유하지 못한 농부들에게는 특히 중요하다. 경작지 확보가 3년에 불과한 농부로서는 수확으로 보상받는 데 3년이 걸리는 아스파라거스 재배는 현명한 결정이 아니다. 어떤 경우에도 기본적인 경제 원리와 건전한 사업 운영 관점에서 다시 점검해 봐야 한다.

사람들은 자신이 좋아하는 채소만을 기르기도 하고, 건강 증진이나 주변의 환경 보호 측면을 생각하면서 채소를 기르기도 한다. 신념과 윤리를 발판으로 삼는 일은 나쁜 일이 아니지만 신념 때문에 망한다면 그 누구에게도 권할 수 없다. 신념을 버리라는 말은 아니다. 잠시 주머니 속에 숨겨 놓고 실용적이 되라는 것이다. 어느 정도 성공한 후에 다시 신념을 주머니에서 꺼내 조금씩 실현해 가야 한다. 너무 거창한 신념을 내세워 출발한다면 시작 자체가 어려워질 것이다. 지속 가능성에 대한 모든 아이디어를 한 번에 사용할 수 없기 때문에 이에 매진할 생각은 하지 않는 것이 좋다. 거창한 신념을 갖는 게 나쁠 것은 없지만 발걸음을 조금씩만 떼자. 어떤 것이 궁극적으로 지속 가능한 농업의 모습이 될지 알 수 없지만 그런 목표에 도달하기 위해 겨우 한 발자국 떼었고 걸어가는 도중에 그것을 알게 될 것이다. 중요한 것은 무엇보다 이 일을 해서 생활비를 벌어야 한다는 것이다. 그렇지 않으면 주중에는 뭔가 다른 일을 해야 하고 주말에만 농사일을 하게 될 것이다. 자금 사정도 원활해야 한다. 그것 때문에 결국 나는 내 방식대로 작물을 재배하게 되었다.

신속 성장 작물과 지속 성장 작물

농장에서 재배하는 모든 작물은 두 가지 유형으로 나뉘는데 이들 작물은 모두 논리적으로나 경제적으로 도시에서 재배할 가치가 있는 작물들이다.

신속 성장 작물은 성장 속도가 빨라서 신속한 수확이 가능하기 때문에 작물을 다시 심을 공간을 만들어 준다. 지속 성장 작물은 천천히 자라지만 오랫동안 수확이 가능하다(대부분 시즌 내내 일주일에 한 번씩 수확함). 어떤 경우에도 양파, 감자, 양배추, 겨울 호박, 멜론, 옥수수, 마늘 등과 같이 재배 기간이 긴 작물은 심지 않는다. 브로콜리, 꽃양배추, 콩 종류도 환영받지 못한다. 비록 이 중 어떤 작물은 성숙 기간이 짧아도 단위면적당 생산성이 아주 낮다. 경제성을 고려해서 도시농부에게는 권하지 않지만 자가 소비를 위해서라면 말리지 않는다. 각 작물의 특성에 대해서는 9부와 10부에서 상세히 설명하겠다.

신속 성장 작물

신속 성장 작물은 수확하기까지 60일 이하가 걸리는 작물을 말한다. 이 범주에 속한 작물들은 거의 모두 일주일 단위로 다시 심는다. 작물 재배 계획을 세울 때 신속 성장 작물을 어디에 심을지 고려하지 않는다. 단지 어떤 곳이 고회전 지역이 될지 고려할 뿐이다. 이들 작물에 대한 정밀한 재배 계획은 시장의 요구에 맞추고 시즌에 따라 주 단위로 어느 정도 심을지를 결정한다. 이런 점도 농장의 생산성을 최대화하기 위한 주요한 방침이다. 어떤 한 작물이 팔리지 않으면 재배를 중단하고, 그 자리에 바로 다른 작물을 심는다.

지속 성장 작물

지속 성장 작물은 성숙 기간이 60일 이상이며 지속적으로 수확이 가능하다. 예를 들면 토마토와 케일, 여름 호박 등은 한창 시즌에는 주마다 수확하는데도 계속 성장하는 반면에 당근은 한꺼번에 수확하거나 일주일 정도 기간을 두고 한 번에 한 줄씩 수확한다. 때에 따라 비트는 몇 주 사이에 완전히 수확을 끝내기도 한다.

전 시즌 작물 생산

우리 농장이 수익을 내는 이유 중 하나는 시즌 내내 꾸준한 생산성을 유지하고 있다는 점이다. 이곳 브리티시 컬럼비아 주 캘로나의 작물 재배 시즌은 평균 30주이며 시즌 내내 견고한 수익을 올리는 것이 핵심이다. 이곳은 다른 곳처럼 전형적인 농사 시즌을 지니고 있지 않는데 성수기와 비수기 사이는 기온이 낮고 여름에는 기온이 높다. 이런 이유로 농장의 작물들은 대부분 봄부터 시작한다. 또한, 작물 대부분은 시즌 내내 기르고 기본적인 농장 수입도 시즌 내내 기르는 작물에서 나온다. 연중 자금 흐름을 원활하게 하는 강력한 기반이 되는 중요한 부분이다. 여름철에는 작물이 급속하게 성장하여 계절적인 급

증 현상이 발생하기도 하지만 시즌 동안 꾸준히 수확할 수 있는 작물을 고르려고 노력한다.

겨울작물

아주 간단한 시즌 연장 기술을 가지고 심지어 캐나다의 겨울 기후에서도 겨우내 야외 생산이 가능하다. 난방이 안 된 온실과 비닐하우스에서 겨우내 키우는 작물이 세 가지가 있는데 그것들은 상추와 시금치, 케일이다. 당근 역시 겨울에도 야외 재배가 가능하다.

이러한 목표를 달성하기 위해 월동법이라고 불리는 기법을 사용하는데 이 점에 대해서는 8부에서 상세히 설명하겠다. 새싹채소를 실내에서 기르는 것은 겨울 동안에도 작물 생산을 계속하게 하는 좋은 방안이다. 생산 시설에 조금만 경비를 쓰면 37㎡ 경작지에서 새싹채소를 길러 일주일에 2,000달러의 수입을 올릴 수 있다. 자세한 사항은 8부를 참고하기 바란다.

여름작물

두 가지 면에서 여름철 생산량 확보는 중요하다.

1. 수요가 있으니 그 수요를 놓치지 않아야 한다.
2. 봄 작물 생산은 여름철 더위 때문에 생산량이 감소한다.

일부 작물은 매우 더운 날씨 때문에 생산량이 급속히 감소한다. 우리 농장은 고지대 사막 지역에 위치하여 어떤 날은 한나절 기온이 섭씨 40도까지 올라간다. 루콜라와 상추, 겨자채는 봄에 비해 50%까지 생산성이 떨어지지만 빠르게 자라기 때문에 서로 균형을 이룬다고 볼 수 있다. 또한, 여름에는 시금치와 청경채 같은 작물을 전혀 재배할 수 없다. 그것들은 너무 빨리 말라버려 싹조

차 나지 않는다. 봄 작물이 점차 줄어 들기 시작하면 여름 내내 토마토와 여름 호박, 몇 종류의 피망 생산을 극대화하는 데 주력하고 상당량의 당근도 출하 준비를 한다. 이 여름작물들이 매력적인 것은 성장 초기에 다른 봄 작물과 교차 재배할 수 있다는 점이다. 이렇게 하면 여름작물이 아직 생산되지 않았음에도 경작지 사용을 극대화할 수 있다. 9부를 참고하기 바란다.

특수작물

때에 따라서 특정 셰프를 위해 특수한 작물을 기르는 경우도 있다. 이 경우에는 오래전부터 계획을 세워야 하는데 1회성 행사용이 대부분이다. 이러한 일은 자주 하는 것을 권하지 않는다. 1년 혹은 2년 동안 함께 해온 셰프들과 친밀한 관계를 유지하기 위해 무리해서 재배하기도 한다. 이런 유형의 작물은 대단히 작은 10센트 동전 크기의 래디쉬나 순무, 청경채, 어린 엽채류, 허브 등이다. 3부에서 상세히 설명하겠다.

도시 농장의 경작 시설

Introdution to Urban Infrastructure

우리 농장의 경작 시설은 대부분 단순하고 저렴하며 조립식 DIY가 많다. 입식 저온 저장고와 운송 장비, 관리기, 육묘장 같은 주요 설비 외에는 대부분 중고를 사거나 직접 제작했다. 농장을 시작할 때 7천 달러가 들었는데 그 돈으로 모든 주요 비품과 농기구, 경작 시설을 설치했다. 6부에서 이것들에 대해 상세히 다루도록 하겠다.

창업 농장 모델

Start-Up Farm Models

다음에 설명하는 5가지 사업 모델은 2,024㎡ 이하의 경작지에서 상업적인 도시농업 경영을 할 수 있는 사업 모델이다. 수년간에 걸쳐 다양한 크기와 규모로 농장을 운영해 왔는데 이 장에서 다루는 대부분의 모델은 내가 실제로 시도해 본 것들이다. 몇몇 모델(소농 중개인)은 성공 가능하다고 본 아이디어 차원이고 실제로 시도해 본 것은 아니다. 전에 중개인 역할을 잠시 한 적이 있고 지금도 조금씩은 하지만 이 모델은 1,012㎡의 작은 농경 단지를 운영하려는 사람에게는 아주 적합한 모델이고 여전히 총수입으로 1억원 이상을 올릴 가능성이 있는 모델이다.

1만 달러 이하로 창업하는 방법

만약 여러분이 이전에 농장을 경영한 경험이 없다면, 1,012㎡ 혹은 그보다 적은 크기의 토지로 시작하는 것이 적당하다. 새내기 농부가 하는 첫 번째 실수는 너무 큰 경작지를 선택하는 것이다. 1,012㎡ 농장에서도 야외 경작지만으로 50,000달러의 수입을 올릴 수 있으며 몇 개의 온실과 실내 새싹채소 재배지를 결합하면 어떤 판매 루트를 개발했느냐에 따라서 상대적으로 더 높은 수입을 올릴 수도 있다. 성공적인 농사의 핵심은 판매할 시장을 장악했느냐에 달렸다. 이 점을 나는 이 책에서 수차례 반복해서 언급할 것이다.

창업 비용을 줄이려면 핵심 투자 부문에 드는 자금이 절약되도록 많은 시간을 할애해 검토할 필요가 있다. 창업 준비 기간을 6개월로 잡는다면 경작 시설 설치와 경작지 준비, 그럭저럭 만족스럽고 괜찮은 중고 기계를 구입할 수 있는 충분한 시간이다. 농장을 운영할 도시의 인구가 어느 정도인가에 따라 만족할 만한 중고 기계를 사기 위해서는 어쩌면 도시 여기저기를 돌아다녀야 할지 모른다. 나역시 크래그리스트(Craglist)나 키지지(Kijiji) 사이트에 들어가서 아주 좋은 물건들을 구입했지만 이 물품들을 가져오는데 차로 4시간이나 걸린 적이 있다. 하지만 대부분의 물품은 그럴 만한 값어치가 있었다. 나는 세 가지 부착 도구가 달린 BCS 경운기를 1천 달러에 구입했고 첫 번째 입식 저온 저장고도 1천 달러에 구입했다. 둘 다 새것을 구입했다면 8천 달러는 족히 들었을 것이다. 중요한 점은 이곳저곳 쇼핑해 보라는 것이다. 또 크래그리스트와 그런 비슷한 온라인 사이트에 사고 싶은 물건을 올려 보라는 것이다. 내가 산 BCS도 사이트에 구매하겠다는 글을 올려서 사게 된 것이다. 주요 투자 시설과 씨앗 그리고 농기구와 관개시설, 비료까지 포함해서 내가 농장 창업을 위해 사용한 비용은 총 7천 달러였다.

1,012㎡ 이하의 경작지에서 의욕적인 수입을 올리려면 고급 레스토랑과 잘나가는 파머스 마켓과 연계되어야 한다. 가장 소규모인 경작지에서 최대의 회전율로 최고의 생산성을 내는 작물을 전문으로 재배해야 한다. 이 말은 다양한 작물 선택이 불가능하다는 의미이기도 하다.

한편 2,024㎡ 이상 되는 농장을 운영하려면 다양한 레스토랑과의 연결은 말할 것도 없고 판매하려는 시장 범위를 광범위하게 잡아야 한다. 중개인 역할을 하지 않았다면 공동체 지원 농업 프로그램 운영을 고려해 볼 만하다. 레스토랑에 작물을 납품하게 되면 고수익을 내는 채소를 다량으로 재배할 수 있다는 장점이 있다. 예를 들어 몇 군데 레스토랑에서 한 주에 100단씩이나 되는 래디쉬를 사주었기 때문에 어린 근채류를 기를 수 있었다. 이 근채류의 대부분을 레스토랑 전용으로 재배했다. 거래하는 레스토랑에 한 주에 91kg씩 팔았는데 공동체 지원 농업 프로그램과 일반 시장을 통틀어도 도저히 팔 수 없는 물량이었다. 시장에서는 성적이 좋은 날이라 해도 겨우 20단을 팔면 다행이었다. 시간이 지나면 어떤 작물이 어디에서 더 잘 팔리는지 파악할 수 있게 된다. 어떤 작물(근대나 케일)은 레스토랑보다 일반 시장에서 더 잘 팔린다. 어떤 작물이 어느 곳에서 제일 잘 팔리는지 파악하려면 시간이 좀 걸린다. 스프레드시트에 메모해 두는 습관이 중요한 것은 이런 이유 때문이다. 지속적으로 변화된 정보를 업데이트하고 수시로 이 정보를 작물 생산과 판매를 최대한 효과적으로 연결하는 지렛대로 사용해야 한다.

다음에 언급한 모델은 단계적 모델이다. 말하자면 처음에는 파트타임 농부로 뒷마당에서 텃밭 농사를 지어보며 농사일을 시작해 보는 것이다. 그렇게 1년쯤 지나 농사 경험이 쌓이면 본격적인 전업농이 되기 위해 현재 다니고 있는 직장을 그만두고 최소 단위 농장이나 소규모 농장을 운영하는 것이다. 이 단계에서 점진적으로 자신에게 알맞은 규모로 계속 키워나가면 된다.

최대한 농장 가까이에 거주하는 사람으로 적절한 도움을 줄 수 있으며 자신과 비슷한 처지에 있는 사람을 찾는 일이 시장 규모를 키워나갈 때 부딪치는 가장 힘겨운 일이 된다. 고용주가 되어 본 사람들은 누구도 자기 일처럼 열심히 일하는 고용인은 세상에 없다고들 말하는데 대부분 맞는 말이다. 중요한 것은 어느 정도 선에서 만족할 것인가하는 점이다. 내 노동 강도의 85% 정도로 일해 주는 직원이라면 최상의 인력이라고 보면 된다. 농장주 자신만큼 인센티브가 없기 때문에 누구도 농장주만큼 열심히 일하지 않는다는 사실을 인정해야 한다. 생산량과 수입 목표에 따른 과외 수당을 인센티브로 내세우면 직원의 노동 생산성을 어느 정도는 높일 수 있을 것이다.

자기 집 뒷마당에서 파트타임 농부로 21,600달러 수입

1년 내지 2년은 계속 직장을 다녀야 하는 사람들에게 가장 잘 맞는 모델이다. 조금씩 농사일에 할애하는 시간을 늘려 파트타임 농장 경영 수준으로 올려 나가면 된다. 무작정 농업 경영에 뛰어들지 않았기 때문에 실패에 대한 불안감도 적다. 그러나 다른 시각으로 보면 실전에서는 몸으로 부딪쳐가며 일할 때 더 많은 것을 배우므로 무작정 도전하면 농사일을 더 빨리 배우게 된다고 말해 주고 싶다. 하지만 모두가 다 처음부터 그런 큰 위험을 감수하려고 하지 않는다는 점도 이해한다.

대략 경작지 한 군데에 폭 76cm 길이 7.6m의 이랑 36개인 405㎡ 크기가 이 모델 규모로 적당할 것이다. 여러분의 집 앞마당과 뒤뜰 혹은 집에서 아주 가까운 곳이 이상적인 농장 위치이다. 이 농장에는 고회전 경작지에 신속 성장 작물을 기른다면 30주가 시즌인 해에 총 28,800달러 수입을 올릴 수 있다. 하지만 여러 가지 작물 재배 경험을 체험해 볼 수 있도록 작물 종류를 다양화하기를 권장한다. 2회전 절반, 고회전 절반으로 36개의 이랑을 구성하면 30주가 시즌인 해에 그래도 21,600달러의 총수입을 올릴 수 있다. 이 모델에서 추구하는 목표는 수익을 극대화하는 것이 아니라 작물 재배 지식을 최대화하여 향후에 농장 규모를 키울 때 그 지식을 활용할 수 있게 하는 것이다.

이 방식으로 농장을 운영할 때는 위험이 적고 사후 고객 서비스가 별로 없는 시장 유형에 집중해야 하는데 파머스 마켓이 우선순위로 꼽힐 것이다. 대부분의 파머스 마켓은 주말에 열리기 때문에 직장에서 월요일에서 금요일까지 일하고 주말과 주중 저녁나절에 열심히 농사를 짓는 사람들도 이 농장 모델로 성공할 수 있다. 이 경우에도 조심스럽게 레스토랑 시장에 접근을 시도해 볼 수 있지만, 자신 있게 작물을 공급할 수 있는 (오너가 운영하는) 자그마한 레스토랑을 우선 권한다. 실례로 한 주에 60달러 정도의 적은 주문을 하는 곳을 찾아야 한다. 공급 전에 작물 공급의 유연성을 확실히 해야 하는데 거래를 하다

보면 알게 되겠지만 어떨 때는 일이 일관성 없게 진행될 수도 있기 때문이다. 셰프들에게 작물을 납품하는 일은 사후 서비스를 더 많이 요구하기도 해서 일종의 도전이라 할 수 있다. 주중에 문자 메시지를 보내고 전화를 하는 일이 빈번하며, 서비스를 해주지 않으면 거래를 유지하기가 아주 힘들어진다.

그런 현실에 대응하기 위해 주업인 직장 근무 시간을 예를 들어 월요일부터 수요일 9시에서 5시까지로 줄이고, 저녁나절과 출근 전 이른 아침에 한두 시간씩 농사일을 해야 한다. 그런 다음 목요일은 12시에서 5시까지 농장 일을 하면 목요일 아침나절에는 시장에 내다 팔 작물을 수확할 수 있다. 금요일에는 농장 일을 전혀 안 하거나 아주 짧게 한두 시간하고 일과를 마무리지어야 한다. 그래야만 남은 금요일 시간을 토요일 파머스 마켓에 판매할 작물을 선별하고 포장하는데 할애할 수 있기 때문이다. 부부와 아들로 구성된 가족들이 이 모델의 농장 운영을 제법 잘하는 모습을 보았다. 보다 많은 도움을 받으면 받을수록 농장을 경영할 때 더 많은 옵션을 갖게 된다. 이 모델로 성공하려면 최소한 일주일에 20시간, 파머스 마켓에서 반나절은 할애해야 한다.

405㎡의 미니 농장에서 58,800달러 수입

405㎡ 규모의 농장이라면 교외 혹은 도시 부지에 있는 자택에서도 운영할 수 있다. 앞뜰과 뒤뜰이 있다면 면적이 총 405㎡가 될 것이고 그 정도 크기라면 자택에서 하는 농업 경영 경작지로는 사실상 충분한 크기가 될 것이다. 이 모델로 수입을 극대화하려면 신속 성장 작물과 고회전 작물에 집중해야 한다. 이 말은 엽채류나 래디쉬, 순무, 몇 가지 허브만 재배해야 하고 최소 한 시즌에 4번은 이랑을 회전시켜야 된다는 뜻이다. 이 정도 크기의 농장에서는 36개의 이랑과 이랑 사이에 25cm 넓이의 작업로가 있어야 한다. 이러한 모든 이랑이 고회전 작물이라면 30주가 한 시즌인 야외 경작만으로도 총수입은 28,800달러 정도가 될 것이다. 온실을 이용해 야외 재배용 작물과 새싹채소를 재배

한다면 이 숫자는 더욱 높아질 것이다. 한 판에 20달러 나가는 새싹채소를 한 주에 50판을 생산할 수 있다면 이 정도 크기의 경작지에서도 총 58,800달러의 수입을 올릴 수 있다. 또한, 시즌당 작물 재배 기간이 30주 이상이 되면 그 가능성은 더 높아진다.

이 모델이 지니고 있는 위험 요소는 재배하는 작물과 시장의 흐름이 지나치게 특화되어 있다는 점이다. 이 모델이 성공하려면 지극히 특화된 시장 틈새를 공략하여 납품하고 재배하는 10여 종의 작물을 모두 판매하여야 한다. 이런 형태의 농장은 특수작물만을 공급받는 고급 레스토랑에 접근이 가능한 대도시 지역에서 운영하는 것이 더 유리할 것이다. 그렇지만 특정한 부류의 고객만을 위한 전용 농장이 되거나, 고객의 특별한 요구만을 맞추어서는 절대 안 된다. 또 한 가지 위험 요소는 농장 규모가 작기 때문에 납품하는 레스토랑도 상대적으로 적다 보니 몇 안되는 고객에게 의존하게 되어 만약 고객 중에 몇 군데라도 놓쳐 버리면 수입은 매우 빠른 속도로 줄어들 것이다. 레스토랑 시장을 우선으로 했을 때 안게 되는 위험 요소라 할 수 있다. 어떨 때는 특정 셰프가 레스토랑을 그만두면 새로 온 셰프와 다시 관계를 맺어야 하는 고충도 있다. 언젠가 한 주에 1천 달러씩 구매를 하는 거래처가 있었는데 한 시즌이 지나고 나서 그 레스토랑은 메뉴와 셰프를 바꾸었고, 결국 그 거래처는 고객 명단에서 영원히 사라져 버렸던 경험이 있다. 고객 다변화도 중요하지만 더 중요한 것은 기존 고객들과 좋은 관계를 유지하면서 그들을 항상 주시하고, 그들의 말에 귀 기울여야 한다.

이 정도 규모의 농장을 운영하려면 한 사람이 상근직으로 최소 일주일에 40시간은 근무해야 한다. 새싹채소 생산은 한 주 15시간만으로 끝내고 나머지 시간은 야외 작물 재배와 가공, 배달 등에 쏟아야 한다. 레스토랑 납품으로 모든 작물을 판매할 수 있고 파머스 마켓에 판매하는 일에는 관심이 없다면 장터 부스에서 온종일 서 있는 시간을 절약할 수도 있다.

이 모델용으로 내가 권장하는 작물들은 루콜라, 고수, 베이비 딜, 샐러드용 순무, 어린 상추, 겨자채, 래디쉬, 어린 러시아적케일, 시금치 등이다. 이 엽채류들은 시금치를 제외하고는 다양한 샐러드용 혼합채소로 섞어 팔 수 있고 시금치와 루콜라는 각기 독자적으로도 팔 수 있다. 시장에 다양한 샐러드 채소 조합을 하여 각기 다른 상품으로 판매해도 좋다. 예를 들어 매운맛 조합으로 겨자채과 루콜라를 섞어 판매한다. 완두새싹과 해바라기새싹, 래디쉬새싹과 보라색 바질, 고수, 무엇이든 밝은색이 도는 채소를 재배해도 좋다. 완두새싹과 해바라기새싹은 건강식품으로 분류되는 공통점이 있고 두 가지 종류를 다량으로 재배하여 인구 통계 분석을 통해 판매 확대를 꾀할 수 있다. 래디쉬새싹과 새싹채소는 레스토랑 업계에서 인기가 좋다.

1,012㎡의 소규모 경작지에서 87,000달러 수입

농사일이 처음이고 농업을 전업으로 하려는 사람에게 1,012㎡ 크기의 경작지는 시작하기 딱 좋은 크기이다. 이 모델로 가능한 최대의 수입을 올리려면 자신이 얼마나 많은 시간을 할애할 것인지 결정한 후 파트타임이든 상근직이든 최소 한 사람의 일꾼을 고용해야 할 것이다.

이 모델에서는 신속 성장 작물을 선택하고 고회전 방식을 도입해야 한다. 토마토나 여름 호박 같은 2회전 작물은 피해야 한다. 이 정도 규모에서는 케일을 4개 이랑에 재배하면 총수입에 악영향을 끼치지 않으면서 키울 수 있다. 1,012㎡의 경작지에는 이랑 사이에 25cm의 작업로를 갖춘 90개의 이랑을 설치해야 한다. 기온이 낮은 지역에서 재배를 한다면 재배 기간을 늘리기 위해 로우터널 비닐하우스나 하이터널 비닐하우스 사용을 권한다. 몇 가지 시즌 연장 기법을 사용한다면 기후대가 5B 이하인 지역을 제외한 대부분의 북미 지역에서 30주 동안은 작물을 재배하고 판매할 수 있을 것이다. 기후대가 5B 이하인 지역은 20 주 정도가 최대 기간일 것이다. 고회전으로 90개 이랑이면 30주에 72,000달러 혹은 주당 평균 2,400달러의 수입을 올릴 수 있을 것이다. 이 모델에 새싹채소 생산을 첨가한다면 상당히 많은 금액의 수입을 더 올릴 수 있을 것이다. 30주 동안 매주 25판 생산을 목표로 하여 판당 20달러에 판매한다면 총수입은 87,000달러에 달하고, 조금 더 의욕적으로 잡아서 30주 동안에 주당 50판을 생산하면 1,012㎡의 경작지에서 총수입을 102,000달러까지 올릴 수 있을 것이다.

재배를 권장하는 작물은 비포장 엽채류로 순무, 청경채, 래디쉬, 루콜라, 어린 러시아적케일, 시금치 그리고 샐러드용 혼합채소로 상추, 미주나, 겨자채, 다채 등이다. 러시안적케일과 루콜라를 샐러드용 혼합채소로 추가할 수 있다. 베이비 딜과 고수, 파슬리를 묶음 허브 판매용으로 재배할 수도 있다. 조금 더 다양하게 묶음 판매용으로 케일도 재배할 수 있다. 완두새싹이나 해바라기새싹, 래디쉬새싹 같은 새싹채소를 레스토랑과 파머스 마켓용 특수작물도 재배할 수 있다. 특별히 개발해 보라고 권하고 싶은 시장 유형은 레스토랑과 파머스 마켓을 제외한 시장인데, 또 다른 공동체 지원 농업 프로그램에 뭔가 틈새 작물을 공급할 수 있는지 모색해 보는 것이다. 이 정도 크기의 농장에서는 자체적으로 공동체 지원 농업 프로그램을 운영하라고 권하지 않는다. 그것은 생산하는 작물 종류가 다양하지 않기 때문이다.

이 모델의 장점은 제법 다양한 종류의 작물을 재배할 수 있기 때문에 파머스 마켓과 레스토랑 시장에서 보다 탁월한 영업 역량을 갖게 해 준다는 점이다. 이 정도 규모의 농장이라면 좀 더 쉽게 고객 유형을 넓힐 수 있다.

2,024㎡의 중규모 경작지에서 123,000달러 수입

2,024㎡ 규모가 도시 농장을 경영하라고 권하는 가장 큰 경작지이다. 이 이상 크기의 경작지는 진 마틴 포티어(Jean-Martin Fortier)나 엘리엇 콜만이 자신들의 저서에서 기술한 농촌 지역 농업 전략을 참고하는 것이 더 낫다.[1] 2,024

㎡도 도시농업으로는 꽤 큰 경작지이다. 대부분의 경우 고소득 작물에 전념하지만 재배하다 보면 시장이 요구하는 것 이상으로 재배하게 되고 결국은 다양한 종류의 작물을 내 놓게 된다. 더욱이 경작지 크기가 이 정도 되면 한두 명의 일꾼을 쓰게 된다. 이 모델은 농사가 처음인 사람에게는 권하지 않는다.

경작지가 있는 그 지역에서 한 시즌 혹은 두 시즌 동안 이미 농사를 지어 본 사람만이 2,024㎡ 규모의 농장을 운영해야 한다. 이 정도 크기의 농장은 두 사람이 공동 소유자라면 두 사람 모두 상근으로 일해야 운영할 수 있다. 여름 몇 달은 일시적으로 금요일마다 시장에 출하할 작물 준비로 일손이 필요하겠지만 대부분 경험 많은 두 명의 농부가 농장을 경영하며 생활과 농장 업무의 균형을 맞추어 갈 수 있다.

이만큼 큰 경작지는 180개의 이랑 작업이 가능하다. 동일한 수의 고회전과 2회전 이랑에 이 책 10부에서 나열한 모든 작물을 재배하고 동시에 몇 개의 실내 재배단지 혹은 온실에서 새싹채소도 재배해야 한다. 이와 같이 대량 생산과 작물 종류의 다양성 때문에 레스토랑과 파머스 마켓, 소규모 공동체 지원 농업 프로그램을 포함한 비교적 광범위한 시장에 판매할 수 있을 것이다. 2,024㎡ 정도 규모의 농장에도 공동체 지원 농업 프로그램은 농부에게 비록 수익면에서는 못 미치지만 시즌 초기에 선불로 물품 대금을 지급받는다는 점에서 충분히 설립할만한 가치가 있다고 본다. 농장 규모가 커지면 간접비가 많이 들며 더욱이 창업 비용도 많이 든다. 씨앗과 인건비, 비료 대금, 운송비가 상대적으로 높으므로 이처럼 크게 농장 규모를 키우는 일이 확실히 값어치가 있는 일인지 신중에 신중을 기해 고려해봐야 한다. 이 정도 규모의 농장을 운영하면서 여전히 고소득 시장을 겨냥한다면 추가 비용 때문에 추가로 얻는 이익도 사라질 것이다. 농장 규모를 키울 때 고려해야 할 핵심 사항은 참여하는 시장의 수요가 어떠한지, 여전히 성장할 여지가 있는지 살피는 일이다. 자신이 속해 있는 시장이 이미 포화 상태라면 영업 규모를 늘려 봐야 쓸모없는 일이다. 하지만 매주 파머스 마켓에 내 놓은 작물이 잘 팔리고 기존 작물만으로는 더 이상 레스토랑 업계의 수요를 충족시키지 못한다고 느껴지면 규모를 키워야 하는 확실한 신호라고 봐도 될 것이다.

시장의 수요를 거의 만족시켰을 때가 시장에서 가장 적절한 위치에 서 있다고 생각한다. 어느 한 주라도 작물의 15%를 팔지 못하는 것보다 모든 작물을 다 파는 것이 낫다. 5% 부족한 것이 5% 남는 것보다 낫다. 남은 작물을 가지고 시장에서 집으로 돌아올 때나 생산을 너무 많이 할 때는 마치 온종일 무보수로 일한 것 같고 그 기분이 나아가 자기 자신의 생활방식과 마지막 자존심까지 흔들리게 한다. 내가 기른 작물은 거의 대부분 판매한다는 사실이 나로 하여금 일과 생활의 균형을 기가 막히게 맞출 수 있게 하는 요소 중의 하나이다. 그렇기 때문에 나는 절대 공짜로는 일하지 않는다.

도시농업 사업

아주 어렸을 때 방문 외판원이신 아버지를 따라 주말마다 방문 판매 여행을 하곤 했다. 주말이 되면 아버지는 동생과 나를 데리고 방문 판매 여행을 갔다. 우리 형제는 아버지가 거래를 성사시키고 온갖 세상에 대한 잡다한 이야기를 나누는 모습을 지켜보았다. 우리가 만난, 각기 다르고 특이한 성격을 지닌 사람들에게 매번 매료되었던 기억이 난다. 내 사춘기 시절에 아버지는 조그마한 피시 앤 칩스 레스토랑을 인수했고, 1년이 지난 후에 레스토랑을 두 개 더 늘렸다. 14살 때 처음으로 아버지 가게에서 일했다. 설거지 일부터 시작했고 아버지가 레스토랑을 늘리면 따라가서 일을 도왔다. 아주 어렸을 때 사업가가 되는 일이 어떤 의미인지 알 수 있었고, 이 때문에 사업의 기본을 가르쳐 준 아버지에게 항상 고맙게 생각하고 있다.

지금도 그런 환경에서 성장했다는 것은 행운이라고 생각한다. 아버지는 사업적으로는 성공하지 못했다. 레스토랑을 운영하면서 감당하지 못할 정도로 많은 빚을 졌다. 아버지를 지켜보면서 비용이 수입을 초과하면 버티지 못한다는 점을 알게 되었다.

아버지는 인생 후반기에야 비로소 어렸을 때부터 꾸어 온 꿈을 실현하기 시작했다. 이발소를 열고 이발사가 되었다. 은퇴할 때까지 일했지만 큰돈은 벌지 못했다. 그러나 일을 하면서 삶의 의미를 찾고 행복을 느끼는 것 같았다. 나는 아버지가 세상 사람들이 '성공하려면 무조건 키워나가야 한다.'는 말과 전혀 다른 방향으로 가는 것을 보고 항상 감탄하곤 했다. 아버지는 사람들 말과는 정반대로 살면서 행복을 찾았다.

농장을 사업처로 생각하지 않아서 실패한 많은 농부들이 고생하는 것을 보았다. 그들은 신념에 가득 차서 자신만의 방법을 유일한 길이라고 생각했으며, 소규모 농장을 포함한 모든 사업에는 공통된 경영 이론이 존재한다는 사실을 인식하지 못했다. 사업을 하든 농장을 경영하든 상관없이 기본 원리가 결정적인 역할을 한다. 아버지는 인생 전반에 걸쳐 사업 운영의 기본 원리를 끊임없이 내 머릿속에 각인시켜 주었다.

1. 비용이 수입보다 높으면 변화를 모색해야 한다.
2. 무엇이든 하겠다고 말했으면 반드시 해라. 악수했다면 계약했다는 말이다.
3. 계약은 계약 당사자 모두가 만족해야 완료된 것이다.
4. 고객에게 실수했다면 전보다 더 잘해서 실수를 만회해야 한다.

시작은 소규모로

Starting Small

많은 사업체가 사업을 시작한지 2년 만에 실패하는데 그 이유 중의 하나가 너무 많은 간접비 부담을 안고 사업을 시작했기 때문이다. 농사도 예외가 아니다. 사실 이 점은 농업 분야에서 더 두드러진다. 불행히도 수많은 농부들이 농사를 접는 대신에, 부채를 지면서도 농사를 계속 짓고 있다. 저렴한 대출 이자가 절대로 지속되어서는 안 되는 상황을 계속 끌고 가도록 부채질하고 있다. 적은 간접비와 창업 비용이 소규모 농부와 도시농부가 창업을 성공적으로 이끄는 데 큰 도움이 되고 있다.

비용은 계속 낮게 유지

농장 규모에 근거하여 작성한 수치를 검토해 보면 간접비와 창업 비용이 평균보다 상당히 낮기 때문에 도시 농장은 훨씬 유리한 조건에서 시작할 수 있다. 초기 투자 비용으로 땅 임대료가 지극히 적거나 들어가지 않는다는 점이 우리 농장의 성공에 결정적인 역할을 했다. 배송비와 투자비, 인건비는 동일한 규모의 타 사업체와 비교하면 무시해도 될 만한 수준이다. 배송 비용은 창업할 때 전적으로 페달 동력으로 농장을 운영했고 지금도 그렇게 하고 있기 때문에 저렴하다. 투자 비용도 해를 거듭한 지금도 별반 달라진 것이 없는데 대부분은 지역에 있는 제조업체에서 퇴비와 유기농 비료를 구입하기 때문이다. 표준 이랑에 투입되는 비료 비용은 대략 5달러 정도인데 대개의 경우 그보다 덜 든다. 게다가 중요한 농장 일도 직접 하기 때문에 인건비도 저렴하다. 토마토 줄기를 묶거나 마켓용 포장 작업을 하는 금요일에는 노동의 대가로 채소를 주기로 하고 이웃 사람의 도움을 받기도 한다. 야외에서 하는 작업도 이웃 사람이 대략 한 주에 10시간 정도 작업해주면 된다. 이웃들에게도 괜찮은 거래라서 다들 기분 좋게 일을 한다. 수년에 걸쳐 일꾼들을 많이 써 봤지만 채소를 수확하고, 묶은 채소를 세척할 일이 생기면 일주일에 16시간씩 파트타임 일꾼을 고용한다. 씨앗을 뿌리고 이랑을 회전시키고 유지하는 대부분의 작물 생산 관련 일은 혼자한다. 운영 규모가 적당해서 별 지장이 없다. 앞에서 이야기했던 대로 농장 크기가 2,024㎡에 근접하면 농장 운영에 2명의 상근직이 틀림없이 필요할 것이고 마켓용 작물 준비 작업을 할 때도 여분의 노동력이 필요할 것이다.

09

시장 유형

Market Streams

시장을 다변화하는 일은 항상 바람직한 일이다. 어떤 경제학자라도 그렇게 말할 것이다. 농장 경영도 다르지 않다. 판매 가능한 다양한 시장에 대한 선택권을 갖기 바라지만 소규모 도시농부에게 가장 알맞은 판매 유형은 중개인을 끼지 않고 실수요자에게 직접 판매하는 고객 직판 제도이다. 간혹 중간 상인을 통해 판매를 시도하는 일도 나쁘다 할 수 없지만 대부분 직거래를 한다. 대부분의 소규모 농부에게는 파머스 마켓과 레스토랑, 공동체 지원 농업 프로그램의 세 가지 시장 유형이 존재한다. 그렇지만 이 책에서는 몇 가지 다른 유형의 시장도 살펴보겠다.

이러한 세 가지 유형의 시장도 작물을 판매하는 방법은 서로 다르다. 예를 들어 파머스 마켓과 공동체 지원 농업 프로그램에서는 소단위 포장으로 고가에 판매한다. 판매 가격에는 선별 판매하기 위해 들인 추가 시간이 반영되어 있다. 이 시장에서는 작은 봉지나 묶음이 일반적이다. 레스토랑의 경우에는 작물을 상자 단위(kg당 혹은 상자)로 판매하고 인건비 절약과 대량 구매 할인을 반영하여 일반 시장보다 조금 싼 가격에 판매한다. 도매상이나 소매점을 통해 판매할 때는 파머스 마켓처럼 묶음이나 봉지 단위로 작물을 사전 처리해서 판매하지만 대량 판매시에는 가격 할인도 가능하다. 위에서 언급한 유형의 시장에 대해 좀 더 자세하게 살펴보자.

생산한 작물을 쉽고 빠르게 소화시킬 수 있는 곳이 파머스 마켓이다. 어떤 파머스 마켓은 대기자 명단에 올려야 하고, 어떤 마켓은 시장이 열리는 특정 시즌이 있으므로 어느 마켓에 무엇을 판매할지 결정하려면 정보를 사전에 파악해야 한다. 작물 판매를 개시할 때 첫 번째 판매 대상으로 반드시 고려할 곳이 파머스 마켓이다. 파머스 마켓에 오는 고객들은 신입 농부에게는 매우 관대하다. 첫 주에 100봉지의 시금치를 내 놓았고 다음 주에는 75봉지만 내놓았는데도 아무도 주목하지 않는다. 오히려 사람들은 희소성에 민감하게 반응하는 경향이 있다. 이번 주에 지난주보다 시금치를 적게 내 놓았다면 고객들은 아마도 시금치가 빨리 팔릴 수도 있다고 생각하여 다음 주에는 더 일찍 나와서 더 많이 사 갈 것이다.

파머스 마켓을 사랑하는 또 다른 면은 어떤 것에 특정해서 즉각적인 반응을 보이기 때문에 새로운 작물을 선보이기에 아주 적합한 곳이라는 점이다. 내 놓은 작물에 대해 즉시 반응을 보이니 마케팅 전문가 그룹을 고용한 것이나 다름 없다. 그들의 반응을 잘 살펴보면 해당 지역 사회가 필요로 하고 원하는 것이 무엇인지 아주 신속하게 알게 된다. 마켓은 또한 많은 사람을 만날 수 있는 좋은 장소이기도 하다. 지금까지도 함께 일하는 대부분의 셰프들도 파머스 마켓에서 만났고, 공동체 지원 농업 프로그램의 고객들도 대부분 그곳에서 만났다.

파머스 마켓에서 작물을 파는 일 중에 내가 가장 좋아하는 일은 의심할 여지 없이 사람들을 만나는 일이다. 시간과 정성을 들이고 온 힘을 다해 일한 대가인 작물은 그 가치를 알아 주는 사람들에게 팔아야 한다. 함께 지내고 싶고 도움을 청하고 싶은 다양한 사람들을 만나는 곳이 바로 그곳이다. 파머스 마켓에 온 사람들은 여러분의 이야기를 듣고 싶어 하며 그러다 보면 여러분 자신이 브랜드가 된다. 이 점이 여러분을 독특한 존재로 부각시키기 때문에 중요하고, 이러한 점이 사람들이 우선적으로 파머스 마켓에 오는 이유 중의 하나이기도 하다. 그곳은 사람들이 문화와 다양성을 체험하는 장소이다. 내세워야 할 것은 여러분 자신뿐이므로 공손하고 사교적이며 웃음을 잃지 말아야 한다. 이러한 일들 모두에 익숙하지 않으면 익숙해질 때까지 흉내라도 내야 한다. 그날엔 도저히 웃음이 나오지 않으면 억지 웃음이라도 지어라. 10명의 사람들이 웃음으로 반겨 준다면 더 이상 웃지 않을 수 없을 것이다. 나중에는 그런 접촉을 오히려 기대하게 될 것이다.

파머스 마켓에 부여하려는 가치가 어떤 것인지 파악하는 것이 중요하다. 그저 재배한 작물만 파는 것이 아니라 마켓을 찾아 준 사람들에게 여러분의 아이디어와 활동에 동참할 기회를 부여하는 것이다. 도시에서 농사를 짓는다는 일은 반가운 소식이며 사람들은 도시를 초록으로 물들이며 먹거리를 제공하고 그 먹거리에 대한 정보를 나누어 준다는 아이디어를 사랑한다. 여러분은 채소뿐만 아니라 여러분의 체험도 판매하는 것이다. 이 점을 항상 잊지 말아야 한다. 사람들이 판매대로 와서 물건을 살 때 나는 한눈 한 번 팔지 않고 내내 그들과 함께한다. 끊임없이 원예에 관한 질문에 답하고 음식 조리법에 대한 팁도 준다. 대형 마트에서는 그런 서비스를 받지 못하기에 여러분이 지역 사회에서 얼마나 소중한 존재인지를 깨닫게 만드는 좋은 기회가 된다(별첨 사진첩 사진 1번을 참고하라).

마켓에서 무엇을 어떻게 팔까

마켓에서는 무게를 달아 kg 단위로는 거의 팔지 않는다. 간혹 어쩔 수 없이 그렇게 파는 작물도 있지만 대부분의 작물은 사전에 포장된 봉지나 묶음으로 만들어 판매한다. 마켓에서 판매하는 작물들은 일괄 가격 시스템으로 판다. 마켓 부스에서 파는 작물의 판매 가격을 결정하는 방법은 여러 가지가 있을 수 있으나 기본 원칙은 단순해야 한다는 것이다. 끝자리 센트는 잘라 버리고 달러 단위로 가격을 매겨라(2달러, 3달러, 4달러, 5달러). 2달러 50센트나 2달러 75센트와 같은 단위는 쓰지 마라. 거스름 돈 지급이 단순해지니 거래 속도가 무척 빨라져서 고객들에게도 기분 좋은 일이 된다.

　일반적으로 작은 단위를 낮은 가격에 판매하는 것보다 보다 큰 단위를 높은 가격에 판매하는 편이 더 유리하다. 경제 논리상 2달러짜리 엽채류 포장이나 3달러짜리 엽채류 포장이나 소요되는 노동 시간이 똑같다면 3달러짜리 포장이 더 이득이다. 주 단위로 소비하는 사람이 평균 몇 명이나 되는지도 고려해야 한다. 왜냐하면 같은 값으로 5달러짜리 포장이 더 나을 수도 있다는 생각이 들기 때문이다. 그러나 대부분의 사람들은 5달러짜리 포장은 좋아하지 않는다. 그래도 사람들에게 선택할 옵션을 하나 더 준다는 의미에서는 나름 괜찮은 생각이다.

　파머스 마켓에서는 개당 3달러나 2개에 5달러로 판매한다. 이러한 가격 체계는 묶음으로 파는 래디쉬 종류와 케일, 근대는 물론 엽채류와 체리 토마토, 새싹채소 봉지에도 적용된다. 그렇다고 이 가격 체계가 모든 작물에 적용되는 것은 아니다. 예를 들어 작은 허브 묶음과 큰 에어룸 토마토나 당근과 시금치의 대형 포장이 이에 해당된다. 부스에서는 일처리를 단순하게 하려고 가격 단위가 개당 3달러짜리 작물과 2개에 5달러짜리 작물은 모두 한 곳에 전시하고, 다른 가격으로 판매되는 작물은 다른 곳에 전시한다. 그렇게 하는 이유는 어디에 어떤 작물이 전시되어 있는지 쉽게 볼 수 있게 하기 위해서다. 허브 묶음(베이비 딜과 고수, 파슬리)은 개당 2달러에 팔고 절대로 깎아주지 않는다. 작은 스켈리언 묶음도 2달러에 판다. 봄철 혼합채소와 루콜라, 매운맛 엽채류들은 110g 들이 봉지 한 개에 3달러, 2개에 5달러에 판다. 상추나 루콜라보다 무게가 더 나가는 시금치는 170g 들이 봉지 한 개에 3달러에 판다. 이들 작물의 가격은 전적으로 농장의 생산성에 좌우된다. 봄철에는 시금치의 생산성이 높아지고 그 점을 작물 가격에 반영한다. 엽채류 생산이 왕성해지면 물량 처리를 원활하게 하려고 좀 더 저렴하게 250g 엽채류 봉지 한 개에 5달러에 판매한다.

마켓용 포장 예: 2달러 50센트로 표시한 것은 한 개에 3달러, 두 개에 5달러 임

작물이름	포장단위	무게	단위가격
루콜라	백(bag)	110g	$2.50
바질	백	110g	$2.50
비트	묶음(bunch)	330g	$3.00
청경채	묶음	330g	$2.50
데침용 혼합채소	백	110g	$2.50
당근(어린혼합색)	백	330g	$3.00
고수	묶음	55g	$2.00
케일	묶음	220g	$2.50
파슬리	묶음	55g	$2.00
파티팬(어린)	바구니(basket)	285g	$2.50
파티팬(중간)	바구니	450g	$2.50
완두콩새싹	클램(clam)	55g	$2.50
피망	바구니	220g	$2.50
래디쉬	묶음	220g	$2.50
래디쉬새싹	클램	55g	$2.50
러시안적케일	백	110g	$2.50
스켈리언	묶음	110g	$2.00
시금치	백	225g	$2.50
시금치(대형)	백	400g	$5.00
봄철 혼합채소	백	110g	$2.50
봄철 혼합채소(대형)	백	255g	$5.00
해바라기새싹	클램	55g	$2.50

파머스 마켓에서 알아야 할 판매 요령

1. 고객 상대 기법을 익혀라

사람들에게 공손하고 살갑게 대하는 법을 배워야 한다. 파머스 마켓에 온 사람들 대부분은 대화를 나누고 싶어 한다. 그것이 사람들이 마켓을 방문하는 이유 중 하나이기도 하다. 고객들과 농장에 대해 수없이 대화를 나누고 고객에 대한 이야기를 들어주는 일에 익숙해질 필요가 있다. 하면 할수록 더 나아질 것이다. 더욱 중요한 일은 여러분을 가장 많이 도와주는 고객이 누구인가를 파악하는 일이다. 매주 여러분의 가게에 찾아오는 사람들이 누구인가? 매출의 80%는 전체 고객 중 20%의 고객에게서 나온다고 한다(이는 거의 모든 사업에 해당되는 말이며 파레토 원리[1]라고 알려져 있다). 가능한 빨리 이 20%의 고객이 누구인지 파악하고 그 고객에 대해 모든 것을 알아내라. 그리고 그들을 친구로 대해라. 그들의 이름과 하는 일이 무엇인지 또 어떤 일을 열정적으로 좋아하는지를 기억해라. 마켓을 방문할 때마다 열렬히 환영하고 담소를 나누어라. 단, 진심이 아니면 결코 그렇게 하지 마라. 결코 가면을 쓰고는 그렇게 할 수 없다. 즐겨야 한다. 그렇지 않으면 전혀 의미가 없다. 세월이 지난 뒤에 보면 꾸준히 작물을 사 준 고객들이 결국은 가장 큰 후원자가 된다는 사실을 알게 된다. 일단 그런 고객들로부터 강력한 지원을 확보하면 그들은 여러분에 대한 칭찬을 계속 늘어놓고 꾸준히 자신의 친구들을 가게로 끌고 온다. 그리고는 자신의 친구들에게 여러분을 마치 가족인 것처럼 소개할 것이다. 그것으로 다 된 것이다.

2. 고객이 뭔가 불평하면 주저하지 말고 보상해 주어라

불평하는 고객에게는 이전에 산 것에 덤을 얹어서 보상해라. 그들이 과민하게 행동하고 습관적으로 불평하는 사람이라는 생각이 들어도 주저하지 말아야 한다. 계속해서 일어날 일이 아닐 거라고 희망적으로 생각하고 어느 정도 삶의 일부라고 생각해라. 사람들이 문제를 해결해 달라고 올 때마다 오히려 뭔가 더 잘 풀어낼 기회를 얻게 되는 것이다. 절대로 그 기회를 놓쳐서는 안 된다. 이런 일이 자주 발생하는 것은 아니고 1년에 2번 정도였던 것 같다. 어떤 사람이 와서 불만을 표출했을 때는 아마도 무언가 답례를 기대하고 올 것이다. 나는 항상 그 기대에 부응해 주었고 고객들은 만면에 미소를 지으며 돌아갔다. 다음에 그들은 친구를 데리고 찾아 주었다. 결정은 여러분이 내리지만 아량을 베풀고 겸손한 태도를 견지하라는 말 속에는 큰 뜻이 담겨 있다.

3. 풍성하다는 환상을 일으키게 하고 한정된 장소를 창조적으로 사용하라

사람들은 물건이 많이 쌓여 있는 것을 보면 주목한다. 마트에서 탄산 음료를 산처럼 쌓아 놓아 사람들을 주목하게 만드는 것과 같은 기법이다. 마켓 부스의 판매대 작물들이 풍성하다고 느끼도록 환상을 만들어 내야 한다. 나는 이 효과를 보기 위해 서로 다른 작물들을 가깝게 진열하고 쌓을 수 있을 때까지 높이 쌓는 식으로 진열했다. 비어있는 수직 공간도 가능한 한 많이 사용했다.

4. 마켓 판매대에는 항상 홍보물을 비치해라

판매를 시작할 때는 항상 전단지와 명함 그리고 기타의 홍보물을 가까운 곳에 비치해라. 농장 전경과 농장 관련 정보가 적힌 포스터를 부스 양 옆에 걸어 놓아라. 나 같으면 온종일 슬라이드 쇼를 보여주는 태블릿 PC도 갖다 놓을 것이다. 보여주는 것이 많으면 많을수록 여러분의 부스로 사람들을 끌어들일 것이다. 군중이 군중을 끌어모으기 때문에 이 점은 매우 중요하다. 많은 사람들이 여러분의 판매대 앞에 몰려들 때마다 지나가는 행인들이 무슨 일이 있나 궁금해 할 것이고, 한 번 보기 위해 무리를 지어 몰려오게 될 것이다.

레스토랑 시장

세프들과 거래하면서 일년 만에 생산량을 배로 늘릴 수 있게 되었다. 창업 첫해에는 레스토랑이 주 단위로 요구하는 수요조차 맞추기 힘들어 납품한 레스토랑이 몇 군데 안되었다. 창업 초기에는 작은 레스토랑 한두 곳과 거래를 하라. 창업 초기에는 지나치게 많은 거래를 하지 않도록 조심해야 하는데 그 이유는 여러분이 주간 생산량을 꾸준히 유지하는 요령을 익히고 있는 과정에 있기 때문이다. 의욕이 지나치다 보면 고객을 실망시키게 된다. 경험을 통해 항상 덜 약속하고 더 주는 것이, 더 약속하고 덜 주는 것보다 낫다고 믿게 되었다. 시장이 요구하는 것과 여러분이 일관되고 꾸준하게 생산하는 것 사이의 균형을 맞추는 일이 궁극적으로 추구하는 안정된 생산목표이다. 세프들이 가장 좋아하는 농부는 매번 그럴듯한 작물들을 가지고 나타나는 농부가 아니라 매주 변덕스럽게 요구를 해도 유연하게 맞춰주며 함께 일 해 나가는 농부이다. 직접 농사를 지은 경험이 있는 세프들은 작물이 계절별로 다양한 특성을 갖고 있다는 것을 이해하고, 또 즐겨 그 특성을 활용하려 하기 때문에 함께 일하기가 아주 편하다.

생산한 많은 양의 동일한 작물을 일괄적으로 판매할 수 있다는 점에서 레스토랑에 판매하는 일은 아주 바람직한 일이다. 한 가지 예를 들어 보겠다. 레스토랑을 상대로 한 주에 90kg 이상의 래디쉬를 팔 수 있는 반면 파머스 마켓에서는 특정 작물을 그렇게 많이 팔 수 없다. 운이 좋으면 10kg 정도 팔 수 있을지 모른다. 레스토랑에 래디쉬 90kg 정도를 파는데 2번에 걸쳐 한두 시간 정도 배달하면 끝난다. 아주 짧은 시간에 천 달러어치 작물을 판 것이다.

우리 농장 수확물은 대부분 레스토랑에서 소비된다. 레스토랑에 납품하는 것은 노동 시간 대비 수입이 많기 때문에 경제적이다. 한 번에 대량의 농산물을 배달하면 되기 때문에 파머스 마켓에서처럼 온종일 서있지 않아도 된다. 그러나 여러 가지 이유로 레스토랑과의 거래가 끊기게 되면 수입에 큰 타격을 줄 수 있음을 잘 염두해 두어야 한다. 별첨 사진첩 사진 2번을 참고하라.

공동체 지원 농업 프로그램

공동체 지원 농업 프로그램이란 소농들이 직접 소비자를 상대로 판매를 하는 보편적인 판매 방식을 말하며 대부분의 고객은 농장 회원들이다. 회원들은 한 시즌에 수확하는 농산물에 대해 선금을 지급하는 일이 아주 흔한 일인데 그렇게 함으로써 농장이 안고 있는 위험과 보상을 함께 나눈다. 매주 사전에 정해진 기간 동안 각 회원들은 공동체 지원 농업 프로그램을 통해 한 바구니의 제철 채소를 공급받는다. 요즘은 많은 농부들이 정형화된 형태로 공동체 지원 농업 프로그램을 운영하고 있고 회원들은 농장이 선정한 채소 목록을 보고 작물을 선택할 수 있다. 새롭게 개발된 웹 기반 소프트웨어 덕분에 농부들은 이 방식을 이용하기가 쉬워졌다.

공동체 지원 농업 프로그램이 소농은 물론 대농까지도 우선적으로 지향하는 시장 형태가 된 것은 계획적인 작물 재배를 가능하게 할 뿐만 아니라 선수금을 받을 수 있기 때문이다. 공동체 지원 농업 프로그램에 공급하려면 고객과 거래할 어느 정도 다양한 종류의 작물을 갖추어야 한다. 이 조건은 2,024㎡ 이하의 도시농부들에게는 공동체 지원 농업 프로그램이 이상적인 시장이 아닌 이유다. 브로콜리와 겨울 호박 같은 작물을 기르는 것은 이 정도 크기의 경작지에서는 경제적이지 못하다.

고개들에게 공동체 지원 농업 프로그램을 어떻게 이해시키느냐에 따라 공동체 지원 농업 프로그램의 성공이 좌우된다. 로컬 푸드 운동이 주류이고 수요도 많은 대도시에서는 여러분이 내놓은 작물을 높은 가격에 판매할 수 있고 판매 속도도 빠르다. 주문한 농산물을 재배하는 일, 상자 포장, 배달 시간 등에 대한 제약이 거의 없어서 농부들에게는 매력적인 판매 모델이다. 수많은 사람이 파머스 마켓에서 작물을 구매하고 있지만 사실 공동체 지원 농업 프로그램이 무엇인지도 모르는 경우가 많다. 고객을 교육시켜야 할 경우 그들을 참여시키는 과정이 힘들고 시간을 뺏기는 일이기도 하다. 이 경우 상자 크기와 주문자, 배달 시간, 지급 방식을 유연하게 하면 보다 많은 참여자를 조기에 끌어올 수 있을 것이다. 우리가 직영 공동체 지원 농업 프로그램을 이처럼 융통성 있게 운영한 해에는 전해에 비해 참여율을 3배까지 끌어올릴 수 있었다. 회원간 거래가 가능한 전자 상거래 소프트웨어도 있는데 이 프로그램은 거래를 쉽게 할 수 있도록 도와주는 대신 매출의 2%를 수수료로 내야 한다. 우리 농장은 스프레드시트에 연결된 구글 프로그램의 입력표를 이용한다. 매주 우리가 판매할 수 있는 작물 목록을 발행하고 고객들은 우리가 이메일로 보낸 구글 입력표를 활용해 주문하게 된다.

다음은 공동체 지원 농업 프로그램을 통해 보다 많은 고객을 만나게 해주는 4가지 방법이다.

대금 지급 옵션

한 시즌 필요로 하는 작물에 해당하는 대금을 미리 지불하고 매주 한 상자씩 필요한 채소를 공급받는 대신에 고객들에게 신용 한도를 설정해 주고 일정 구매 금액을 신용으로 지급하는 제도이다. 채소 공급 후에 고객의 총 신용 한도에서 공급 금액만큼 차감한다. 이러한 방식은 더 많은 관리 능력이 필요했지만 이런 관리를 가능하게 하는 소프트웨어 프로그램이 시중에 나와 있어 가능했다. 사람들은 더 이상 선금으로 적지 않은 금액인 500달러나 낼 필요가 없었고 2달에 한 번 100달러 이상 사용했으면 그만큼만 더 지불하면 된다. 우리는 여러 방면에서 대상의 폭을 넓히기 위해 노력했으며 이러한 프로그램 덕분에 휴가중인 사람들도 동참하게 만들었다. 또한, 지불하는 금액에 따라 할인을 적용하여 더 많은 인센티브를 제공하였다. 한 번에 250달러 이상을 지급하면 지급액의 10%를 총 신용 한도에 추가해 주었다. 따라서 500달러를 내면 총 신용 한도는 550달러가 되었다.

특화된 주문

고객이 농장과 신용 관계를 맺은 후에는 언제든지 원하는 만큼 주문할 수 있다. 신용 한도가 남아 있는 한 기술적으로는 원하면 한 번에 다 사용할 수 있다. 그렇게 하려면 여러분의 생산 시스템이 주별로 수요 변동이 생겨도 충분히 감당할 수 있다는 전제하에 가능할 것이다. 회원들이 몇 주간 주문을 안 해도 별 상관이 없다. 주문한 만큼 청구하기 때문에 가능하다. 최소 주문 조건을 설정하는 것도 필요한데 우리는 15달러를 최소 주문 조건으로 설정하였고 원하면 최고 주문 한도도 설정할 수 있다.

신규 회원 추천 프로그램

회원들이 새로운 누군가를 참여시키면 보너스로 신용 한도를 10% 올려 주었다. 한 고객이 500달러를 주문했고 신입 회원으로 누군가를 동참시켰다면 보너스로 50달러를 지급했다. 이 보너스는 본인이 원하는 대로 화폐 단위 혹은 % 단위로 정할 수 있었다. 충분히 높은 신용을 부여하는 것이 누군가에게 인센티브를 주어 더 많은 사람을 회원으로 참여시키는 데 도움이 된다는 사실을 알게 되었다. 기술적으로 한 회원이 10명의 회원을 동참시키면 결국 500달러의 공동체 지원 농업 프로그램의 신용 한도를 무료로 받는 것과 같다.

픽업 시간 다변화

우리는 첫해에 금요일 오후 4시에서 8시까지만 채소 상자를 가져갈 수 있도록 했다. 그다음 해에는 자율 시행 제도의 일환으로 두 번째 저온 저장 창고를 설치했고 회원들은 본인이 원할 때면 언제든지 가져갈 수 있게 되었다. 화요일 새벽 1시에 회원들이 방문하는 일을 방지하려고 시간 제한을 두었지만 자율 시행 저온 저장 창고 덕분에 회원들은 더 많은 혜택을 누렸고 이 덕분에 공동체 지원 농업 프로그램의 인기도 높아졌다. 우리가 사는 지역 사회 규모가 그리 크지 않아서 이런 자율 시스템이 충분히 잘 작동되었다. 만일 도난이 걱정된다면 저온 저장 창고에 암호 자물쇠를 설치하고 모든 회원들에게 암호를 제공하면 된다.

소농 중개인

도시농부와 시골농부들이 서로 협동하는 아주 현명한 방식 중 하나가 농작물 중개업이다. 시장 접근성은 시골 농업인들에게는 시장과의 거리 때문에 쉽게 해결할 수 없는 문제이다. 또한, 작은 규모의 도시농업인에게는 광범위한 고객층과 거래를 시작하려고 할 때 작물의 다양성 부족 문제 역시 풀기 어려운 숙제이다. 따라서 두 농업인이 서로 협력하면 상호 이익이 될 수있다. 시골 농부들은 여분의 작물 일부를 팔 수 있도록 보장받고, 주에 한 번씩 특정 장소에서 작물을 판매할 수 있도록 보장받는다. 반면 도시농부도 다양한 종류의 작물을 제공하게 되어 광범위한 고객층에게 다가갈 수 있게 된다.

도시농부들이 이러한 협약을 맺고 다른 농부가 재배한 작물을 중개하게 되면 더욱 다양한 작물을 제공할 수 있어서 더 많은 고객층과 거래를 틀 수 있다. 이런 식으로 접근하면 1,012㎡ 크기의 경작지에서 작물을 재배하는 도시농부도 회원 100명인 공동체 지원 농업 프로그램을 운영할 수 있다. 그렇게 되면 선수금으로 50,000달러 가치가 있지만 받은 선수금의 절반은 다른 작물 재배 농부에게 그가 제공한 작물의 대금으로 지급된다. 하지만 여전히 선수금 절반이 도시농부 몫이고 이 점은 다른 농부에게도 기분 좋은 일이다. 공동체 지원 농업 프로그램을 좋아하는 것은 선수금이 마치 보험 증서와 같아서 시즌 중에 발생하는 재해를 기본적인 수준이나마 어느 정도 보완해 주기 때문이다. 추가로 해야 될 일들은 상자를 배열하고 다른 작물 재배자들과 어떤 작물을 구입할 것인지 협의하고 필요할 때 작물을 상차하는 일뿐이다. 중개하는 모든 작물에 25%의 수수료를 붙이는 것은 합리적이며 그럴 경우 25,000달러의 작물을 중개하면 이익은 6,250달러가 된다. 그렇게 많은 금액은 아니지만 공동체 지원 농업 프로그램의 회원을 100명이나 보유하고 있다는 점을 고려하면 여러분이 기른 샐러드용 엽채류와 토마토, 새싹채소를 더 많이 팔 수 있게 된다는 점만은 확실하다. 그 점이 바로 여분으로 얻는 이익인 것이다. 그렇지 않으면 고객들에게 공동체 지원 농업 프로그램을 통한다 해도 균형 잡힌 지역 농산물을 제공할 수 없을 것이다.

주 단위로 작물을 구입하는 상당수의 셰프들과 거래하고 있다면 레스토랑용 작물을 중개하는 일도 이제는 가능하다. 중개인 역할을 하게 되면 소규모 레스토랑들에도 납품이 가능하다. 시골농부들은 소형 주문을 분류하고 납품하는 시간 때문에 모든 주문이 200달러 이하라면 레스토랑에 납품하는 일은 별 이득이 안 된다고 생각한다. 여러분이 도시농부라면 자신의 신선 작물 목록에 다른 농부가 재배한 작물도 추가하여 회원들에게 작물을 공급한다면 다른 농부가 재배한 작물들을 취급하는 것이 결코 별도 비용이 드는 것이라고 보기 어렵다. 결정해야 할 일은 이러한 서비스에 들어가는 합리적인 최소 비용(인건비와 노동 시간)을 판단하는 것이다. 주문형으로 판매할 수 있다는 점도 매력적일 수 있다. 다만 세프들로부터 주문을 받지 않으면 추가 작물 납품을 요청하지 마라. 그렇게 해야 자신이 팔 수 없는 작물까지 구매하는 모험을 피할 수 있을 것이다.

파머스 마켓이 중개상을 통해 구매한 작물 판매도 허용하는 곳이라면 그곳에서도 중개한 작물 판매를 시도해 볼 수 있다. 내가 참여하는 파머스 마켓은 허용하지 않아 한 번도 시도하지 않았다. 도저히 여러분이 재배하는 작물만으로는 공급이 어려울 정도로 다양하고 방대한 작물 수요가 있을 때만 이 방식을 활용하길 권장한다. 가장 큰 위험 요소는 여러분이 중개한 작물들을 팔지 못하면 그 작물을 구매한 비용은 여러분이 감당해야 한다.

소매상과 기타 유통 업체

결국은 작물을 다른 판로보다는 상대적으로 낮은 가격으로 판매하게 될 것이기에 소매상을 통해 판매하는 일은 권할 만한 접근법이 아니다. 하지만 새로운 소매업 모델이라면 제법 의미 있는 이익을 낼 수 있다. 지금 언급하려는 시장 모델은 채소 전문 마트와 유기농산물 전문 배달 업체인데 가정과 상가 모두를 상대로 한다.

새로운 건강식품 전문 체인점들이 책정하는 가격표를 살펴보면 여러분의 작물을 그들에게 35%씩 할인해 납품하고도 어떻게 여전히 수익을 낼 수 있는지 쉽게 이해할 수 있다. 대량 수요를 감당할 생산 시설과 많은 물량을 움직일 수 있다면 대단히 합리적인 방안이다. 이러한 유형의 고객들과 거래를 하게 되면 대규모 상자나 수백 개의 유닛 단위로 판매가 가능해진다. 이렇게 하면 몇 가지 가장 돈이 되는 작물 생산을 확대할 수 있다. 가장 작은 경작지에서 재배가 가능하고 그것도 여러 번에 걸쳐 재배가 가능한 작물을 높은 가격에 판매해야 한다. 예를 들어 3달러 하는 작물을 소매상에 25% 할인해서 판매한다면 개당 2달러 25센트다. 토마토 같은 작물은 가지를 치고 줄기를 묶어주면서 수확하기까지 시일이 오래 걸리고, 재배 면적도 경작지의 상당 부분을 점유한다는 점을 감안하면 할인 판매는 별로 현실적이지 못하다. 반면에 엽채류나 래디쉬, 특히 새싹채소는 차지하는 경작지 면적도 얼마 안 되고 작업도 수월하며 성장도 빠른데다 판매 가격도 높아서 할인 판매용 작물로 아주 적합하다.

예전에 세 군데의 유통 업체와 거래한 적이 있었다. 한 곳은 유기농산물 배달 서비스 업체로 여러 농부를 통해 공급되는 공동체 지원 농업 프로그램과 비슷한 시스템이었다. 이곳에는 고부가가치 작물 위주로 납품하였다. 다른 한 곳은 레스토랑용 유기농 채소 배달 업체인데 지역 농산물을 구입할 곳이 아예 없거나 얼마 안 되는 곳에 있는 레스토랑에 배달하는 곳이다. 이러한 업체는 프리미엄을 지불할 의사도 있고 수요도 높은 틈새 시장에 납품하기 때문에 대단히 좋은 사업 모델이다. 이러한 고객에게는 보다 다양한 작물을 제공할 수 있는데 그 이유는 더 좋은 가격을 받을 수 있고 내가 정한 표준 시장 가치에 좀 더 가깝기 때문이다. 내가 판매하는 세 번째 시장 형태는 전통적인 건강식품 전문 마트나 채소 가게이다. 이 경우에는 대량으로 판매하거나 후에 구매한 이들이 선별 작업하는 조건으로 비포장 상태로 판매하는 것이 더 바람직하다. 그렇지 않으면 25%에서 35%까지 할인해 주고 결코 수익을 내기가 쉽지 않다.

구매 동호회 판매

구매 동호회는 채소를 통조림으로 만들고 가공하는 것에 열정을 가진 사람들로 구성된 단체로, 농민들에게서 많은 양의 농산물을 할인된 가격으로 구매한다. 토마토를 통조림으로 만들고 오이 피클을 만들며 바질 페스토 소스를 만드는 사람들을 많이 봐왔다. 이러한 시장은 도시농부들이 평상시 거래하는 시장들에 판매하고 남을 경우에 공급하도록 한다. 우리 농장의 경우 구매 동호회 판매는 최후의 수단으로 남겨 놓았는데 그 이유는 물량이 너무 많이 남아서 어쩔 수 없이 가격을 낮추어 공급하는 경우를 대비하기 위함이다. 예를 들어 서리가 내리기 전에 수확해야 하는 바질이 경작지에 너무 많이 남아 있는 경우가 있다. 이 같은 때에는 서리를 맞아 모든 작물이 쓸모 없어지기 전에 한꺼번에 수확하여 할인해서라도 팔아야 한다.

어떤 지역 단체들은 농부들에게 직거래로 농산물을 구입하려고 자신들만의 구매 동호회를 결성하기도 한다. 그들은 자신들의 웹 사이트나 SNS에 구매를 원하는 작물 목록을 게시하곤 한다. 이러한 그룹들을 알고 있으면 한꺼번에 많은 물량의 작물을 소모해야 할 경우 활용할 수 있어서 좋다.

10

셰프들과 협업

Working with Chefs

최근 로컬 푸드 운동이 한창 유행인데 소농들에게는 희소식이 아닐 수 없다. 인기 있는 TV나 온라인 프로그램은 대부분 먹거리와 관련된 것이며, 이러한 프로그램에 출연한 셰프들은 A급 유명 인사로 인정받는 경우가 많다. 이 셰프들 대부분은 질 좋은 식재료와 로컬 푸드를 장려하고 지지한다. 고급 레스토랑에 가는 고객들은 식재료로 로컬 푸드를 쓸 거라고 생각하기 때문에 레스토랑들은 메뉴에 계절 특별 요리를 선보인다. 따라서 이러한 레스토랑이 여러분의 농장 근처에 있다면 그 레스토랑에는 무슨 일이 있어도 납품해야 한다.

셰프 접촉

레스토랑들을 고객으로 삼으려면 먼저 여러분 지역에 대한 조사를 해야 한다. 얼마나 많은 레스토랑이 로컬 농산물을 이용하는지, 계절 특별 메뉴를 홍보하는지 조사해야 한다. 그런 레스토랑이 있으면 모든 곳을 목록으로 만들어라. 그 목록을 기반으로 레스토랑 크기(좌석의 개수), 제공하는 음식, 가격 수준, 영업 시간, 셰프 이름 등을 자세히 조사해야 한다. 이러한 기본 조사는 엘프(Yelp)라는 앱을 이용하여 조사할 수 있다. 일단 작물 공급을 해보고 싶은 레스토랑 목록이 작성되면 해당 레스토랑에 전화해 로컬 푸드나 유기농산물을 쓰고 있는지 또 있다면 어디서 사고 있는지 물어보아라. 조금은 비겁한 방법이지만 열정이 넘치는 고객처럼 행동하면 된다.

조금 작은 레스토랑부터 시작해서 경험이 쌓이면 더 큰 레스토랑도 시도해라. 접촉해 볼 잠재적 고객에 대한 상세한 목록이 완성되면 그때가 바로 레스토랑들을 방문해 셰프들과 이야기해 볼 때다. 미리 약속 시간을 잡아서 방문하는 것이 일반적이지만 셰프들은 모두 바쁜 사람들이라 미리 약속 시간을 잡는 일이 쉽지 않다. 이럴 때는 무작정 찾아가서 관계를 만들어야 한다. 단, 점심 시간이나 저녁 시간은 피해서 방문해라. 방문할 레스토랑이 아침 전문이라면 오후에 방문하고 점심 시간에 손님이 몰리는 레스토랑은 점심 시간이 지난 다음에 방문해라. 저녁 시간에는 절대 사업 이야기를 하지 마라. 그렇게 하는 사람은 아무도 없다. 레스토랑에 손님으로 가게 되면 자연스럽게 사업 이야기를 하게 된다.

레스토랑을 방문할 때는 명함과 재배하는 신선 채소 목록과 10달러에서 20달러 정도되는 채소 샘플을 가져가라. 꾸준하게 많은 양을 재배하는 작물만 가져가라. 공급이 딸리는 작물 샘플은 애써 가져가려고 하지 마라. 셰프들은 더 많은 양의 그 작물만 원할 것이기 때문이다. 관계를 새롭게 맺어 놓고는 물량이 부족해 공급하지 못하는 일이 벌어져서는 안된다. 일단 셰프와 거래 관계가 자리잡으면 좀 더 많은 작물을 공급하기 시작하고, 1회성으로 특수작물을 공급할 수 있도록 한다.

최고급 레스토랑에서는 구매를 총괄하는 사람을 총주방장 혹은 부총주방장이라 부르기도 하고 조리장이라고도 한다. 작은 레스토랑은 셰프가 한 사람뿐이며 흔히 레스토랑 주인이기도 하다. 이들은 무작정 방문해 상담을 진행해도 큰 무리는 없다. 친구처럼 대하되 상담은 간단하게 해야 한다. 여러분이 무슨 일을 하고 어떤 작물을 재배하는지 이야기하되 너무 많은 시간을 뺏지 마라. 어떤 작물에 관심이 있는지 그리고 기존 공급선이 있는지 물어보아라. 기존 공급선이 있다면 공급받는 작물의 품질과 가격에 만족하는지 물어보아라. 어느 곳에서도 찾기 힘든 작물이 있다면 틈새 시장을 공략할 수 있는 작물이 될 것이다. 계절마다 특별 메뉴가 있는지 물어보고, 현재 메뉴 샘플과 과거 메뉴 샘플을 받을 수 있는지 물어보아라. 레스토랑 웹 사이트에서도 이런 정보는 얻을 수 있을 것이다.

나는 셰프들과 솔직하고 정직한 관계를 유지하는 것이 결국 이익이 된다는 것을 깨닫게 되었다. 창업 초창기에는 거래를 맺은 셰프들이 몇 명 되지 않았지만 그들을 만나서 곧바로 창업한지 얼마 안됐다고 이야기했고 그들이 원하는 요구 사항을 맞추기 위해 항상 최선을 다했다. 창업했을 때는 너무 많은 약속이나 품질 보증을 하지 마라. 확실히 지키지 못 할 약속은 하지 마라.

나는 매주 초에 거래하는 셰프들 모두에게 신선 작물 목록을 보냈다. 신선 작물 목록에는 가격과 포장별 용량이 표시되어 있다. 목록 상단에는 농장의 최신 소식 몇 가지와 그 주에 공급 가능한 새로운 작물 소식이 실려 있다. 많은 셰프들이 스마트 폰으로 주문하는 것을 좋아하고 문자로도 주문하기 때문에 이런 양식은 모바일 기기로 호환할 수 있게 만드는 것이 최선이다.

계절별 메뉴

셰프들은 계절에 따라 채소가 풍부하거나 부족할 수 있는 상황에 민감하다. 특히 로컬 푸드를 전문으로 하는 레스토랑들로서는 이 특성이 그들이 내놓는 메뉴 구성의 근간이 되기도 한다. 해마다 겨울이면 최대 구매자인 몇몇 레스토랑 대표들과 만나 다음 시즌에 어떤 메뉴를 내놓을 것인지 함께 토론하고, 다가오는 봄에 새롭게 시도해 보려는 작물이 무엇인지 그들에게 이야기해 주었다. 내 고객 중 와인 양조장 주인과 케이터링 서비스가 전문인 몇 명은 그들 사업이 특히 한 계절 사업인지라 결혼식과 축제, 특별 이벤트를 대비한 연중 계획을 미리 세운다. 나도 연간 계획을 작성하면서 그들의 이벤트 일정을 달력에 기록해 놓고 작물 생산에 반영한다. 셰프들은 이벤트가 열리는 시즌에 잘 자라는 작물을 선호하고 기꺼이 그런 작물로 요리하고 싶어 하며 그 작물이 1년 동안 어떻게 공급될지 사전에 알고 싶어 했다. 관광객이 많은 도시에서 레스토랑들이 가장 바쁜 계절은 보통 한여름이다. 이 기간에는 아주 많은 양의 작물을 팔 수 있다고 기대해도 된다. 따라서 사전에 미리 준비해 두어야 한다.

유행에 편승

레스토랑 시장이 여러분의 주요 고객으로 자리잡으면 최신 유행하는 식문화에 대해 잘 알고 있어야 한다. SNS를 통해 셰프들과 접촉하며 음식 잡지와 블로그를 읽고, 고객인 셰프들과 꾸준히 앞으로 어떤 음식이 유행할 것인지 대화를 나누어야만 유행을 따라 잡을 수 있다. 음식의 유행 패턴은 항상 변하기에 사전에 꾸준히 지켜봐야 한다. 소도시들은 항상 대도시에서 일어난 현상을 따라서 한다. 뉴욕과 토론토, 로스엔젤리스와 같은 도시가 유행을 선도하는 도시들이다. 밴쿠버 같은 도시가 유행 선도 도시들을 따라가고 그런 다음 켈로우나 같은 소도시가 밴쿠버에서 일어나는 일들을 뒤따라 한다. 유행은 위에서 아래로 흐르는 물과 같다.

기록 보관

셰프들과 거래할 때 가장 중요한 것은 기록을 보관하는 일이다. 농장주로서 여러분은 매주 셰프들이 어떤 작물을 주문했고 실제로 어떤 것을 받았는지 기록을 갖고 있어야 한다. 주문한 작물이 부족할 경우도 생기기 때문에 셰프들이 주문한 것과 실제 받은 것이 종종 차이가 난다. 이 점은 이벤트 음식 서비스 업체가 최고 시즌을 대비하기 위해 준비하는 일반적인 조치로서 여러분도 이같은 정보를 기록해 두면 다음 시즌에 그 업체들이 요구할 양을 사전에 파악할 수 있고 결국 더 많은 매출을 올리게 된다. 나는 항상 주문 폭주 기간을 달력에 표시해놓는데 그렇게 하면 가능한 최대한 주문을 받을 수 있다. 레스토랑에 납품하는 또 다른 농부들이 주문 폭주를 예상하지 못하고 주문량을 채우지 못한 반면 미리 예상하고 성공적으로 전량 납품했다면 레스토랑과 두터운 신뢰를 쌓는 최적의 기회가 될 것이다.

1회성 이벤트를 위한 특수작물 재배

세프의 요구나 이벤트를 위해 1회용 특수작물을 재배하는 경우가 있다. 주문 재배는 아무에게나 제공하는 서비스가 되어서는 안된다. 내가 신뢰하고 오랜 시간 함께 일해 온 세프들에게만 이 서비스를 제공한다. 이런 종류의 계약을 해서 일반적으로는 팔리지 않는 작물을 재배했는데 계약 당사자인 세프가 후속 조치를 취하지 않으면 모든 손해를 여러분이 떠안을 위험이 있다. 우리 지역에서는 포크 페스티발과 와인 축제, 특별 케이터링 이벤트가 열린다. 해를 거듭할수록 어느 세프들이 어떤 작물을 원하는지 쉽게 파악하고 미리 준비하게 되었다. 예를 들어 '디너 안 블랑'이라는 이벤트는 참가자 전원이 흰 옷을 입고 흰색 음식만 준비하는 컨셉의 행사이다. 이 이벤트가 열릴 때 꽤 많은 양의 흰색과 밝은색 채소를 판매할 수 있기 때문에 나는 이 이벤트용 작물을 미리 준비한다.

유명 세프가 케이터링 서비스로 특별 펀드 모금 행사를 열어 특별한 비전을 밝히는 이벤트를 여는 때가 있다. 이 이벤트를 위해 미니 당근과 래디쉬, 순무를 재배했다. 이런 이벤트는 의미 있는 펀드 모금을 위해 일인당 수백 달러씩 하는 티켓을 판다. 따라서 작물 가격은 관심 밖의 일이 된다. 다른 어디에서도 구할 수 없는 어린 채소를 재배했기에 나는 개당 비용을 청구했다. 이벤트를 준비하는 세프는 나를 찾아와 200인분을 준비해야 한다고 이야기했다. 그러려면 미니 당근 천 개와 400개의 청경채, 천 개의 이스터에그 래디쉬 등 다양한 종류의 작물이 필요하다. 그리고 개당 10센트에서 20센트 정도를 청구한다. 개당 가격으로 주문을 받으면 일단 재배하는 작물의 생산성이 어느 정도 되는지 파악해 사전에 재배 계획을 쉽게 세울 수 있다.

특히 겨울에 1회성 이벤트를 계획하게 되면 매우 정확하게 이벤트 담당자들이 원하는 것이 무엇인지 파악하고 그 정보를 주간 작물 생산 계획에 반영한다. 이러한 종류의 이벤트는 살얼음판을 걷는 것과 같다는 사실을 분명히 깨달아야 한다. 이렇게 위험하기 짝이 없으니 정상적인 주 단위 농장 수입이 1회성 이벤트로 인해 피해를 보지 않도록 특별 관리를 해야 한다.

11

노동력

Labor

앞서 설명한 대로 도시농업의 사업주인 여러분 자신이 일차적인 노동력이므로 창업 초기 농장의 간접비를 낮추는 데 도움이 된다. 작물의 재배와 수확, 회계관리, 배송, 농장 경영, 농장을 브랜드화하는 일 등 대부분의 일상 업무를 여러분이 처리해야 한다. 그러나 때에 따라 아무리 유능한 농부라도 도와줄 일손을 찾을 수밖에 없다. 파머스 마켓용 포장 작업, 잡초 제거, 배송, 수확 등에 일손이 필요할 것이다. 이 책에서 밝힌 정보를 통해 효과적으로 작물을 관리하고 불필요한 노동력은 줄여서 농장의 생산성을 최대한으로 끌어올리는 데 도움이 되었으면 한다.

가족과 친구, 이웃

아주 작은 규모의 경작지에서 주 단위로 필요한 노동력은 4,048㎡ 단위의 농장과 비교하면 대단히 적다. 너무 작은 규모라서 고정 직원을 고용한다는 것은 사실 불가능하다. 도시에서 농사를 지을 때 또 하나의 큰 장점은 사람들이 농사일을 돕고 싶다는 생각이 들게 한다는 점이다. 농부가 도시에 사는 사람들에게 제공할 수 있는 일련의 가치가 있다고 한다면 상호 이익이 되는 부분이 있을 것이다. 도시에 거주하는 사람들이 집 밖으로 나와 일하는 것을 운동의 하나라고 생각할 수 있고, 노동의 대가로 작물 재배 지식을 습득할 뿐만 아니라 채소라는 소득도 챙기게 된다.

나 같은 경우도 아주 가까운 친구들과 가족, 이웃들이 파트타임으로 수시로 일손을 거들어주고 있다. 농장에서 재배되는 채소를 대가로 받으며 사람들은 일주일에 몇 시간씩 엽채류를 포장하고 분류하는 단순 작업을 기꺼이 와서 도와준다. 이런 일은 서로에게 값어치 있는 일이며 이득이 되는 방식이다.

금요일 한낮에는 이웃에 사는 한두 명의 친구가 와서 파머스 마켓용 물건들을 정리하는 일을 도와준다. 3시간도 채 걸리지 않는 일이고 일하는 작업장 여건도 잡담하거나 음악이나 팟 케스트를 들을 수 있는 재미있는 곳이다. 일 자체도 아주 단순해서 일하는 동안 전혀 간섭을 받지 않고 일한다. 일이 끝나면 그 대가로 채소를 준다. 일한 대가는 그들이 한 작업의 가치를 판단해 여러분이 정하면 된다. 양쪽 다 만족하는 수준이 되어야 한다는 것이 중요하다.

이와 같은 거래를 활용한 또 다른 시기는 다량의 작물을 이식하거나 마늘 같은 대규모 수확을 하는 단발성 작업을 할 때다.

나는 이웃의 은퇴한 열성 정원사들과 아주 매력적인 협력 관계를 맺었다. 그들은 내 주요 경작지의 옆집에 살고 있었고, 농장에 일 년 내내 드나들 수 있도록 허용했다. 경작지 특정 구역에서는 그 구역 일을 도우면서 모든 토마토를 관리해 주는 조건으로 본인들이 좋아하는 작물을 재배할 수 있게 해 주었다. 그분들은 모든 토마토의 가지치기를 하고 줄기를 묶어주며 나중에는 수확까지 해 주었다. 그 이웃들 덕분에 큰 수고를 덜었는데 그것은 그 일이 상당히 전문적인 일이기 때문이다. 이런 일은 많은 경험이 필요한 작업이어서 아무에게나 맡기지 않는다. 수년간 알아 온 열성적인 정원사들이었기에 딱 맞는 일이었다. 지역에서 상당한 정도의 사회적 자산을 쌓고 시간이 지나면 이런 협력 관계는 자주 생긴다.

여러분의 농장이 자리를 잡았거나 아니면 그전이라도 해도 일부러 찾아와서 수습생이 필요하지 않느냐고 묻는 사람들이 나타나게 된다. 내 경험으로는 이러한 협력 관계는 장기간 지속되고 전 시즌 혹은 대부분의 시즌을 함께 보내게 된다. 어떤 사법 관할 구역 노동법에는 위반이 될 수도 있으니 수습생 제도는 자세히 알아본 후에 시작해야 한다. 일부 양심 없는 농부들은 이 제도를 무료로 일꾼을 얻는 것으로 악용한다. 이런 일은 결코 용납할 수 없다. 수습생을 채용할 경우에는 수습생이 되면 무엇을 배우게 되고 수고한 대가는 무엇인지를 모두 서면으로 작성하도록 충고한다. 꼭 필요한 사항을 교육시킨다면 그 점에 대해서는 교육비를 받을 수도 있다. 어떤 농부들은 수습생들로부터 기탁금을 받기도 하는데 한 시즌 내내 머무르다 일이 끝나는 마지막 날에 기탁금을 돌려주고, 일을 마치지 못하고 도중에 떠나 버린다면 기탁금을 돌려주지

표 11-1   **자원봉사자가 할 수 있는 작업. 작업 순서는 중요성과 난이도에 따라 정한다. 마켓용 포장 작업은 자원봉사자가 가장 먼저 할 수 있는 단순하고 간단한 작업이며 채소를 세척하는 일은 경험을 더 쌓은 후에 하는 작업이다**

업무	평균소요시간/주	작업 설명
마켓용 분류	3시간	작은 봉지에 엽채류나 쌔싹채소를 담고 케일 묶음 만들기
수확용 통 세척	1시간	세척장에서 더러워진 수확용 통 세척
퇴비 작업	30분	새싹채소 재배판을 버리고 쓰레기를 퇴비더미에 투하
레스토랑용 분류	1시간	엽채류 백을 케이스에 담고 대량 주문용은 상자에 담기
토마토 가지 전지	3시간	1주일에 두 번씩 토마토 가지 전지
파티팬호박 수확	2시간	파티팬호박 크기 전에 수확
근채류 세척	1시간	래디쉬, 비트, 당근, 순무, 스켈리언 세척
엽채류 세척	1시간	샐러드용 엽채류를 헹궈서 회전 세척하고 말린 후 분류

않기도 한다. 다시 한번 이야기하지만 협업 관계를 맺을 때는 주의를 기울여, 진행하기 전에 해당 지역의 법률에 대해 공부하기 바란다. 새로운 농업에 대한 참교육이 부족한 요즘에 수습생 제도는 농사짓는 법을 배우는 최선의 길이다. 교육자와 수습생 모두 좋은 경험을 공유하려면 농부인 여러분은 수습생에게 가르쳐줄 가치 있는 교육과제를 준비해야 한다. 단순히 무보수 일꾼을 원했다면 장기적으로는 결코 도움이 되지 않을 것이다.

직원

　　좋은 직원을 구하는 일은 어떤 사업을 경영하더라도 힘든 일이다. 열심히 일하는 사람을 구하는 일도 어렵지만 품성이 좋고 열정적으로 일할 사람을 구하는 일도 역시 어렵다. 품성이 좋고 열정이 있는 사람을 구하기는 그래도 쉽지만 노동관이 건전한 사람을 구하는 일은 더욱 어렵다. 최근에는 도시농업이 대세가 되면서 대단히 열성적인 사람들이 많이 몰린다. 농장에서 실제로 해야 되는 현실적인 작업(별로 멋있지 않은 일들)에는 전혀 실현 가능하지 않은 희망이 섞인 수많은 이상주의와 마주치게 되었다. 제대로 된 직원을 뽑는다는 관점에서 보면 기본적으로 건전한 노동관을 가진 사람들이 우리 농장에 가장 잘 맞는다고 여기게 되었다. 농사짓는 일에 열정을 갖는 것도 중요하지만 실제 현장에서 일을 끝내는 것이 중요하다. 여러분의 농장이 비영리 법인이라면 모를까 직원을 채용하여 수입을 올릴 수 없다면 무슨 의미가 있겠는가?

　　농장의 인건비를 총수입의 25% 이하로 유지하는 것이 매우 중요하다는 것을 깨달았다. 나는 20%를 이상적인 목표로 세웠지만 여러분의 경우 초기에는 총수입의 최고 35%까지 소요될 것이다. 비용을 어떤 근거로 산출하는가는 여러분에게 달렸지만 내 경험으로는 인건비가 너무 높으면 비시즌 내내 농장의 경비를 지급하고 연말에는 다음 해에 농사지을 자금이 충분하지 않게 된다는 것이다. 항상 지출 비용을 잘 살펴보고 채용한 직원은 물론 여러분도 적절한 보상을 받아야 한다는 사실을 분명히 해야 한다.

시스템의 중요성

농장 경영 방법에 대해 사람들을 교육하려면 제대로 된 시스템과 모든 일의 진행에 일관성을 유지하는 것이 매우 중요하다. 그렇게 되면 문제가 생기더라도 누가 무슨 일을 하는지 파악하지 않아도 되고 문제점 자체에 바로 접근할 수 있다. 모든 사람이 특정 작업을 동일한 방식(여러분도 알고 있는 작업 방식)으로 했는데도 불구하고 연관된 작물들 작황이 초라하게 나왔고, 발아 상태가 열악했거나 관수에 문제가 생겼다면 날씨와 그 밖에 다른 외부적 원인을 조사해 봐야 한다. 변화를 모색해야 할 때가 오면 실행에 옮길 제일 나은 방법을 찾고 모든 사람이 따르도록 해야한다. 항상 어떤 일을 처리하는데 더 좋은 방법이 있다면 "나도 배우고 싶으니 좀 알려 달라."고 말해 왔다. 예전에 모든 사람과 전혀 다르게 특이한 방식으로 작업을 하는 사람들 몇 명을 보았는데 예기치 않은 사태가 발생하면 그 사람들이 했던 방식은 결과적으로 재앙을 불러왔다. 타인을 관리할 때는 모든 작업을 일관성 있게 유지해야 한다.

팀 구성

사업체를 키우기 위해 더 많은 사람이 필요할 때가 되면 우선 먼저 자신이 지향하는 목표가 무엇인지 자문해 봐야 한다. 자신이 하는 일을 좀 편하게 해보려고 사람들을 쓰는가? 그런 경우라면 너무 여유를 부리는 것일 수도 있다. 규모를 줄이고 시스템을 재정비하는 것이 더 낫고, 직원을 고용하는 것보다 비용을 절감하는 것이 더 나을 것이다. 미처 감당하지 못할 만큼 수요가 늘어나거나 지역의 장기적인 성장 잠재력을 보고 사업을 확장하기 위해 사람들을 고용하는가? 만약 그렇다면 충분히 더 많은 사람을 고용할 만한 이유가 된다고 본다. 대부분의 2,024㎡ 이하의 농장은 상시직 2명과 2명의 파트타임 직원 혹은 주인 1명과 한 명의 상시직, 주에 몇 시간씩 근무하는 여러 명의 파트타임 직원들이면 운영할 수 있다. 여러분이 지향하는 삶의 목표에 따라 직원 수역시 많이 달라질 수 있다. 시골의 대단위 농사와 비교해 상대적으로 농장 규모가 작은 도시농업에서 엄청난 수익은 내지 못한다. 직원 수를 더 많이 늘릴수는 있겠지만 그 경우 여러분의 수익은 틀림없이 감소할 것이다.

생산 목표 설정

누군가에게 얼마를 지급해야하는 문제는 생산성을 근거로 하면 정말 간단한계산이다. 수확과 가공에 관련된 작업만 수행하게 하는 방법이 직원들의 생산성을 계량화하는 가장 간단한 방법이다. 일단 어떻게 일을 처리하는지 익히게한 다음에 시간당 수확량이 얼마나 되는지 보면 그들 임금을 책정하는 기준을얻게 될 것이다. 농장에서 하는 모든 작업에 대해 본인 대비 작업 기준표를 가지고 시작하는 것이 제일 나은 방법이다. 사람들 각자가 얼마나 일을 잘할지모르기 때문에 변동성이 꽤 클 것이다. 나는 내 사업이기에 아주 열심히 그리고 빠르게 일을 하겠지만 다른 사람들이 그렇게 하지 못하는 것은 누구도 나처럼 엄청난 인센티브를 갖지 못하기 때문이라고 할 수 있다. 이것은 어떤 사업주일지라도 동일하다. 직원들은 내가 하는 일 대비 75% 정도 하면 만족할만하다. 좀 드문 경우이지만 나랑 똑같이 일하는 일꾼을 보았고, 아주 드문 경우이지만 나보다 더 잘하는 일꾼도 보았다. 그런 사람이라면 관리자급이므로해당 업무에 대한 보상을 공정하고 정당하게 받도록 해주어야 한다. 우리 농장에서는 사람들에게 일한 대가를 정확하게 지급한다.

예를 들어 내가 한 시간에 한 이랑(75묶음)의 래디쉬를 수확할 수 있고 이 작업으로 얻는 총수입은 187달러 50센트(래디쉬는 묶음당 2달러 50센트에 판매)이다. 어떤 일꾼을 나처럼 빠르게 할 수 있도록 교육시키지만 나에 비해 75%(최소한 처음에는) 정도만 작업하리라 예측한다. 직원이 한 시간에 56묶음(140달러 어치)을 수확한다면 괜찮은 수준이다. 시간당 15달러를 지급하는 직원이 56 묶음을 수확하기 위해서는 2시간의 노동력(30달러)이 필요하고 수확한 작물이 140달러에 판매된다면 이 한 가지 작업으로 버는 총수입은 110달러가 된다는 뜻이다. 총이윤이 78%에 달한다. 직원을 고용하면 임금 외로 각종 세금과 고용 보험, 유류대금, 자재비 같은 원가성 투입 비용이 발생한다. 항상 지급하는 비용 모두를 수치로 계량화해라. 여러분이 생각하기에 혼자서는 쉽게 할 수 없다고 여겨지는 작업에만 인건비를 지출해야 가치가 있다.

12

소프트웨어와 체계화

Software and Organization

농장을 체계적으로 관리하고 효율적으로 운영하기 위한 방법은 스프레드시트와 회계관리 소프트웨어를 사용하는 것이다. 생산 관리 분야에는 생산성, 식재 정보, 주간 매출, 주문, 농작물 정보, 참고 자료 등 모든 것을 스프레드시트로 관리한다. 대금 청구와 외상 매출금 관리는 회계관리 소프트웨어를 사용한다. 이 소프트웨어를 사용하면 누구에게 얼마나 받을 돈이 있는지 파악할 수 있고, 청구서 작성도 빠르게 할 수 있다. 스마트 폰을 사용해 농장 경작지의 진행 상항을 파악하기 위해 음성 메모도 하고 사진도 찍는다.

스프레드시트와 녹음 자료

스프레드시트는 농장에서 어떤 도구보다 중요하다. 나는 스프레드시트와 스마트 폰을 다른 어떤 도구보다 더 많이 사용하는데 심지어 관리기보다 더 많이 사용한다. 사무실에서 스프레드시트로 다양한 응용 프로그램을 만들어 사용할 뿐만 아니라 모든 농장의 진행 상황을 살펴보기 위해 스마트 폰에 탑재된 스프레드시트 프로그램을 사용한다. 스프레드시트를 이용하려면 자료를 수집하는 일이 중요하지만 언제 기록하고 어떻게 활용하는지도 알아야 한다. 스프레드시트에 자료를 입력하기 위한 10가지 서식을 만들어 사용하는데 소프트웨어에서는 각자 별도의 페이지를 차지하고 있다.

1. 식재(육묘장과 경작지, 새싹채소 재배지) 정보

2. 생산성

3. 작물 정보

4. 주간 주문(현재와 과거, 수확 기록)

5. 주간 총 매출

6. 경작지 분할 자료

7. 예산과 비용

8. 종자 주문과 재고

9. 경작지 진행 현황

10. 채소 변질 현황

참고 **경작지 지도**

스프레드시트에 있는 작물들이 어느 곳에 식재되었는지를 표시하는 위치 자료는 경작지가 표시된 지도와도 연결되어 있다. 스케치업이라는 소프트웨어를 이용해 이 지도를 만들었는데 각 경작지의 간단한 배치로서 이랑이 몇 개나 되는지 이랑 사양은 어떻게 되는지를 보여준다. 각 이랑과 구역은 숫자로 표시히여 분류하였고 그와 관련된 모든 정보는 스프레드시트에 있는 위치 자료와 연결되어 있다.

자전거를 비롯해 농장에서 사용하는 모든 차량에 비닐 코팅된 이 지도를 비치해 두었다. 지도를 참고해 누군가에게 어떤 특정 경작지와 이랑에 가서 수확하라고 지시하면 그들도 내가 말하는 곳이 어디인지 정확하게 알게 된다. 농장이 복합 경작지이기 때문에 이런 지도는 매우 중요하다.

시트 1: 식재 정보

이 시트에는 육묘장에서부터 시작해서 경작지에 심기까지 작물 재배의 모든 과정이 담겨 있어서 어떤 새싹채소 재배판에 씨앗을 뿌렸는지 추적할 수 있다. 언제 재배하기 시작했는지 추적하는 일도 중요하지만 언제 싹이 트고 언제 성숙하는지를 추적하는 일 역시 중요하다. 해를 거듭할수록 이 자료들은 각각 다른 작물의 시즌별 성숙기를 더 상세히 알게 해준다. 이 시트는 생산성 시트와 직접적으로 연관이 있고 처음 칼럼 몇 개(일자와 작물, 위치)는 거의 일치한다. 그런 식으로 상관 관계가 생기면 그 카테고리 중 하나를 사용하여 표를 정렬하면 쉽게 찾을 수 있다.

시트 2: 생산성

생산성 시트에는 경작지에서 일어나는 모든 것, 즉 언제, 어디서, 무엇을, 얼마나 수확했는지 추적하여 기록한다. 이 표를 통해 작물이나 경작지가 실제로 수입을 얼마나 올리고 있는지 모니터할 수 있고 시트에 표시된 자료를 보고 앞으로는 어떻게 진행될지 예측이 가능하다. 작물 정보 시트에 표시된 작물별 평균 예상 수확량은 이 생산성 시트에 나타난 자료를 수년에 걸쳐 축적한 결과 얻은 자료들이다.

표 12-1   식재 시트

일자 (월/일)	작물	위치 (경작지/sg#/이랑#)	작물품종	이랑 크기	NS,PT, DS,TR	DOE (월/일)	DTH (월/일)	DTM	이랑 열	플러그 #	씨앗	참고
03/11	루콜라	law/tun1/04a	bellezia	23	ds	03/18	04/21	41d	9		12	
03/11	루콜라	law/tun1/04b	silvetta	23	ds	03/18	04/21	41d	9		15	
03/11	래디쉬	law/tun1/03	fb	46	ds	03/17	04/13	33d	7			
03/11	붉은러시안	law/tun1/05		46	ds	03/18	04/09	29d	9			
03/12	미주나	law/tun2/02b	red frill	23	ds	03/18			9		35	
03/12	다채	law/tun2/02a		23	ds	03/18			9		35	
03/13	하꾸레이	lawr/tun2/01		34	ds	03/23			7		7.5	
03/27	케일	garths/3/01		30	tr					108		
03/27	케일	garths/3/02		30	tr					108		

주: 일자(월/일): 식재 일자. 작물: 작물명. 위치(경작지/sg#/이랑#): 경작지 이름, 구역#, 이랑#. 작물 품종: 예—무의 품종. 이랑 크기: 이랑의 길이. NS, PT, DS, TR: 식재 방법으로 NS는 육묘, PT는 화분묘, DS는 직파, TR은 이식. DOE(월/일): 발아일(작물 싹이 나는 날자). DTH(월/일): 수확일(작물을 수확하는 일자). DTM: 작물 수확일로부터 측정한 숙성일. 이랑 열: 식재한 이랑 열 수. 플러그#: 옮겨 심은 횟수. 씨앗 Vol: 사용된 씨앗량. 참고: 특별 메모란

이 시트는 재배하는 모든 작물에 대한 정보 색인이다. 수년간에 걸쳐 얻은 정보를 모아 둔 것으로서 식재하거나 수확할 때 지켜야 할 원칙을 정하는 데 사용한다. 비닐로 코팅한 이 시트를 경작지 지도와 함께 참고용으로 모든 자동차와 자전거, 트럭 등에 비치했다. 보다 쉽게 참고할 수 있도록 10부에서 설명하는 많은 정보를 이와 유사한 시트에 자유롭게 첨가하기 바란다.

주간 주문은 세 가지 스프레드시트로 집계되고 분류된다. 과거 주문서(표 12-4 참고)와 금주 주문서(사전 주문, 표 12-5 참고), 수확 기록 시트(표 12-6 참고) 등이다. 사전 주문 시트를 4가지로 구분하고 구분한 4가지 자료를 복사하여 텍스트 문서에 붙이고 완성된 모든 자료를 인쇄한다. 다음과 같은 4가지 서로 다른 시트를 클립보드에 올린다.

- 작물별로 분류한 모든 레스토랑 주문, 파머스 마켓용 작물, 토지 소유자에게 전달할 작물, 교환용 작물
- 작물별로 분류한 레스토랑 주문
- 고객별로 분류한 레스토랑 주문
- 고객별로 분류한 파머스 마켓용 작물, 토지 소유자에게 전달할 작물, 교환용 작물

첫 번째 분류는 각 작물의 금액을 합해서 금주의 수확 집계표를 만든다. 밭에서 작업할 때는 각 주문의 양이 어느 정도인지 알 필요가 없고 작물별로 얼마나 많은 양을 수확해야 하는지만 알면 된다.

두 번째 분류는 레스토랑 주문을 한 번에 각 작물별로 모을 수 있다. 예를 들

어 래디쉬를 주문한 레스토랑의 주문 상자에 각각 래디쉬를 담고 다음 작물로 넘어가는 식이다.

세 번째 분류는 주문별로 이상이 없는지 확인한다. 주문서에 필요한 한 작물이 부족하면 이 시트는 마이너스로 변경한다. 그렇게 하면 배달을 나가기 바로 직전에 이 시트를 다시 참고하여 수량을 확인할 수 있다. 작물이 부족하여 변경을 해야 하는 경우를 고려해 모든 작물이 주문 상자에 담기기 전에는 결코 청구서를 작성하지 않는다.

네 번째 분류는 작물들을 같은 식으로 배분한다. 파머스 마켓용 작물은 120g 짜리 봉지에 담고, 토지 소유자에게 주는 작물과 교환용도 그렇게 한다.

표 12-2　　　　　**생산성 시트**

수확일자 (년/월/일)	작물	위치 (경작지/sg#/ 이랑#)	생산성 (파운드나 다발)	구역/재배 판(Hrv)	생산성 비율(fl/ft)	이익/작물 /재배판	작물#	식재일자	DTH
2015/03/29	시금치	law/tun1/1	57	34.5	1.65	342	1	2014/10/01	179d
2015/03/29	시금치	law/tun1/2	57	34.5	1.65	342	1	2014/10/01	179d
2015/03/29	시금치	law/tun2/1	41	46	0.89	246	1	2014/10/01	179d
2015/04/02	겨자	law/tun2/2a	2.5	23	0.11	25	1	2015/03/06	27d
2015/04/02	러시안적케일	law/tun1/5	4.75	23	0.21	47.5	1	2015/03/06	27d
2015/04/10	겨자	law/tun2/2a	5.75	10	0.58	57.5	1	2015/03/06	35d
2015/04/10	러시안적케일	law/tun1/5	9	23	0.39	90	1	2015/03/06	35d
2015/04/15	시금치	law/tun2/1	39	46	0.85	234	1	2015/03/06	40d

수확일자: 수확한 일자, 작물: 작물 이름, 위치: 작물을 수확한 곳, 생산성(파운드 혹은 다발): 수확된 양이 몇 파운드 혹은 몇 다발, 구역/재배판 Hrv: 수확한 총 이랑면적이나 새싹 재배판 면적, 생산성비율(fl/ft): 생산량/면적, 이익/작물/재배판: 생산량×작물가, 작물#: 이랑 수확 회수, 식재일자: 작물 재배 시작일, DTH(수확 일수): 수확일자 − 식재일자

작물	CVR (5/5)	수확 가능 계절	직파후 평균 DTM	직파 /이식	직파시기	이식시기	평균 생산성 /7.6m이랑	평균 생산성 /CUT	평균 생산성 /이랑	Cut 횟수 /이랑	수익 /7.6m 이랑	가격 /kg이 나 묶음
루콜라	5	봄	35	ds	3월–10월	–	30	12	1.2	2–3	$300	$10.00
바질	3	여름	70	tr/ds	7월–8월	4월–6월	25	–	1	–	$250	$10.00
비트엽채류	4	여름	40	ds	5월–8월	–	30	10	1.2	4–6	$240	$8.00
비트	4	봄	72	ds/tr	6월–8월	4월–5월	100	–	4	–	$300	$3.00
청경채	3	봄	50	ds/tr	6월	4월–5월 8월–9월	50	–	2	–	$250	$5.00
어린당근	4	여름	65	ds	4월–8월	–	60	–	2.4	–	$240	$4.00
보통당근	4	여름	78	ds	4월–8월	–	75	–	3	–	$225	$3.00
고수	4	봄	30	ds	4월–9월	–	250	–	10	1–3	$500	$2.00
딜	4	봄	60	ds	4월–8월	–	200	–	8	2–3	$400	$2.00
샐러드용 순무	5	봄	38	ds	4월–9월	–	100	–	4	–	$300	$3.00
케일	4	초봄	80	tr	–	4월/8월	115	–	4.6	–	$575	$5.00
상추	5	봄	45	ds	3월–10월	–	30	10	1.2	2–4	$270	$9.00
레터스헤드	5	봄	45	tr	3월–10월	–	75	25	3	3–4	$675	$9.00
겨자	4	봄	35	ds	3월–9월	–	30	10	1.2	2–4	$270	$9.00
파슬리	4	여름	70	ds/tr	6월–8월	–	235	–	9.4	3–4	$470	$2.00
완두새싹(판)	4	초봄	14	ds	상시	–	0.85	–	0.14	–	$13	$15.00
래디쉬	5	봄	28	ds	3월–9월	–	75	–	3	–	$188	$2.50
래디쉬새싹 (판)	4	초봄	12	ds	상시	–	1	–	0.17	–	$20	$20.00
러시안적케일	5	초봄	30	ds	4월–9월	–	40	8	1.6	2–8	$320	$8.00
스켈리언	4	봄	70	ds/tr	5월/8월	4월	40	–	1.6	–	$320	$8.00
시금치	5	초봄	45	ds	3월–10월	–	35	15	1.4	1–3	$245	$7.00
여름호박	3	여름	60	tr	–	5월	80	–	3.2	–	$320	$4.00
해바라기새싹 (판)	4	초봄	12	ds	상시	–	1	–	0.17	–	$15	$15.00
근대	3	봄	65	tr	–	4월	65	–	2.6	–	$325	$5.00
다채	4	봄	35	ds	3월–5월 9월–10월	–	30	10	1.2	2–4	$270	$9.00
체리토마토	3	여름	145	tr	–	5월	180	–	7.2	–	$720	$4.00
에어룸토마토	3	여름	165	tr	–	5월	330	–	13.2	–	$825	$2.50

작물: 작물명, CVR: 작물가치 평가율, 수확 가능 계절: 수확 가능한 계절, 직파 후 평균 DTM: 씨를 뿌린 후 작물이 성숙할 때까지 걸리는 시간, 직파/이식: 일반적인 작물 재배 방식 중 어떤 방식을 썼는가? (직파나 이식, 2가지 혼용), 직파 시기: 어떤 작물을 직파하는 달, 이식 시기: 어떤 작물을 이식하는 달, 7.6m 이랑당 평균 생산성: 76cm×7.6m 이랑의 평균 생산성, Cut당 평균 생산성: 수확시 평균 생산성(반복 수확 작물), 이랑당 평균 생산성: 7.6m 이하 이랑의 생산성 측정시 유용한 이랑 길이당 평균 생산성, 이랑당 Cut 횟수: 이랑당 평균 Cut 횟수, 7.6m 이랑당 수익: 76cm×7.6m 이랑에서 얻는 총수입, kg이나 묶음당 가격: kg이나 묶음당 평균 가격

표 12-4: 과거 주문 시트. 시즌별 과거의 모든 주문을 포함하면 꽤 길다

일자	고객	작물	수량	단위(lb)	총중량(lb)	단가	매출액	총판매액
월요일	유통상 주문	루콜라(야생)	8	2	16	$20.00	$160.00	
월요일	유통상 주문	샐러드용 순무(12ct)	8	12	96	$40.00	$320.00	
월요일	유통상 주문	케일	1	5	5	$25.00	$25.00	
월요일	유통상 주문	완두새싹	1	2	5	$30.00	$30.00	
월요일	유통상 주문	EE 래디쉬	20	1	20	$2.50	$50.00	
월요일	유통상 주문	FB 래디쉬	10	1	10	$2.50	$25.00	
월요일	유통상 주문	러시안적케일	5	2	10	$20.00	$100.00	
월요일	유통상 주문	봄철 혼합채소(중간맛)	7	2	14	$17.00	$119.00	
월요일	유통상 주문	해바라기새싹	1	2	2	$30.00	$30.00	
월요일	유통상 주문	총 계						$859.00
화요일	포도원 레스토랑1	루콜라(야생)	2	2	4	$20.00	$40.00	
화요일	포도원 레스토랑1	금색비트	20	1	20	$4.25	$85.00	
화요일	포도원 레스토랑1	적비트	20	1	20	$4.00	$80.00	
화요일	포도원 레스토랑1	어린당근	16	1	16	$4.00	$64.00	
화요일	포도원 레스토랑1	샐러드용 순무(12ct)	2	12	24	$40.00	$80.00	
화요일	포도원 레스토랑1	EE/FB 래디쉬	15	1	15	$2.50	$37.50	
화요일	포도원 레스토랑1	토마토(체리외)	10	1	10	$4.00	$40.00	
화요일	포도원 레스토랑1	총 계						$426.50
화요일	소규모 카페	루콜라(야생)	1	2	2	$20.00	$20.00	
화요일	소규모 카페	봄철 혼합채소	3	2	6	$17.00	$51.00	
화요일	소규모 카페	총 계						$71.00

일자	고객	작물	수량	단위(kg)	총중량(kg)	단가	매출액	총판매액
금요일	아침/점심레스토랑	루콜라	1	1	1	$20.00	$20.00	
금요일	칵테일바	루콜라	2	0.5	2	$20.00	$40.00	
금요일	중규모레스토랑2	어린당근	8	0.5	4	$4.00	$32.00	
금요일	중규모레스토랑3	어린당근	20	0.5	10	$4.00	$80.00	
금요일	중규모레스토랑3	고수	4	0.5	2	$2.00	$8.00	
금요일	채식전문레스토랑	고수	4	0.5	2	$2.00	$8.00	
금요일	중규모레스토랑2	샐러드용 순무(케이스6)	0.5	3	1.5	$40.00	$20.00	
금요일	중규모레스토랑3	샐러드용 순무(케이스6)	0.5	3	1.5	$40.00	$20.00	
금요일	중규모레스토랑1	샐러드용 순무(케이스6)	0.5	3	1.5	$40.00	$20.00	
금요일	중규모레스토랑3	파티팬호박	10	0.5	5	$4.00	$40.00	
금요일	중규모레스토랑1	완두새싹	2	1	2	$30.00	$60.00	
금요일	중규모레스토랑2	EE/FB래디쉬	4	0.25	1	$2.50	$10.00	
금요일	칵테일바	래디쉬순	1	0.5	0.5	$20.00	$20.00	
금요일	중규모레스토랑2	래디쉬순	1	0.5	0.5	$20.00	$20.00	
금요일	중규모레스토랑2	러시안적케일	9.5	1	9.5	$10.00	$95.00	
금요일	중규모레스토랑3	러시안적케일	1.25	1	1.25	$20.00	$25.00	
금요일	아침/점심레스토랑	혼합채소	4	1	4	$17.00	$68.00	
금요일	중규모레스토랑3	혼합채소	1	1	1	$17.00	$17.00	
금요일	채식전문레스토랑	혼합채소(상자)	1	5	5	$85.00	$85.00	
금요일	아침/점심레스토랑	봄양파	1	0.5	0.5	$8.00	$8.00	
금요일	칵테일바	해바라기새싹	1	0.5	1	$15.00	$15.00	
금요일	중규모레스토랑1	토마토(체리외)	10	0.5	10	$4.00	$40.00	
금요일	중규모레스토랑2	토마토(체리외)	10	0.5	10	$4.00	$40.00	
금요일	중규모레스토랑3	토마토(체리외)	20	0.5	20	$4.00	$80.00	
금요일	채식전문레스토랑	토마토(체리외)	10	0.5	10	$4.00	$40.00	
금요일	아침/점심레스토랑	토마토(토종)	15	0.5	7.5	$2.50	$37.50	
금요일	중규모레스토랑3	토마토(토종)	13	0.5	7.5	$2.50	$32.50	
금요일	중규모레스토랑1	애호박(어린)	1.5	0.5	0.75	$4.00	$6.00	
금요일	중규모레스토랑3	애호박(어린)	3.5	0.5	1.75	$4.00	$14.00	
금요일	아침/점심레스토랑	총 계						$133.50
금요일	칵테일바	총 계						$75.00
금요일	중규모레스토랑1	총 계						$126.00
금요일	중규모레스토랑2	총 계						$217.00
금요일	중규모레스토랑3	총 계						$316.50
금요일	채식전문레스토랑	총 계						$133.00

작물	총주문	재고	수확량(kg)	작물위치	참고
루콜라	6		0	Bernard/02/06	전이랑 수확
당근	28	11	3	Wash/01/15	
고수	8		8.5	Wash/03/08	
샐러드용 순무	9	1	4	Wash/01/09	
파티팬호박	10		4	Home	
완두새싹	4		5	Home	
래디쉬	2		2	Bowes/01/07	
래디쉬순	2		1	Home	
러시안적케일	21.5		1	Bowes/02/04&05	이랑 2개 수확
봄철 혼합채소	20	5	11	Bernard/01/03	전이랑 수확
봄양파	1		7.5	Bernard/02/13	
해바라기새싹	1		0.5	Home	
토마토(체리외)	40	15	0.5	Home	
토마토(토종)	28	7	12.5	Home	
어린애호박	5		10.5	Home	

표 12-7 경작지 분할 자료

경작지	고회전/2회전	이랑번호	이랑크기	총이랑길이(ft)	총이랑크기 (제곱피트)
본부앞뜰	고	5	35	175	438
	고	1	24	24	60
	고	1	10	10	25
	고				
본부터널1	2회	6	46	276	690
본부뒤뜰	2회	4	46	184	460
합계					
워싱톤가 주구역	고	12	50	600	1500
워싱톤가 터널1	2회	4	36	144	360
합계					
보우스가 구역1	2회	6	25	150	375
보우스가 구역2	2회	7	25	175	438
보우스가 구역3	2회	5	30	150	375
합계					
버나드가 구역1	고	16	25	400	1000
버나드가 구역2	고	7	23	161	403
합계					
스미스가 주경작지	고	11	53	583	1458
스미스가 소구역	고	3	33	99	248
합계					
총 계					
총면적/에이커					

표 12-8 경작지 진행 현황

위치(경작지/구역#/이랑#)	이랑크기	고회전/2회전	현재재배작물	식재일(월/일)	후속작물	작물1
워싱턴가 주구역						
WA/01/01	50	고	OW 당근	08/03		래디쉬
WA/01/02	50	고	OW 당근	08/03		래디쉬
WA/01/03	50	고	OW 시금치	10/01		시금치
WA/01/04	50	고	OW 시금치	10/01		미니헤드
WA/01/05	50	고	OW 시금치	10/01		러시안적케일
WA/01/06	50	고	OW 시금치	10/01		루콜라

경작지사양	경작지넓이 (제곱피트)	경작지면적	총이랑수	총이랑길이(ft)	25 피트당 총이랑	총 경작지크기 (제곱피트)	경작년수
30`×35`		1,050	7	209	8	523	2012
18`×46`	828						
6`×25`	150						
49`×46`	978		10	460	18	1,150	2012
50`×50`	2500						
12`×36`	432						
		2,932	16	744	30	2,932	2014
16.5`×25`	412.5						
21.5`×25`	537.5						
15`×30`	450						
		1,600	18	475	19	1,400	2010
67`×31`	2077						
25.5`×25`	637.5						
		2,700	23	561	22	2,715	2010
36`×54`	1944						
15`×31`	465						
		2,500	14	682	27	2,409	2015
		11,760	88	3131	124	11,129	
		0.27					

식재일	작물2	식재일(월/일)	작물3	식재일(월/일)	작물4	식재일(월/일)
04/01	미니헤드	05/13	OW당근	08/03		
04/01	미니헤드	05/13	OW당근	08/03		
04/01	샐러드용 순무	06/05	미니헤드	07/13	OW시금치	10/01
04/07	래디쉬	06/30	루콜라	08/03		
04/01	비트	07/08	OW시금치	10/01		
04/10	래디쉬	06/05	미니헤드	07/08	OW시금치	10/01

시트 5: 주간 총 매출

시즌 내내 주간 총 매출을 집계하는 시트이다. 이 시트에 전년도의 주간 총 매출도 누적시켜 기록한다. 그렇게 하면 주간 총 매출을 지난 해의 주간 총 매출과 비교할 수 있다. 이 과거와 미래를 들여다보는 창을 통해 쉽고 빠르게 지난 시즌에 한 일들을 돌아보고 이해할 수 있다. 이 시트에 높은 매출을 올린 주를 강조하여 표시하고 어느 특정 작물이 부족했을 때는 메모를 남겼다. 2년여에 걸쳐 자료가 누적되자 이 시트를 보고 주간 매출 추세를 파악하고 매출이 높은 주를 예측할 수 있었다. 이 시트는 시장의 변화를 보다 효과적으로 대처하는 데 결정적인 역할을 했다(theurbanfarmer.com에서 찾아볼 수 있다).

시트 6: 경작지 분할 자료

이 시트는 농장 관련 모든 물류 자료를 담고 있다. 경작지의 사양과 이랑의 수, 이랑의 길이, 재배 형태(고회전 또는 2회전) 등을 포함하고 있다.

시트 7: 예산과 비용

이 시트를 사용해 특정 구매에 소요되는 자금과 신규 자본 투자를 결정하는 예산 계획을 세운다. 비용 관련해서는 별도 시트를 사용해 추적해 나간다. 2달에 한 번씩 모든 비용 관련 영수증 금액을 기록해두면 세금 신고시 별도로 자료를 찾지 않아도 된다. 예산에는 창업 예산과 운영 예산 두 가지 경우가 있다(theurbanfarmer.com에서 찾아볼 수 있다).

시트 8: 종자 주문과 재고

종자를 주문할 때는 두 가지 시트가 필요하다. 해마다 겨울이 되면 종자 재고가 얼마나 남았는지 파악한 후 종자 주문을 한다. 보통 매년 종자를 사지만 고품질 종자를 구매해 왔기 때문에 구매 후 2년까지는 종자의 발아율이 나쁘

지 않다. 종자 재고를 조사한 후 필요한 종자를 주문한다(theurbanfarmer.com
에서 찾아볼 수 있다).

시트 9: 경작지 진행 현황

복합 경작지를 운영하고 있다면 이 시트는 매우 중요하다. 모든 작물이 한
곳에 있지 않기 때문에 이번 주에 수확 가능한 작물이 어떤 것들인지 쉽게 알
수는 없다. 하지만 셰프들과 대화하면서 주문을 받으려면 어떤 작물들이 수확
가능한지 아는 일이 매우 중요하다. 주에 한 번씩 수확을 앞둔 각 이랑의 현황
을 스마트 폰으로 촬영한다. 모든 경작지에 있는 이랑들은 산술적 순서로 나
열되어 있고 이 시트는 각 이랑에 무엇이 있는지 또 언제쯤 수확 가능한지 사
진 찍은 것처럼 보여준다. 이 시트 덕분에 고객들과 문제없이 상담할 수 있고
이랑을 언제 갈아엎어서 회전시켜야 하는지 알 수 있다. 또 직원들에게 할 일
을 분담시키기도 쉽다. 이 시트는 앞서 작성한 경작지 지도와 상호 연결되어
있다.

시트 10: 채소 변질 현황

팔리지 않는 작물은 이 시트에 모두 기록된다. 이 자료는 다음 2가지 이유로
쓰임새가 있다.

1. 어떤 작물이 팔리지 않는지 명확하게 보여준다. 이 자료를 보고 어떤 작물을 지나치게
   많이 재배했는지 알 수 있고 재배를 아예 중단하는 것이 나은지 결정할 수 있다.

2. 세무 신고 시 유용하게 쓰인다. 어떤 세무 당국에서는 채소 변질을 비용으로 처리할 수
   있게 해준다. 단, 비용 처리할 때는 주의를 기울여야 한다.

중앙정부와 지방자치단체마다 소득세 신고 시 채소 변질을 생산 비용으로

처리하는 비율은 다르다. 여러분의 지역에서도 채소 변질을 비용으로 처리할 수 있게 해주는지 조사해 보아야 한다(theurbanfarmer.com에 찾아볼 수 있다).

음성 메모 이용

스마트 폰의 음성 메모 기능을 이용하여 자료를 녹음하는 것을 권한다. 주로 밭에서 일을 하기 때문에 손도 지저분하기 일쑤고, 하던 일을 멈추고 자료를 입력하는 것도 귀찮은 일이다. 오늘 무슨 일을 했고 앞으로 할 일이 무엇인지 간단하게 녹음을 하고 사무실에서 자료를 입력하면 된다. 작물을 수확하거나 경작지 현황을 지속적으로 추적할 때도 녹음 기능을 사용하면 매우 효율적이다. 주로 아침에 커피 한 잔을 마시며 책상에 앉아 녹음 내용을 입력하는데 요일별로 주제를 정해 입력하는 편이다. 화요일 아침에는 식재한 작물 현황을, 금요일에는 수확 현황을 입력한다. 최근에는 스마트 폰에 음성 인식 기능이 추가되어 녹음한 자료들을 문서로 전환하여 연동된 컴퓨터에 자동으로 입력이 가능하다.

청구서 작성과 회계

레스토랑과 유통 업체, 도매상들의 거래 계정은 회계 소프트웨어 프로그램과 연동되어 있다. 이런 프로그램은 100달러에서 600달러면 구매할 수 있다. 취급하는 거래 계정이 많다면 이런 프로그램을 구입하는 일은 한 푼도 아깝지 않다. 배송이 완료되었는데도 판매 대금 지급이 후결재라서 대금 청구서 작성이 안 되고 있다면 나중에 누구한테 얼마나 받아야 할지 추적하는 일은 쉽지 않다. 회계 소프트웨어는 청구서 작성도 도와준다. 거래하는 모든 고객 프로필을 작성하고 취급하는 모든 작물을 입력해야 하기 때문에 설치하는 데 다소 시간이 걸린다. 하지만 일단 설치가 완료되면 이후 작업에서 고객과 작물 정보가 자동 입력되기 때문에 청구서 작성이 빨라진다.

또한, 대금 결제가 완료된 계정과 결제 예정인 계정으로 분류할 수 있기 때문에 계정 관리라는 측면에서 이 소프트웨어는 쓸모가 있다. 이러한 분류 작업을 통해서 누가 지급할 대금이 얼마나 있는지 쉽게 파악하고, 그 고객에게 지불 내역서를 이메일로 바로 보낼 수도 있다.

자체 홍보

Self-Promotion

여러분과 여러분의 농장을 홍보하는 일은 성공적인 농장 경영에 절대적이다. 사람들이 도시에서 농사를 짓는다는 이야기를 아직도 참신하게 생각하고 있고, 도시농업이 믿기 어려울 정도로 유행하고 있어서 도시농부인 여러분에게 여전히 유리하게 작용하고 있다. 도시농업의 독특한 점 때문에 대부분의 사람은 도시농업을 지역사회 활동이라고 여긴다. 이러한 점을 홍보 활동에 부각시키면 엄청난 장점이 된다. 사람들은 여러분의 이야기를 듣고 싶어하므로 준비를 단단히 할 필요가 있다. 파머스 마켓이 여러분의 이야기를 시험해 볼 최고의 장소이지만 블로거나 지역신문, 라디오, TV방송국 등 미디어 인터뷰를 할 수도 있다. 창업 초기라면 이런 인터뷰를 마다해서는 안된다. 초기에 미디어와의 만남을 많이 하면 할수록 미래 기반을 더욱 탄탄히 다지게 된다. 여러분이 사는 도시에서 도시농업을 시작한 첫 번째 사람이 되면 성공적인 미래를 위해 엄청난 장점이 될 것이다. 이것을 선점 효과라 부르는데 그런 점에서 나는 여러분이 아무도 도시농업을 시작하지 않은 곳을 창업할 장소로 선택하라고 말하고 싶다. 처음이라는 위상을 확립하면 그 지역에서 탄탄한 시장 지분을 유지할 수 있을 것이다.

여러분이 브랜드이다

대부분 소농에게는 고객에게 직판하는 것이 가장 바람직하기 때문에 여러분이 바로 사업체의 얼굴이다. 그런 측면에서 보면 여러분이 바로 여러분 농장의 브랜드이다. 고객들은 여러분을 알고 싶어 하고 여러분의 이야기를 듣고 싶어 한다. 사람들은 당신이 왜, 어떻게 농업에 종사하기로 작정했는지 수 많은 이야기를 들어왔다. 그 이야기들은 모두 흥미롭고 감동적인 이야기였을 것이다.

내 경험에 의하면 경청하는 사람들에게서 가장 좋은 반응을 얻는 이야기는 '왜'라는 부분인 것 같았다. '왜' 하게 되었고 어떤 일을 하는지 또 도시농업을 시작하게 된 동기가 무어인지? 여러분의 농장과 여러분 자신을 홍보하려면 이러한 질문에 대한 답을 미리 준비해야 한다. 무엇을 어떻게라는 질문에 대한 답도 중요하지만 왜라는 질문에 대한 답이 청중들을 더 끌어들일 것이다. 여러분의 스토리를 간략한 이야기로 마무리 짓고 무엇과 어떻게라는 논점으로 들어가 설명해라.

셰프나 고객들에게 접근하려면 여러분이 무엇을 제공할 수 있는지 이야기하는 편이 좋다. 왜냐하면 그것이 그들의 최고의 관심사이기 때문이다.

미디어

농사일을 시작하기도 전에 내가 무슨 일을 하는지 알아보려고 미디어쪽 사람들이 접근했다. 아무도 시작하지 않은 곳에서 도시농업을 했기 때문이리라. 2009년 늦은 여름에 첫 농장 지역을 개간하기 시작하자 사람들은 쉬지 않고 개간 지역을 찾아왔다. 그 당시에는 엄밀하게 말해서 농사를 짓고 있지도 않았지만 지역 사람들은 내가 하는 일에 매우 호기심이 많은 듯했다. 그해 가을, 퇴비 제작 프로젝트를 시작했을 때도 신문과 블로거들의 인터뷰 요청을 받았다. 나는 인터뷰 기회를 적극적으로 활용했다. 되돌아 보면 퇴비 제작 프로그램을 시작한 것이 내가 농장을 개간하는 초기에도 농장에 관해 뭔가 이야기할 거리를 갖게 해 주었다. 미디어 창구에 일찍 한발 내디딘 것도 나쁘지 않았다.

튼튼한 고객 관리를 확립하는 일이 홍보의 가장 중요한 요인이다. 80대 20이라는 파레토의 법칙을 기억하는가? 여러분은 수입의 80%를 올려 주는 20%의 고객에 집중해야 한다. 20에 해당하는 고객의 이름을 기억하기 위해 혼신의 노력을 기울여야 한다. 이름을 기억하지 못한다면 글로 적은 목록을 만들어라. 나도 스마트 폰에 지속적으로 거래를 하는 모든 고객 관련 노트를 보관한 적이 있다. 고객들의 생김새를 묘사하고 그 밑에 그들의 이름을 적어 놓기도 했다.

고객과 밀접한 관계를 맺는 일은 매우 중요하며 그들은 또 다른 홍보 요원이라 할 만하다. '만족한 고객이 여러분의 최고 영업 사원'이라는 말을 기억해라. 농업인이라는 점이 첫 번째 브랜드이기 때문에 대중이 여러분을 바라보는 이미지를 긍정적이고 바람직하게 유지해야 한다.

14

자금 조달 방안

Finance Options

농장을 창업하려면 돈이 필요한 것은 당연하다. 첫해에 기본적인 설비와 자재 구입에 7천 달러밖에 쓰지 않았을 만큼 투자 비용이 얼마 되지 않았다. 하지만 꼭 필요한 물품을 찾거나 매입하기 위해 상당히 많은 시간을 쏟아야 했다. 덕분에 사전 투입 비용을 많이 절약할 수 있었다. 나는 모두에게 나처럼 그렇게 하라고 조언한다. 1,012㎡ 규모의 경작지에서 소규모 도시 농사를 짓는 데 필요한 모든 것을 갖추는 데는 1만 달러 이하로도 충분하다. 저축한 돈이 이 정도도 안 된다면 자금 조달 방안을 고려해 봐야 한다.

일반적인 사업에 비해 도시농업 사업은 여전히 새로운 개념이고 정상적인 자금 조달 방식으로는 자금 조달처를 찾기까지 시간이 오래 걸린다. 일반적인 자금 시장에서는 은행을 통해서 자금을 조달한 선례가 많지 않다. 모든 면에서 저항이 가장 적은 길을 추진해 왔듯이 자금 조달 방식도 예외가 아니다. 우선 가족이나 친구들을 만나 보거나 크라우드 펀딩도 타진해 보아라. 은행이나 공적 자금은 최후 수단으로 남겨 두어야 한다.

가족과 친구

우선 가족, 친구들과 상의할 것을 권한다. 필요한 투자 금액이 그다지 크지 않으니 몇 명의 친구들에게 빌리거나 가장 간단한 방법은 가족 일원이 필요한 현금을 모금해 주는 것이다. 원하는 자금이 5천 달러 정도라면 가족은 물론 소수의 각기 다른 사람들로부터 조달할 수도 있을 것이다.

지역 사회 공채 기금

지역 사회 공채는 농장, 지역 공동체 사업, 토지 복원 사업 등과 같은 지역의 지속 가능한 인프라를 마련하기 위해 발행된다. 농민이 공채를 발행한다면 공동체 지원 농업 프로그램 투자 방식과 유사한 방식일 것이다. 투자자들이 일정 금액을 농장에 투자하고 이자와 배당금을 현금이나 농산물로 받고 일정 기간 후에는 투자금 전액을 돌려받는 제도이다. 이 제도의 기본 개념은 불특정 투자자들에게 보다 큰 금액(천 달러 이상)을 투자하도록 유도하는데 있다. 예를 들어 투자자가 5천 달러를 5년간 투자했다면 매년 이자 명목으로 250달러를 현금이나 농장에서 생산한 농산물로 지급받고 5년 이후 만기가 되면 5천 달러의 투자금 원금을 돌려받게 된다. 따라서 지역 사회 공채에 참여하는 것은 로컬 푸드 운동이 좀 더 활성화되도록 장려하기 위해 투자하는 것이고 작지만 투자에 대한 보상도 받을 수 있다. 투자자가 누리는 혜택은 아주 작은 이자를 받으며 은행에 예치해 두는 대신 똑같은 이자를 받지만 투자 자금이 활용되어 새내기 농부들이 성장하도록 돕는다는 점이다. 농업의 미래에 대한 투자인 셈이다.

크라우드 펀딩

웹 기반 기술의 발전으로 아주 참신한 개별 투자자 중심의 기금 모집이 가능해졌다. 도시농업을 포함해 수많은 신생 사업체들이 투자 자금을 모집하는 유일한 웹 기반 펀딩 창구 역할을 해 온 것이 크라우드 펀딩이다.[1] 설득력 있는 스토리를 비디오로 만들어 독창성 있게 온라인으로 마케팅을 한다면 수십만 달러의 투자금도 모집할 수 있다. 이러한 장치를 만들 때는 펀딩 목표 금액을 먼저 설정해야 한다. 정해 놓은 기간 안에 목표 금액에 도달하지 못하면 여러분은 한 푼도 만지지 못하고 일부 모집한 투자금도 투자자들에게 다시 돌려줘야 한다. 그래서 신생 농장은 적은 금액(5천 달러 정도)을 목표로 기금 모집을 시작해야 한다. 하지만 강력한 캠페인을 전개할 능력이 있고, 온라인상의 조회 횟수를 높이려면 어떻게 영향력을 발휘해야 하는지 알고 있다면 기금 모집 가능성은 무한대이다. 약간의 창업 자금이 필요하고 온라인 웹이 낯설지 않다면 이 펀딩 기법이 자금 모집을 위한 제일 나은 방법일 것이다. 왜냐하면 기존의 자금 조달 방법과 달리 신청서를 작성하고 신용 상태나 채무 여부를 조사해야 하는 모든 번거로운 절차를 거치지 않아도 되기 때문이다.

신용 협동 조합과 은행

도시농부가 기존 은행이나 신용 협동 조합을 통해 자금을 조달하는 일은 특히 땅을 소유하거나 농장 경작지를 장기 임차한 경우가 아니라면 상당히 어렵다. 몇몇 신생 신용 협동 조합은 도시농업이라는 색다른 사업체에 자금을 대출해 주기도 한다. 하지만 대부분의 경우는 도시에 있는 주택의 앞마당과 뒷마당을 경작지로 삼는 농장에 자금을 대출해 달라고 하면 여전히 다들 이상한 눈초리로 쳐다볼 것이다.

서부 해안가에 위치한 몇몇 신용 협동 조합이 소규모 농장 대출에 놀랄만한 진전을 보여 주고 있다고 들었다. 그들 신용 협동 조합은 대출 적격 여부를 판단하는 데 단순히 기존과 같은 필수 대출 심사 자료인 농장의 재무제표를 검토하기보다는 농부의 프로필을 더 심도 있게 검토한다고 한다.

대형 시중 은행은 마지막으로 시도할 자금 조달처로 남겨 두자. 그들과 접촉하면 먼저 여러분에게 매해 수익을 내기를 바란다고 하는 말을 자주 듣게 될 것이다. 매해 수익을 내는 일이 불가능한 것은 아니지만 쉽지 않은 일이다. 기존 시중 은행을 통해 자금 조달을 하려면 일년 12달 꾸준한 수익을 낸다는 탄탄한 사업계획서를 반드시 제출해야 한다. 많은 은행들은 위험 요소를 내포하고 있는 계절 사업체에게는 대출을 꺼려한다.

최적 지역 선정

도시에서 농사를 지을 최적의 장소를 찾는 일이 도시농업을 시작하면서 여러분이 내리는 처음이자 가장 중요한 결정 사항이다. 이 부분을 읽기 전에 4장(농장이 속한 지역과 농장 생활 방식)을 빈드시 읽기 바란다.

15

경작지 선정

Scouting for Land

이 장에서는 지역이 결정되었다고 보고 경작지를 선정하기 위해 지역을 둘러 볼 때 적용할 제일 좋은 방법을 설명하고자 한다. 경작지를 선정할 때는 다양한 전술이 필요하다. 어떤 전술은 다른 전술보다 효과적이고 어떤 것은 기술적인 방안도 포함되어 있고 또 다른 것은 여러분의 친구나 가족이라는 네트워크에 의존해도 될 만큼 간단하다.

경작지 선정 작업을 시작하기 전에 다음과 같이 사전에 준비해야 할 몇 가지 사항들이 있다.

1. 자신이 누구인지, 왜 농장 운영을 하려고 하는지, 본인의 농장은 어떤 농장이 될 것인지 등을 글로 정리한다.

2. 건강 식품 전문점과 커뮤니티 센터, 정원관리사 클럽의 게시판에 붙일 몇 장의 전단지에 1번 사항을 포함시켜 인쇄물로 준비한다.

3. 사람들을 만나고 특히 만난 사람들이 여러분을 기억하게 하려면 반드시 그럴듯한 명함을 지니고 다녀라. 또한, 만난 사람들의 이름과 정보를 반드시 파악하도록 한다.

4. 사람들과 직접 소통하려면 본인이 하려고 하는 일이 무엇인지 설명하는 간단한 웹 사이트를 만들어라.

가능한 한 많은 사람에게 여러분의 이야기가 꼭 전파될 수 있도록 해야 한다. 블로거들과 대화하고 자주 소셜 미디어를 활용해서 여러분을 아는 모든 사람에게 당신이 무슨 일을 하려고 하는지 알려야 한다.

위치 정보 소프트웨어

농장으로 사용할 도시 경작지를 찾아 거리를 누비고 다니기 전에 위치 정보 소프트웨어로 후보 지역을 검색한다. '구글 어스'나 '네이버 지도'와 같은 위치 정보 소프트웨어로 후보 지역을 탐색해 본다. 처음부터 소프트웨어를 활용하면 찾고 싶은 도시의 후보 지역을 보다 쉽게 찾을 수 있다. 찾은 지역이 티 지역에 비해 부지가 더 넓다면 우선 그 쪽을 둘러보는 것으로 결정하는 것이 좋다. 지금도 부지 사용 권유를 받으면 먼저 토지 소유자가 함께 일 할 만한 사람인지 알아보고 난 뒤에 그 부지의 주소를 위치 정보 소프트웨어에 입력해 부지의 크기와 상태를 살펴본다. 이 같은 온라인 탐사 덕분에 기본적인 사항들을 파악하느라 직접 찾아다니는 수고를 덜게 된다.

달성하기 쉬운 목표

쉽게 확보할 수 있는 부지부터 먼저 찾아보아야 한다. 친구들과 가족들에게 도시농업을 시작할 수 있는 땅이 좀 있는지 물어보도록 한다. 할머니 댁 앞뜰이 있을지도 모른다. 가능하면 빨리 시작하는 것이 중요하며 또 다른 기회를 붙잡는 변곡점이 될 것이다. 일단 시작하고 뭔가 일이 진행되게 하여 사람들이 여러분을 찾아오게 하는 것이 부지를 선정하는 최선의 길이다.

개별 방문

개별 방문하여 현관문을 노크하려면 집주인으로부터 거친 응대를 받을 각오도 해야 한다. 대부분의 사람은 여러분이 자기 집 현관문을 노크하면 복음을 전하는 전도사 정도로 생각하고 여러분이 제시하는 건에 대해 이야기를 일체

들으려 하지 않을 것이다. 과거의 경험으로 보면 우편함에 전단지를 넣어두고 사람들을 괴롭히지 않는 편이 좋다. 사람들이 여러분을 찾아오게 해야 한다.

부지 선정 점검 목록

새로운 경작지를 찾을 때 그 부지에 대해 점검해야 할 요소는 10가지가 있다. 이들 중 어떤 요소는 유연성을 가지고 점검하지만 다른 어떤 것들은 그렇지 않다. 어찌 되었든 어떤 후보 부지라도 그곳에서 농사를 짓기로 결정하려면 좋은 요소가 더 많아야 한다. 농사지을 경작지를 찾으면서 알게 된 것은 농사짓는 농부가 대단히 적다는 것이다. 오늘날 북미 인구의 2%만이 농부이고 땅은 지천으로 널려 있다. 토지 소유자들은 농사를 지으려면 땅을 어떻게 활용해야 되는지 모르는 게 태반이다. 다시 말해 농부인 여러분은 가치 있는 존재이고 여러분에게는 여러 가지 옵션이 가능하다는 말이다. 풍요로운 곳이라면 모든 가능한 조건을 타진해 봐야 한다. 귀한 존재인 여러분은 유일한 기대주다. 빈 땅은 차고 넘친다. 완벽하지 않은 땅을 맡았다거나 토지 소유자가 같이 일하기 힘든 사람이라는 생각이 들어서는 안된다.

참고　**부지 점검 목록**

1. 토지 소유자	6. 계절별 일조량과 차광 시설
2. 부지의 배경	7. 울타리
3. 토양 검사	8. 대중 노출 정도
4. 크기와 위치	9. 관수 시설
5. 억센 잡초 조사	10. 접근성(통행시간과 출입구)

토지 소유자

부지를 둘러보기 전에 후보지가 될 토지 소유자와 우선 간단한 전화 통화를 한다. 그들 말을 경청해보면 부지 후보로 선정할 수 없는 이유가 밝혀지기도 한다. 첫째 토지 소유자는 어떤 사람인가? 말을 걸기가 쉽고 친절하며 유연한 성격인가? 여러분에 대해서 어떻게 알게 되었고 어떻게 자신들의 땅에서 여러분이 농사짓는 일에 관심을 갖게 되었는가? 이 질문에 대한 답을 들으면 그들이 앞으로 수년간 함께 일할만한 사람인지 아닌지 알게 된다.

일단 그들에게 어떻게 운영할 것인지 간략하게 설명한다. 먼저 이 계약으로 5월부터 10월까지 매주 20달러에서 25달러 가치의 채소를 받게 되고 멋들어진 텃밭을 갖게 되며 어찌 되었든 아무 일도 하지 않아도 된다고 이야기해 준다. 그리고 그들의 텃밭에 어떤 일이 벌어지는지 설명한다. 대부분의 경우 몇 번 더 강조해서 이야기해야 하며, 그들 역시 무엇을 얻게 되는지 정확히 듣고 싶어 한다. 일단 이야기를 잘 끝내고 나면 그들이 생각하는 것이 무엇인지 감을 잡게 된다.

또한, 그들이 필요한 것이 무엇이고 관심을 갖고 있는 것이 무엇인지 물어보는 것이 중요하다. 한 번은 자신이 받는 채소의 양이 적어서 더 받아야 되고, 잔디와 관목을 관리해 달라고 요구한 주인이 있었다. 이런 경우 여러분은 자신이 하는 농사 일과 그들에게 지불하는 대가에 대해 분명하게 이야기하고 조경 서비스를 해 주기 위해 농부가 되는 것이 아니라는 것을 확실히 해야 한다. 그럼에도 정말 최적의 부지라면 그 정도 조경 서비스는 해주어도 괜찮다(그럴 만한 가치가 있다고 판단되면 특별 서비스쯤은 감당해도 된다). 처음 농사를 시작하고 4년간 본부로 썼던 부지도 소유지에 대한 전반적인 관리를 요구하는 추가 의뢰를 받아들였다. 이 경작지에서 거두어들인 수확물에 비하면 당연히 해주고도 남을 만한 선택이었다. 기본적으로 여러분의 관점에서 토지 소유자가 함께 일한 만한 사람인지 판단해 보라는 것이다.

부지의 배경

부지를 실제로 둘러보기 전에 부지에 대한 사전 조사를 해야한다. 집은 얼마나 오래되었고 후보지가 된 경작지가 전에는 어떤 용도로 사용되었는지 확인해야 한다. 어느 때에 정원이었는지? 그곳에 다른 구축물은 없었는지? 있었다면 그것은 무엇이었는지? 그 이유는 부지의 토양이 중금속과 산업용 화학물질, 제초제 사용으로 인한 오염 가능성이 있을 수 있기 때문이다. 인구 밀도가 높은 도시 지역에서는 여러분이 찾고 있는 부지가 주유소나 산업 부지로 사용되었을 수도 있고 만일 그렇다면 그곳은 납과 수은 같은 중금속이 토양에 함유되어 있을 가능성이 높다. 또한, 관행 농법을 썼던 농장이나 과수원이었다면 토양에 제초제 흔적이 남아 있을 것이다. 다행히 내가 제의받은 대부분의 토지는 산업용으로 사용된 과거가 없었다. 만일 이러한 점이 걱정된다면 그 부지에 대한 토양 검사를 할 필요가 있다.

부지 양 옆집에 사는 이웃들도 고려해야 할 사항이다. 누군가가 제초제를 사용하고 있지는 않는지 주의 깊게 살펴봐야 한다.

토양 검사

토양이 오염되었다는 생각이 들면 다른 부지를 찾아보도록 해야한다. 토양 검사는 비용이 의외로 많이 들고, 토양 복원 작업 역시 새로 흙을 덮어야 하는 추가 작업이 필요하기 때문이다. 토지 소유자가 기꺼이 비용을 부담하겠다는 경우를 제외하고는 다른 부지를 찾아보는 것이 효율적이다.

토양 오염 외에도 주로 관심을 가져야 할 사항들은 표토층의 깊이, 토양 속 유기물, 영양물질, 토양의 산성도(pH) 등이다. 토양 속 다양한 영양물질과 산성도는 비교적 쉽게 보완할 수 있다. 하지만 표토층의 깊이는 복합적인 문제이며 자원이 많이 소요된다. 어떤 도시의 부지는 표토층의 깊이가 아주 낮아서 삽으로 바닥을 몇 번 파면 표토 아래로 단단한 광물질과 사질 점토, 자갈층 등이 드러난다. 이런 토양은 가능하면 피하는 것이 좋다. 하지만 이런 토양도 새 흙과 질 좋은 퇴비로 덮어주면 다시 비옥해질 수 있다. 대부분의 토양은 일정 시간과 돈 그리고 노력을 들이면 다시 비옥해진다(21장 참고). 부지의 다양한 영양물질 분석과 산성도 검사는 가든 센터나 농업기술 센터에서 장비를 빌려 주기 때문에 쉽게 할 수 있다.

크기와 위치

경작지의 크기와 위치 선정은 신중을 기해야 하는 일 가운데 하나다. 경작지 규모는 최소한 186㎡ 가 되어야 하고 주 경작지에서 최대한 가까워야 한다. 예를 들어 이웃해 있거나 같은 길가에 거주하는 누군가가 자신이 소유한 93㎡의 땅을 사용하라고 한다면 고려해 볼 수 있다. 부지가 작은 반면 매우 가까이 위치해 있어서 고회전 경작지로 쓸 수 있기 때문이다.

경작지의 위치 문제는 시간이 흐를수록 개선될 여지가 있다. 농사를 시작할 당시는 원하는 곳의 부지를 임대하기 어렵지만 시간이 흐를수록 경작지는 서로 가까워진다. 꾸준히 농사를 짓다 보니 그 지역에서 좋은 평판을 듣게 되고 소유주들이 먼저 찾아와서 대토 제안을 하기 때문이다. 농사를 시작한 첫해에 나의 경작지는 반경 4.8km에 걸쳐 있었지만 지금은 2.4km 내에 위치해 있다.

억센 잡초 조사

경작지에 생명력이 강하고 질긴 잡초가 있는지 반드시 확인해야 한다. 경작 예정지가 유별나게 억센 잡초가 많은 곳이라면 차라리 그냥 포기하는 것이 나을 것이다. 판단의 기준은 서양메꽃(Convolvulus arvensis)과 캐나다 엉겅퀴(Cirsium arvense)인데 둘 중의 하나라도 보이면 그 부지는 포기한다. 일년생인 민들레와 당아욱, 쇠비름, 별꽃 등은 시간이 지나면 줄어들 것이다. 별첨 사진첩 사진 3번을 참고하라.

계절별 일조량과 차광 시설

특정한 지역에서 가능한 오랫동안 농사를 지으려면 풍부한 일조량이 필요하다. 여러분이 농사짓는 지역의 일간 태양 순환 주기와 계절별 순환 주기를 파악해라. 일단 태양의 순환 주기를 파악하고 나면 경작지마다 어느 시간, 어느 계절에 햇빛이 어디쯤 비추는지 알게 된다. 이러한 사항은 울타리와 나무, 건축물과 같은 대형 장애물이 작물 재배에 필요한 햇빛을 가려 버리기 때문에 매우 중요하다. 대부분의 식용 작물은 성장하려면 최소 하루 6시간의 일조량이 필요하고 어떤 식물은 그보다 더 많이 필요하다. 토마토와 피망 같은 여름 작물은 특히 하루 중 가장 더운 시간대에 많은 햇빛이 필요하다. 때에 따라 작물을 재배하는 데 차광 시설이 필요하기 때문에 건물이나 나무가 장점으로 작용할 수 있다. 서쪽 방향으로 건물이 서 있는 몇 곳의 경작지는 여름철 늦은 오후 내내 그늘이 진다. 이런 현상은 연중 가장 더울 때 작물을 열기로부터 보호해 주기 때문에 매우 유용하다.

북반구에서 남쪽에 큰 건물이나 울타리가 있다면 일조량이 부족하여 어려움을 겪을 수도 있는데 아침과 오후 잠깐 동안만 햇빛이 비춘다면 작물 선택에 신중을 기해야 한다. 별첨 사진첩 사진 4번을 참고하라.

울타리

울타리가 있는 곳을 일부러 찾을 필요는 없지만 있다고 해서 나쁠 것도 없다. 어떤 이웃은 차라리 울타리가 있는 편이 더 낳을 수도 있다. 울타리가 있으면 사람이나 개 그리고 그보다 더 큰 짐승들이 텃밭에 침입하여 채소를 실컷 먹어 치우는 일은 막을 수 있다. 저렴하고 간단한 울타리를 칠 수도 있으나 멋은 있어 보이지 않는다. 어떤 토지 소유주는 울타리 설치 비용을 기꺼이 내주기도 하므로 사전에 확인해 보는 것이 좋다.

대중 노출 정도

농장 경작지가 어느 정도 노출되어 있는가 하는 문제는 아주 중요한데 이유는 그 자체가 농장을 홍보하는 매체가 될 수 있기 때문이다. 한 때, 의도적으로 경작지를 가시성이 좋은 곳에 선정하기도 했다. 도시농업이 가지고 있는 또 하나 좋은 점은 지역 사회와 가깝게 있다는 점이다. 사람들은 여러분이 농장에서 열심히 일하는 모습과 아름다운 텃밭 그 자체만 보아도 즐거워 한다. '텃밭이 너무 아름답다'거나 '일하는 모습을 사랑한다'는 말을 일상적으로 들을 마음의 준비를 해야 한다. 수년간에 걸쳐 많은 사람이 단순히 내가 일하는 모습만 보고 좋은 고객이 되어 주는 경험을 했다. 경작지 배치는 종종 간과되지만 마케팅 도구로서 대단한 이점을 지녔다. 경작 조건으로 볼 때는 크기나 위치가 조건에 하나도 맞지 않지만 단순히 전시용으로 좋아서 사용한 적이 있다. 별첨 사진첩 사진 5번을 참고하라.

관수 시설

먹을 수 있고 오염 물질이 없는 수돗물을 쓸 수 있다는 점은 도시농업을 하는 데 있어 커다란 이점 중의 하나이다. 게다가 수도 설비가 집 근처에 설치되어 있고 간단히 수도꼭지만 연결하면 쓸 수 있어서 편리하다. 부지를 찾으러 다닐 때 수돗물을 쓸 수 있는지 확인해야 한다. 집이 경작지에서 멀리 떨어져 있거나, 땅 소유주가 수돗물을 써야 한다면 경작지 가까운 곳에 분배관을 설치해야 한다. 보통 외부 수도꼭지에서 분리되는 복합 분배 수도꼭지를 설치하여 수도 본관은 그대로 두고 경작지에 가까운 곳에 소규모 분배관을 설치해 사용했다.

농업용수의 원활한 사용은 땅 소유주가 책임져야 할 문제이며, 그 문제를 해결할 수 없으면 해당 경작지에서 농사짓는데 가장 큰 걸림돌이 될 것이다. 가장 무더운 7월과 8월에 경작지당 100달러 정도의 수도요금이 부과되지만 그

외에는 수도요금 지출이 많지 않다. 수돗물 값은 지역마다 다르기에 우리 농장의 경우는 본보기가 될 수 없다. 여러분 지역의 가격을 근거로 어떤 것이 경제적인지 결정해야 한다.

접근성(통행시간과 출입구)

근무 시간 중 언제라도 부지 접근이 쉬워야 한다. 이상적으로는 아침 7시에서 저녁 6시까지 언제든지 예고 없이 드나들 수 있어야 한다. 대부분의 경우 일요일에는 쉬지만 경작지에 들어갈 일이 언제 발생할지 아무도 예측할 수 없다. 그래서 후보 경작지를 상담할 때 이 점을 토지 소유자와 명확히 해둘 필요가 있다. 경작지에 출입할 때마다 소유주에게 통보해야 한다면 무척 번거로운 일이 될 것이다. 월요일부터 금요일까지는 아침 7시에서 저녁 6시까지 언제라도 출입이 가능하고, 토요일이나 일요일에 경작지에 들려야 할 때는 사전에 전화하기로 협의를 해두면 서로 크게 불편하지 않을 것이다. 또한, 되도록 오전 9시 전과 오후 5시 이후에는 시끄러운 농기계는 사용하지 않는다. 어떤 토지 소유자들은 관리기를 사용할 때 미리 통지해주길 원하는데 합당한 요청이라고 생각한다.

경작지 출입구도 역시 중요한 점검 요소이다. 통과해야 하는 출입문이 있는지, 문 크기가 얼마나 되는지, 관리기가 통과할 수 있는지, 다른 농기계들의 출입이 가능한지 확인해야 한다. 다른 조건이 좋았지만 농기계의 출입이 어려워서 어떤 경작지는 포기한 적이 있다.

16

도시 내 부지, 교외 부지, 도시 주변 부지

Urban, Suburban and Peri-Urban Land

도시의 부지는 도시 내 부지와 교외 부지, 도시 주변 부지 세 가지 유형이 있다. 이것들은 각각 서로 다른 장단점이 있다.

도시 내 부지

도시 내 부지는 위치 면에서 최고의 장점을 가지고 있다. 대부분의 경우 고객과의 거리가 가장 가깝지만 도시의 크기에 따라 달라지기도 한다. 대도시(인구 50만 이상) 안에 있는 부지들은 인구가 밀집된 지역에 있고 인구가 밀집되어 있기 때문에 물류가 문제될 수 있다.

- 부지가 오염되었을 확률이 높기 때문에 부지 관련 배경을 신중하게 살펴보아야 한다.

- 경작지 크기는 매우 작을 확률이 높다.

- 근처에 대형 빌딩이 있다면 적정 일조량에 심각한 영향을 줄 것이다.

- 범죄와 공공기물 파손 행위가 일어나는 곳에 경작지가 위치하고 있을 가능성이 있다.

대도시에서는 한 곳에 집중된 경작지 수가 많지 않으면 물류적인 측면에서 쉽지 않을 것이다. 46㎡ 규모의 경작지를 최대 20개 운영하는 도시농부를 만난 적이 있는데, 그는 여기저기로 트럭 배송을 하느라 정신이 없었다. 이런 상황에서 성공하려면 자신의 경작지가 어떻게 배치되어 있는지 꼼꼼히 살피고 주의를 기울여야 한다. 이 경우 작업 흐름을 최대한 간소화하기 위해서 소규모 단작 농업을 해야 한다. 도시 여기저기에 흩어져 있는 20개의 아주 작은 복합 텃밭 경작지를 전략적 계획 없이 운영하게 되면 초기에 일에 지쳐서 완전히 농사를 포기하게 된다.

고밀도 도심 지역에서 성공한 농부들은 주차장에 상자 이랑을 만들어 농사를 짓거나, 옥상에서 농사를 짓든지 아니면 옥상에 복합탄소 소재나 온도 조절 설비가 되어 있는 온실이 갖추어진 첨단 기술의 수경 재배나 아쿠아포닉을 하는 농부들이었다. 그런데 이 농법들은 창업 초기 자금이 엄청나게 많이 소요된다. 하지만 이런 방식으로 농사를 짓는 것은 몇 가지 장점이 있다. 이러한 농장들은 매우 독특하기 때문에 고도로 밀집된 도심에서 종종 세간의 이목을 끌게 된다.

농사짓는 일과 상관없이 다른 가치 있는 일들도 실천해 갈 수 있다. 주차장은 정원 관리를 가르치고 농업 워크숍을 할 수 있는 좋은 장소가 될 수도 있다. 옥상 농장도 음식문화 관련 행사나 심지어는 결혼식장으로도 사용될 수 있을 것이다. 옥상 농장은 그 자체로 대단히 흥미로운 경관이어서 수익을 창출할 만한 다양한 가능성을 제시한다. 이러한 농장의 경우 기반 시설 설치 비용이 해당 부지에 소모되기 때문에 그 부지를 소유한 것이 아니라면 적법한 토지임대 계약이 필요하다. 또한, 투자 비용을 상쇄하기 위해서라도 장기 임대계약 협상을 해야 한다.

주차장

상자에 이랑을 만든 주차장(인공 설치물)에서 농사짓는 일은 가장 저렴하고 실제로 도시농업다운 선택일 수 있다. 이 경우 바닥에서 45cm에서 60cm 높이의 지상에 상자 텃밭을 만들고 새 흙을 채운다. 보통 너비 90cm에서 120cm

크기의 이랑이 적당하다. 길이가 32m인 이랑이 16개인 1,012㎡ 규모의 농장과 비슷하게 만들려면 세제곱미터당 25달러인 새 흙이나 퇴비 혹은 2가지를 혼합하여 상자 이랑(텃밭)에 채우는 데 10,000달러 이상이 필요하다. 상자 텃밭을 만드는 데 필요한 목재와 기타 자재에 5,000달러 정도는 쉽게 나갈 것이고 울타리가 없다면 울타리 설치도 필요할 것이다. 울타리 설치에 5,000달러의 경비가 간단히 추가될 것이다. 이런 기반 시설 외에 도구와 기구를 구입하는 데 아마도 10,000달러가 또 들 것이다. 결국 주차장 위에 인공으로 1,012㎡ 규모의 농장을 조성하려면 30,000달러의 투자 비용을 고려해야 한다.

흙을 깔아 조성한 옥상 농장

옥상 농장은 엄청나게 쌓이는 눈의 무게를 견딜 수 있도록 지붕이 설계된 북미 동부 지역에서 좀 더 보편적인 농사이다. 옥상 도시농업 농장에 사용되는 흙은 가벼운 특수 복합 물질이어야 한다. 자연석이 아닌 속이 빈 작은 암석이 섞여 있다. 안타깝게도 가격이 꽤 나가는 편인데(세제곱미터당 60달러 이상). 1,012㎡ 넓이의 옥상에 20cm 높이로 특수 흙을 쌓아 올린다면 흙 구입 비용만으로도 21,364달러가 들 것이다. 흙을 옥상으로 운반하는 비용과 옥상 바닥에 까는 바닥재 비용이 추가로 들 것이다. 빌딩 꼭대기에 부는 바람 때문에 일부 작물들은 지지대나 격자 구조물로 지탱시켜야 한다. 이런 점을 고려할 때, 기본적으로 들어가는 비용은 최소 50,000달러 이상이 될 것이다. 농사 도구 구입 비용이나 기반 시설 설치 비용은 포함하지 않고 이랑 제작비와 흙값만 고려했다는 점을 잊지 말아라.

흙 없는 옥상 농장

몬트리올과 싱가포르, 베이징과 같은 초고도 밀집 도시에서는 옥상 수경 재배가 매우 인기를 얻고 있다. 대부분의 농장 규모는 1,012㎡ 안팎으로서 수직 재배 방식을 채택하고 있다. 이 같은 농장을 조성하기 위해서는 수백만 달러가 들고 위험도 뒤따른다. 대기업들이 주로 이러한 형태의 농업 시스템을 구축하는 방향으로 움직일 것이다. 이런 방식의 농장은 신선 식품에 대한 넘치는 수요를 채워 주는 역할을 할 것이다. 하지만 이러한 농장 조성에 관련된 비용은 일반 사람들이 감당하기 어렵다.

교외 부지

교외 부지(도심을 벗어난 주택지역)는 크기도 적당하고 위치나 접근성, 상대적으로 오염도가 낮은 토양, 충분한 일조량 등을 제공받을 수 있다. 교외에 있는 경작지들은 도심 내 부지보다 크기가 훨씬 더 크다. 인구 11만명 정도의 소도시 내 경작지는 도시의 중심에 있다고 하더라도 교외에 있는 것이나 마찬가지다. 이런 유형의 부지는 시장 접근성도 좋고 경작지 크기도 적당하며, 농업용수도 편리하게 제공받는다. 교외 농장은 도시에 먹거리를 공급하는 최적의 조건을 갖췄기 때문에 농장 수요는 점차 늘어날 것이다.

많은 사람이 직장 때문에 교외를 떠나 도심으로 이사가면서 교외의 부동산 경기는 급격히 하락하여 부지 가격, 주택 임대료 등이 저렴해졌다. 그러자 농부들이 교외에서 농사짓는 일에 많은 관심을 가지게 되었다. 교통비를 고려하면 교외에 사는 것이 도시에 사는 것만큼 이상적이진 않지만, 앞서 언급한 몇몇 도시 농장 모델의 창업 비용을 감안할 때 교외 부지도 적절한 절충안이 될 것이다. 농촌과 도시 사이의 거리를 고려하면 교외 농장이 완벽한 접점이 될 수도 있다. 일주일에 한두 번 도시의 시장으로 배달하는 일은 매일 도시로 일하러 가는 것보다 훨씬 수월하다. 농사를 대중화한다는 측면에서 볼 때 교외에 위치한 부지는 다양한 분야에 종사하는 사람들이 훨씬 쉽게 접근할 수 있다는 점에서 잠재력이 있다.

도시 주변 부지는 농촌과 교외 사이에 놓여 있다. 대부분 소규모 자급 자족 농원이었던 곳이고 지금도 여전히 그러하다. 내가 사는 도시의 주변 부지는 대부분 크기가 4,048㎡ 혹은 8,096㎡인 구역으로서 대단위 잔디밭이나 말 목장 혹은 소규모 레포츠 활동을 할 만한 농장으로 운영되고 있었다. 도시 주변 부지는 교외에 있는 부지보다 더 많은 이점이 있지만 대중에게 가까이 다가가기 어렵고 때로 농업용수 수급이 어렵기도 하다. 왜냐하면 농업용수의 대부분을 지하수나 자연 강수에 의존하기 때문에 봄철과 가을철, 겨울철 농사에 어려움이 많다. 도시 주변 부지의 좋은 점은 작물 재배 및 농장 운영과 관련된 모든 사항을 한 부지에서 집중하여 진행할 수 있다는 점이다.

17

복수 혹은 단일 경작지 농장

Multiple or Single-Plot Farming

복수 경작지 농장

다수의 경작지에서 농사지으면 이점도 있지만 불리한 점도 있다. 가장 크게 불리한 점은 각각 별도의 관수 시설을 설치해야 한다는 점인데 이 경우 중앙 집중식 농장보다 비용이 약간 더 든다. 경작지를 한 눈에 둘러보는 것도 불가능하다. 가장 큰 단점은 경작지 사이를 왕래하는 데 시간이 많이 소요된다는 것이다. 이런 단점에도 불구하고 복수 경작지가 갖고 있는 장점들은 매우 매력적이다.

1. 장기 임대 계약으로 경작지를 확보할 수 없다면 작은 크기의 다수 경작지를 각각 임대하는 것이 유리하다. 한 경작지의 계약이 만료되어 재계약이 어렵더라도 남아 있는 다른 다수의 경작지가 있으므로 농장 전체가 위기에 빠지는 일은 없기 때문이다.

2. 경작지 수가 많을수록 만나는 이웃들도 더 많아진다. 이웃들이 많은 만큼 고객이 늘어날 확률도 높고 파트타임 일꾼을 찾기도 쉽다.

3. 다양한 국지성 기후가 나타나도 피해를 줄일 수 있다. 극한의 기후 현상이 한 경작지를 덮쳐도 다른 경작지에는 영향을 끼치지 않을 수 있기 때문이다.

4. 해충과 잡초 문제도 더 쉽게 이겨낼 수 있다. 경작지와 경작지가 격리되어 있어서 바람에 날아드는 잡초 씨의 공격을 덜 받을 수 있다. 또 경작지의 윤작을 통해 해충의 피해를 줄일 수 있다.

특별한 한 해였지만 우리는 8월 중순에 우박을 동반한 폭풍우를 3시간 연속해서 맞닥뜨린 적이 있다. 골프공만한 우박이 8,096㎡의 도시 주변 경작지를 완전히 뒤흔들어 놓았다. 작물은 30,000달러의 피해를 입었고 상추의 모습은 제초기로 갈기갈기 찢어 놓은 것 같았다. 반면에 도심에 있는 소규모 경작지들은 전혀 피해가 없었다. 다양성을 갖춘 것이 그 같은 폭풍을 겪고도 그해 시즌 내내 살아남을 수 있었던 이유였다.

복수 경작지 농장에서 경작지를 비옥하게 만드는 일은 좀 더 복잡한 일이다. 퇴비를 옮기는 일은 생각보다 힘든 일이기 때문에 경작지를 비옥하게 하려면 더 치밀한 프로그램이 필요하다. 등에 메는 살포기를 이용해 농축 액비를 살포하면 일이 훨씬 더 쉬워지고, 유박처럼 건조된 퇴비를 사용하는 것이 일반 퇴비 양동이를 들고 경작지 사이를 옮겨 다니는 일보다는 더 효율적이다.

단일 경작지 농장

단일 경작지 농장의 가장 큰 이점은 농장의 기반 시설과 생산라인을 한 곳으로 집중할 수 있다는 점이다. 일상적으로 하는 일을 한 곳에서 작업하면 훨씬 더 쉬운 것이 사실이다. 한 눈에 할 일이 보이면 하루 일정을 관리하는 데 매우 효율적이다. 대부분의 농부들 역시 단일 경작지를 선호하고 더 편하다고 여긴다. 그러나 모든 기준에 들어맞는 단일 경작지를 찾기가 쉽지 않고, 특히 여러분이 원하는 기간만큼 임대할 수 있는 단일 경작지를 찾는 것은 어렵다.

단일 경작지는 복수 경작지의 장점이 없는 반면 농장 출입구에서 바로 작물을 판매하고, 농사짓는 법과 정원 관리하는 법을 가르칠 수 있다. 또한, 단일 경작지에서는 농장 안에 퇴비장을 만들어 간단하고 편리하게 퇴비 관리 시스템을 갖출 수 있다.

18

도시의 토양

Urban Soil

미리 말하지만 나는 결코 토양 전문 학자도 아니고 그 분야의 공식적인 전문 교육을 받은 적도 없다. 수년간에 걸쳐 농장에서 일하면서 터득한 방법을 이야기하는 것이다. 토양은 모든 곳이 똑같지 않기 때문에 여기서 설명하는 방안이 결코 어느 곳에서나 성공적으로 사용할 수 있는 것은 아니다.

도시 환경에서 우리가 흔히 접하는 토양은 그런대로 쓸만하다. 교외에 있는 잔디밭의 경우는 오염 문제는 거의 거론되지 않지만 영양물질이 너무 없거나 전무한 문제를 점검해야 한다. 도시농업을 위해 잔디밭을 내어놓는 사람들 대부분은 잔디밭을 공들여 관리하던 사람들이 아니다. 그들은 보통 처음부터 잔디밭 소유를 달가워하지 않았거나 차라리 여러분 같은 사람이 제대로 사용하는 것을 지켜 보고만 싶었을 것이다. 잔디밭을 텃밭으로 전환시키는 일은 몇 가지 쉽지 않은 문제를 가지고 있지만 결코 극복할 수 없는 일은 아니다.

억센 잡초와 잔디

당연한 이야기지만 새로운 잠재적 농장 경작지 후보로 보고 있는 곳은 생명력이 강한 잔디로 덮여 있다. 트위치 잔디나 퀴크 잔디(Elytrigia repens), 버뮤다 잔디(Cynodon datylon) 같은 것이다. 그것들은 모두 근본적으로는 같은 종류이다. 이 잔디들은 땅 밑으로 수 cm 이상 자라는 뿌리를 가지고 있으며, 땅 속에 단단하게 자리잡고 어떤 장애물이 있더라도 퍼져 나간다. 잡초는 믿기 어려울 정도로 생명력이 강해 손대지 않으면 2년 안에 보도까지 뻗어 나온다. 경작지의 잔디를 관리기로 갈면 관리기 날이 땅속줄기를 잘라내는데 이렇게 하면 땅속줄기는 배로 늘어나고 오히려 번식력이 더 강해진다. 이처럼 생명력이 억센 잔디를 없애려면 건조할 때 관리기로 갈고 일주일에 걸쳐서 뿌리줄기를 긁어내야 한다. 생명력이 억센 잔디한테 결코 기죽지 말아라. 나는 잔디밭을 경작지로 만들 때까지 절대 멈추지 않았다.

체계적이고 계획적으로 잔디를 관리해야 한다. 매우 다양한 종류가 있고 어떤 종류는 매우 고약하다. 또 처리가 가능한 것도 있지만 어떤 잔디는 무조건 피해야 하는 경우도 있다. 소규모 격리된 지역에서는 이 같은 잡초 관리가 가능하지만 새로운 경작지 후보를 찾다가 야생 덩굴 식물이나 캐나다 엉겅퀴가 무성하게 자라고 있으면 그 후보지는 과감히 포기했다. 한때 그 같은 두 가지 잡초가 자라고 있는 경작지에서 작물을 재배한 적이 있다. 그 잡초들은 손을 댈 수 없을 정도로 자랐고 결과적으로 작물 손실이 90%에 이르렀다.

경작지로 선정하기 전에 어떤 잡초가 지역 생태적으로 작물 재배에 걸림돌이 될 것인지 알아보는 조사를 하지 않았기 때문에 그런 일이 발생했다. 반드시 나의 조언을 받아들이길! 여러분 지역에서는 어떤 잡초가 최악인지 조사해보고 어떻게 해서라도 그것들이 자라지 못하게 해야 한다. 계약 기간도 얼마 남지 않았으며 다른 선택지가 있다면 억센 잡초 때문에 고생할 필요는 없다.

오염

인구가 밀집된 지역은 토양 오염이 더 심한 편이고 교외나 도시 주변 부지는 상대적으로 덜 하다. 그러나 토양 오염은 어느 곳에서든 가능하다. 우선 후보 지역의 과거 사용 이력을 조사하여 오염 정도를 정확하게 파악한다. 과거에 화학 약품과 관련된 이력이 있는지, 한때 주유소로 사용된 적이 있는지, 산업 현장이었는지 등에 대해 면밀히 알아보도록 한다. 이런 부지를 보통 산업용 부지라고 하는데 부지가 오염되었다고 생각되면, 다른 부지를 찾아야 한다.

이 산업용 부지를 사용하는 것 외에 다른 선택이 없다면 토양을 회복시키는 방법은 복토밖에 없다. 오염된 흙을 다 들어내고 새 흙으로 교체하려면 시간도 많이 걸리고 자원도 많이 든다. 게다가 작물 뿌리가 잔여 중금속을 건드리지 않는다는 보장도 없다. 수은과 납 같은 중금속은 완전히 제거하기가 상당히 힘들기 때문이다. 중금속은 흙에 스며들면 이동하지 않고 정지 상태로 있기 때문에 오염된 구역에 복토를 하는 것이 토양을 회복시키기 위하여 사용하는 가장 보편적인 방법이다.

오염된 토양 위에 이랑을 조성하려면 새 흙과 오염된 흙 사이에 경계층을 만들어 주어야 한다. 2장에서 설명한 조경용 천을 준비하여 한 장은 오염된 흙 위에 덮고 그 위에 모래를 깐 후 나머지 한 장을 마저 덮고 그 위에 45~65cm 높이의 새 흙을 깔아서 만들면 된다. 콘크리트 위에 이랑을 만든다면 콘크리트 자체가 경계층이 되기 때문에 오염에 대해 크게 걱정할 필요는 없다.

비록 오염된 토양을 다루는 전문가는 아니지만 오염된 토양에서 농사짓는 일은 피해야 한다고 말하고 싶다. 산업용 부지에 조성한 지역 공동 텃밭 경작지에 조경용 천을 깔았음에도 불구하고 오염 흔적이 발견되고 있다는 소식을 듣게 된다.[1] 한 가지 잊지 말아야 할 점은 식물 뿌리는 생명력이 강해서 오랜 시간에 걸쳐 콘크리트 마저 뚫고 나간다는 사실이며 조경용 천만으로는 작물들이 오염된 토양까지 뻗어 자라는 것을 충분히 막을 수 없다. 향후에는 산업 단지였던 곳에서 농경 단지를 만들려면 흙이 필요 없는 시스템인 수경 재배나 아쿠아포닉 재배가 맞다고 본다.

해바라기가 오염 물질을 빨아들여 토양을 복원한다는 이야기가 있지만 그렇게 해서 부지를 정화하려면 시간과 노력이 많이 필요할 것이다. 다시 말해, 작물 생산을 서두르려는 대부분의 농민들에게는 권할 만한 부지가 아니다.

심토층

앞에서 말한 도심이나 교외 혹은 도시 주변 지역 토양은 심토층이라는 불리는 지층을 가지고 있다. 표토층 20cm 아래에 치밀하고 단단한 지층을 얼컫는다. 관리기로 부지를 갈아엎어 보면 심토층이 어디쯤 있는지 확실히 알게 되는데 관리기가 20cm 정도 깊이의 피복토는 부슬부슬하고 푹신하게 갈아 주지만 그 밑으로는 갈지 못하는 치밀하게 다져진 심토층만 노출시키기 때문이다.

심토층의 단단한 부분을 그냥 둔 채 채소를 재배하면 뿌리가 심토층에 막혀 더 이상 물과 영양분을 흡수하지 못하게 된다. 대부분의 일년생 채소들이 처음에는 뿌리가 그다지 크지 않아서 심토층으로 인한 문제가 발생하지 않는다. 그러나 경작지가 자리를 잡아갈수록 풀과의 전쟁 뿐아니라 심토층과의 문제를 해결해야 작물의 생산성을 높일 수 있다. 21장을 참고하기 바란다.

돌무더기에서 흙으로

예전에 농사를 짓던 토지는 기본적으로 모래와 점토, 돌멩이가 섞인 깨끗한 흙이었다. 유기물도 거의 없었고 고작해야 잡초나 자랄 만한 토지였다. 이 토양이 오염되어 있지 않다면 시간을 들여 돌멩이를 골라내어 많은 양의 잘 숙성된 퇴비를 뿌리고, 유기물 비료를 준다면 쓸만한 재배단지로 개간할 수 있을 것이다. 비료를 선택할 때는 NPK 테스트와 산성도 테스트 결과에 따라 선택하면 된다.

일부 경작지는 경작지 개간의 모든 단계를 거치는 데 일단 이랑이 형성되고 심층토 문제가 해결되면 이랑을 비옥하게 하기 위해 적정량의 퇴비를 뿌린 후 섞어 주기 위해 관리기로 가볍게 갈아 준다. 특별 경작지에는 이랑에 7.5cm 정도의 퇴비를 뿌려주고 충분한 양의 질소질 유기비료를 섞어 주었다. 이렇게 준비된 이랑은 일주일 후에 작물 생산이 가능하고 일 년 내내 작물을 생산할 수 있게 된다.

봄이 되면 모든 도시 농장에 5cm 정도의 퇴비를 이랑에 뿌려주고 필요하면 시즌 중반에도 추가로 살포한다. 또 건조한 유박만 주거나 유박과 액비, 해초 배양액도 살포해 준다. 물론 선호하는 방식대로 살포하겠지만 복수 경작지를 운영하면 비료들을 운반하는 데 시간이 많이 걸려서 다소 제한적일 수밖에 없다.

그러나 농축화된 경량화 시스템으로 큰 효과를 보았다. 천연 액비(액체 비료)와 해초 배양액, 혈분, 건조 비료들이 유기적으로 활발히 활동하며 유지시켜 주는 것 같다. 무더운 여름 동안 경작 활동이 감소하면서 농장의 흙 속에서는 벌레와 지렁이가 살아 움직이고 일상적인 생태 활동이 지속된다.

작물별 시비 작업

고회전 이랑의 사이 사이에 농축 비료를 준다. 작은 커피통 2개 분량의 다양한 양분의 유기질 비료를 길이 7.6m 이랑에 충분히 준다. 모든 농장과 토양에 정확하게 들어맞는 처방은 없다. 우리 농장에 유용하게 사용한 비료지만 여러분의 농장 토양은 전혀 다른 것을 필요로 할지 모른다. 재배 중인 작물이 시즌 내내 건강하게 자라는지 꾸준히 지켜봐야 하고, 시즌 중간과 시즌 말에 비옥도 테스트를 하여 작물 재배를 제대로 하고 있는지 점검해 보아야 한다. 새로운 경작지의 상태가 첫 작물을 심기도 어려울 정도로 형편없다면 시즌 중간에 한 번 더 퇴비를 뿌려서 비옥도를 높여주고 토양이 건강하게 유지되도록 한다. 시즌 중 교대로 작물을 재배할 때 농축 비료를 살포하는 방법도 있다. 내가 주로 사용하는 농축 비료는 골분과 알파파분, 혈분, 건조 거름 등으로 이들을 몇 가지씩 혹은 전부를 혼합한 것이다. 최근에는 NPK 성분 분석상 질소, 인산, 칼륨 성분이 8/2/4로 나온 건조한 유기 비료를 주로 사용하고 있다. 고회전 경작지에서 작물을 순환 경작하는 데 제법 효과를 내고 있다. 고회전 작물은 토양에서 영양분을 힘차게 빨아들이지 못하는 일종의 섭취 불량 작물이라는 점을 유념해야 한다. 래디쉬와 상추, 시금치가 대표적이다. 토마토 같은 작물은 영양분 섭취가 매우 양호한 작물이다.

19

부지 계약과 장기 임차

Land Agreements and Leases

앞마당과 뒷마당에서 작물을 재배하며 도시농부로 성공하기 위해 굳이 무리를 해가며 부지를 구입할 필요가 없다. 그렇다면 장기든 단기든 임대차 계약에 대해 정확하게 이해하고 있어야 한다. 나는 법률 전문가가 아니다. 이 책에서 나누고 있는 법률 지식은 전적으로 내 경험에 따른 것들이다. 계약에 대한 정확한 법률 자문을 받고 싶다면 변호사와 상담해야 할 것이다.

내가 경작하는 대부분의 부지에 대해서는 표준 양해각서(MOU)를 사용한다. 이 문서는 계약서로서는 효력을 발휘할 수 있지만 법적 효력이 있는 문서는 아니다. 이 양식은 계약 당사자들의 요구 사항과 책임을 모두 명시해 애매한 부분이 없게 한다. 모든 정원 경작지에서는 매주 부지 사용료로 신선 채소를 공급하는데 직접 배달하거나 토지 소유자들이 직접 가져가기도 한다. 토지 소유자들은 시즌 내내 고정된 값어치(소매가로 20달러에서 30달러)의 신선 채소를 공급받는다.

기본 협약과 조건 협의

부지가 결정이 되었다면 토지 소유자와 만나 그들의 요구 사항을 빠짐없이 검토하고 여러분의 요구 사항과 제공할 것 등에 대해서도 협의해야 한다. 협의 과정에서 장기 임대차 계약서와 양해 각서, 임대 계약서상의 모든 조항을 아주 명확하게 해야 하며 양자가 모두 서명을 해야 한다. 쌍방 모두 한 점 의

혹도 없어야 하고 이해하기 애매한 구석도 없어야 한다.

양해각서

나는 대부분의 토지 소유자들과 양해 각서(MOU, 표준 합의서)를 작성한다. 경작 부지에 관한 양해 각서는 농장 설비, 예를 들어 온실이나 생산 운영 설비와 같은 기반 시설에는 그렇게 결정적인 요소가 되지 않는다. 양해각서상의 합의 사항은 원래 법적 구속력이 없으나 쌍방이 원하면 효력을 가질 수도 있다.

나는 모든 부지 소유주들에게 최소 3년의 계약 기간을 요구하는데 그것은 경작지를 조성하고 유지하는 작업 때문이다. 그러나 그들이 계약기간과 다르게 시즌이 끝난 후 나가 달라고 요구하면 두말없이 그렇게 한다. 소유주에게도 예상하지 못했던 일이 발생하고 생활에 변화가 생길 수 있기 때문에 부지를 내어준다. 단, 시즌을 마칠 때까지 보장해주는 조건이어야 하는데 그래야 농사 계획에 큰 타격을 입지 않기 때문이다. 양해각서 견본은 'theurbanfamer. co.'에서 찾아볼 수 있다.

장기 임대차 계약

장기 경작 계획이 세워지면 모두 장기 임대차 계약을 맺는다. 그 부지에 온실을 운영하고 있거나 운영 본부로 사용하고 있다면 그곳에 대해서는 법적 효력이 있는 장기 임대차 계약을 맺도록 한다. 장기 임대차 계약을 맺으면 채소로 임대료를 대신하지 않고 1년치 사용료를 현금으로 지급한다. 보통 1년 토지 사용료로 2,000달러를 지불하는데 농장 부지치고는 결코 저렴한 것이 아니지만 한 시즌에 279㎡ 규모의 경작지에서 고회전 경작으로 30,000달러의 수입을 올린다면 꽤 합리적인 비용이다. 과거에 체결한 5년 장기 임대차 계약서 역시 'theurbanfarmer.co.'에서 찾아볼 수 있다.

여러 채의 집을 보유하고 임대차 사업을 하는 소유주라면 조경 관리를 위해 누군가를 고용하는 것보다 경작을 하면서 관리를 해주는 아이디어를 반기는 사람도 있다. 이 같은 경우에는 임대 비용을 월세로 지급하는 게 좋다. 186㎡ 정도의 부지라면 월간 합리적인 기준 금액은 50달러가 될 것이다. 연간 600달러로서 그 정도면 아주 합리적이다. 조경 관리에 드는 노동 시간과 인건비를 가치로 환산해 계약서에 반영해라. 임대료로 현금 대신 채소로 받고 싶다고 한다면 여러분에게는 더 바람직한 그런 상황은 선뜻 받아들여야 한다. 가능하면 작물로 대신하는 방법이 경제적이다.

20

도시 해충

Urban Pests

도시농부는 다양한 종류의 해충들을 상대해야 한다. 작물의 경작지를 옮겨 가며 재배하면 해충의 피해를 줄일 수 있기 때문에 큰 문제는 없다. 다른 어느 것보다 더 많은 문제를 일으키는 것은 포유류이다. 해충과 관련해서 최선의 전략은 해충 저항이 가장 적은 경로를 따르는 것이다. 우선 문제점이 무엇인지를 먼저 파악해라. 말하자면 해충이 어떤 특정 작물만을 공격하는지, 특정 계절에만 문제가 되는지 살펴보아야 한다. 해충과 싸우는 대신 작물을 다른 경작지로 옮기거나 아니면 그 시즌에는 그 작물 자체를 심지 않는 방법도 있다.

조류와 포유류

울타리는 사슴과 개 그리고 사람과 같은 포유류를 차단하는 1차 방어막이 될 것이다. 토지 소유자가 쓸만한 울타리를 갖추었다면 그다지 큰 문제가 되지 않을 것이다. 그러나 고양이와 너구리들은 울타리를 넘거나 울타리 밑으로 들어 올 것이다. 수년 동안 이들의 침입을 막으려고 여러 가지 방법을 써 봤다. 고양이들이 못 들어오게 하는 가장 쉬운 방법은 경작지의 흙을 항상 촉촉하게 유지하는 것이다. 새로운 이랑을 만들고 며칠 혹은 몇 주 동안 작물을 심을 계획이 없다면 이랑 설치 후 즉시 물을 뿌리고 방수포를 덮어 둔다. 그러면 놀랍게도 고양이를 쫓아내는 효과를 보게 된다. 일단 작물을 심은 다음에는 이랑을 항상 촉촉하게 유지하는 것이 핵심이다. 작물이 뿌리를 내리면 고양이과 동물들은 땅을 파헤치며 돌아다니지 못한다. 그들이 가장 좋아하는 흙은 건조하고 푸석푸석한 것이다. 두더지는 덫을 놓아서 생포하는 것이 유일한 퇴치 방법인데 동물보호협회나 지방자치단체, 해충 전문가의 도움을 받도록 한다.

먼저 포유류들이 무엇을 먹는지 또는 경작지에서 어떤 작물을 파헤쳐 놓았는지 파악한 후에 퇴치 작업을 시작하는 것이 좋다. 새들 중에서 유일하게 문제가 되었던 것은 야생 메추리였다. 메추리로부터 작물을 보호하는 좋은 방법은 새로 심은 작물 위에 천으로 된 가림막을 씌우는 것이다. 새들은 떡잎을 무척 좋아하기 때문에 작물이 좀 더 자랄 때까지 가림막을 계속 씌어 놓으면 큰 문제가 되지 않을 것이다. 단, 새들이 가장 좋아하는 작물이 무엇인지 파악할 수 있다면 다른 경작지로 옮겨 심는 것도 좋은 방법이다. 쥐와 들쥐는 먹이로 유인해 잡거나 덫을 놓아 잡는 것이 최선이다. 먼저 쥐가 출몰하는 곳이 어디인지 파악한 후 보다 적극적인 계획을 세워 그 지역을 집중적으로 공략해야 한다. 한 번은 쥐떼들이 퇴비 더미에서 사는 것을 목격했다. 그 전에는 쥐떼 때문에 문제를 겪은 적이 한 번도 없었고 결단코 쥐새끼 한 마리도 본 적이 없었지만 퇴비 더미 바로 옆에 심어 놓은 순무들을 몽땅 먹어 치우는 것을 발견했다. 그 즉시 이랑에서 순무 재배하는 일을 그만두었다. 쥐떼들은 먹이를 찾아 자기 소굴에서 더 멀리 돌아다녔고 들고양이들에게도 노출되기 시작했다. 나 역시 덫을 놓기도 했다. 얼마 지나지 않아 고양이들이 쥐떼들을 처리해 주어 쥐떼는 거의 문제가 되지 않았다. 해충들이 먹이를 찾아 좀 더 멀리 돌아다니도록 유도하면 그 지역에 사는 포식자에게 그만큼 쉽게 노출되어 의외의 방법으로 퇴치할 수 있다는 것을 터득했다.

도시농부에게 해충의 우두머리는 바로 사람이다. 때때로 사람들은 텃밭에 몰래 들어와 여기저기서 채소를 걷어가 버린다. 경험상 그렇게 큰 문제가 된

적은 없었다. 대부분의 경우는 누군가가 텃밭에 들어와 당근을 뽑아가고 엽채류를 따가고 케일을 좀 뽑아간다고 해도 나는 인식도 못할 수 있다. 개들의 침입을 막는 일처럼 울타리를 잘 치면 사람들의 침입을 최대한 막을 수 있을 것이다. 이웃 간의 감정 문제로 비화될 수 있는 예민한 부분이기 때문에 먼저, 피해 상황을 파악하고 얼마나 자주 발생하는지 알아본 후 어떤 식으로 대처하는 것이 최선의 방안인지 결정해야 한다.

감시 카메라를 설치하는 것도 무엇이 문제이고 누가 문제인지 찾아낼 수 있는 좋은 방법 가운데 하나이다. 사냥꾼들이 주로 사용하는 이 카메라는 80달러 정도에 살 수 있고 텃밭 근처에 있는 나무나 지붕 꼭대기에 숨겨 설치할 수 있다. 카메라는 10초마다 촬영을 하는데 촬영 횟수는 얼마든지 조정이 가능하다. 고양이나 개, 너구리, 사람 등 포유류의 침입을 확인하는데 매우 유용하다.

다른 작물에 비해 수확하기 쉬운 채소(토마토나 피망, 근채류)는 포유류 침입이 잦은 경작지에는 심지 않는 소극적인 대처 방법도 있다. 사람들의 왕래가 잦은 구역에서 도난 행위가 자주 발생한다면 도난당할 염려가 적은 작물을 재배하는 것도 한 방법이다.

곤충

농부에게 곤충은 피할 수 없는 골치거리 가운데 하나이다. 낮은 가림막을 치거나 산란 주기를 알고 사전에 대처하는 방법이 고작이다. 늦은 봄, 양배추 뿌리 벌레는 래디쉬나 순무에게 늘 안 좋은 영향을 끼친다. 시즌 내내 재배해야 할 작물이기 때문에 특별히 신경을 써서 방충을 하는데 무게 80g의 포충망을 내내 씌워 놓는다.

또 한 가지 예를 들자면 케일에 번식하는 진드기 문제이다. 진드기는 여름에 특히 문제를 일으키지만 여름만 지나면 전혀 문제가 되지 않는다. 포충망을 사용해 진드기로부터 케일을 보호하려고 했지만 큰 효과가 없어서 7월 하순부터 8월까지는 재배하지 않는다. 7월 셋째 주 전에 봄에 심은 케일을 뽑아서 정리한 후, 가을용 육묘를 시작해 8월 첫째 주나 둘째 주에 다른 경작지에 옮겨 심는다.

방어를 위한 위치변경

복수 지역에 작물을 재배했을 때 좋은 점은 문제가 생긴 작물을 다른 경작지에 옮겨 재배함으로써 해충 피해를 줄일 수 있다는 것이다. 이런 방식으로 대처하여 수년간에 걸쳐 대부분의 해충이 내 경작지에서는 매 시즌 문제가 되는 것을 피할 수 있었다. 예를 들어 이른 봄에 심은 청경채가 거의 다 자랐을 때쯤 갑충뜀벼룩이 이리저리 뛰어다니기 시작하면 청경채 수확을 서둘러 끝내고 다른 경작지에 새로 키우기 시작한다. 이렇게 뜀벼룩이 작물에 붙어 있지 않도록 하면서 작물을 재배한다. 고회전이 가능한 작물들은 대부분 이런 방식으로 해충을 피할 수 있다. 생육 주기가 짧은 덕에 재배지 이동이 가능하고 해충이 자리잡고 번지기 전에 시도하기만 하면 나름 큰 효과를 볼 수 있다.

도시에는 빌딩과 도로, 울타리, 관목 같은 물리적 장벽들이 있어서 해충들은 작물을 따라 쉽게 퍼지지 않는다. 반면, 단일 농장의 경우 한쪽 밭에 진드기가 출몰하면 먹이를 찾아 순식간에 밭 전체로 퍼져 나갈 확률이 높다. 복수 경작지와는 다른 해법을 필요로 한다.

한 번에 한 경작지씩 농장 조성

농장을 조성하려면 고려해야 할 몇 가지 기본적인 요소가 있다. 단일 경작지든 복수 경작지든 핵심 기반 시설은 매우 중요하다. 특히 복수 경작지는 핵심 기반 시설을 어디에 설치하느냐에 따라 변수가 매우 크다.

21

잔디밭을 농장 경작지로 개간

Turning a Lawn Into a Farm Plot

잔디밭을 경작지로 만드는 데는 여러 가지 방법이 있다. 먼저, 15장에서 설명한 부지 점검 목록을 정확히 이해하고 그 목록에 적합한 부지인지 점검해 보도록 한다. 부지를 농장으로 개간하기 전에, 고려해야 할 몇 가지 요소에 부합하는 곳인지 점검해 보도록 하자.

첫 번째는 부지를 개간하여 농사를 지을 시기가 일 년 중 어느 계절인가? 부지를 여름 동안 개간하여 다음 봄에 농사를 시작할 것인가 아니면 이른 봄에 준비하여 곧 바로 농사를 지을 것인가? 시기가 우기인가 건기인가? 연중 봄이나 우기에는 땅바닥이 진흙투성이여서 땅을 갈아엎으면 부지는 엉망이 될 테고 토양을 손상시킬 수도 있다. 무덥고 건조한 시기라면 토양 피해를 줄이는 별도의 대책을 세워야 할 것이다.

두 번째는 현재 그 부지에 무엇이 자라고 있는가? 재래식 잔디를 깐 전형적인 잔디밭인가 아니면 제대로 관리하지 않아 억센 풀이 자라고 있는가? 이 두 가지 상황은 서로 상반되므로 별도의 대책을 세워야 한다. 재래식 잔디에 비해 억센 풀이 자라는 부지는 개간하는데 시간도 많이 걸리고 더 힘들 것이다. 그러나 억센 풀이라고 해서 낙담하지는 마라. 분명 그만큼 보상이 따를 것이다.

세 번째는 땅이 굳어서 너무 단단하지 않은가? 쇠스랑으로 땅바닥을 찔러 보면 얼마나 깊이 들어가는가? 흙이 정말로 딱딱하다면 단순히 관리기를 사용해 땅을 갈아엎을 수 없다. 사실 대단히 위험하고 다칠 수도 있다. 강조해서 말하지만 부지가 너무 단단하고 건조하다면 곧바로 관리기로 갈지 마라.

나의 경험에 비추어 이 세 가지 시나리오에 가장 효과적인 접근 방식을 설명하고자 한다.

여름이나 가을에 시작하기

부지를 개간하는데 가장 이상적인 조건은 다음 시즌에 대비할 시간을 충분히 갖는 것이다. 기후 조건으로 보면 여름이나 초가을이 가장 좋은 시기이다. 작물 수확을 서둘러야 할 긴급한 상황이 아니라면 농장으로 전환하는 시간을 충분히 벌 수 있다. 북미의 많은 지역이 여름 몇 달은 비교적 무덥고 건조하다. 비슷한 기후대의 지역이라면 부직포를 이용하여 잔디를 말려 죽이는 쉽고도 효율적인 방법을 권한다. 제법 넓고 고품질의 검은 부직포를 구하도록 한다. 내가 사용한 부직포는 18m×12m 크기의 검고 두꺼운 것이었고 장당 대략 200달러가 들었다. 대략 5장이 필요했다. 다음 7부에서 설명할 밭아 전 잡초 제거 기법에도 역시 이것을 사용한다. 먼저 부직포를 깔기 전에 흙이 마르지 않고 축축한지 확인해야 한다. 흙이 충분하게 젖어 있으면 부직포로 깔끔하게 깔아라. 건조하면 저녁쯤 두 번에 걸쳐 물을 뿌리고 부직포를 덮어 낮 동안 물기가 증발하지 않도록 해야 한다. 바람에 날아가지 않도록 부직포 가장자리마다 무거운 것으로 눌러 놓는다. 그렇게 하면 아래에 있는 잔디를 질식시켜 죽게 만드는 효과가 있다. 겨우내 부직포를 계속 덮어두도록 한다. 날이 충분히 따뜻해지고 바닥에 눈도 녹고 비도 내리지 않게 되면 부직포를 걷어 살아남은 것이 있는지 확인한다. 대부분 갈색으로 변해 있을 것이다. 굳이 기계로 풀을 깎을 필요 없이 관리기로 흙을 갈아엎기만 하면 된다.

여름이나 이른 가을에 개간을 하려고 했으나 흙이 딱딱하게 굳어 있고 메마르다면 우선 왜 그렇게 굳었는지 이유를 찾아야 한다. 몇 곳을 파서 땅 밑이 어떤 상태인지 살펴보고 만일 여기저기 큰 암석이 있는 바위 투성이라면 부지 사용을 다시 생각해봐야 한다. 돌을 제거하는 작업이 가치 있는지 없는지 결정하는 것은 여러분의 몫이다.

땅이 대부분 고른 흙이지만 장시간 햇빛에 노출되어 딱딱하게 굳어진 것이라면 이 부지는 사용이 가능하다. 오히려 무기질 성분이 다량 함유되어 양호하다고 볼 수 있다. 잘 부수기만 하면 된다. 캘리포니아 남부와 하와이의 수많은 붉은 대지들은 건조한 무기질 토양으로 그저 부직포를 덮고 물을 충분히 뿌려주면 좋은 흙으로 되살아날 수 있다. 며칠 동안 저녁마다, 부지에 물을 충분히 뿌리고 낮 동안 물이 증발하지 않도록 아침부터 부직포로 덮어두면 토양 상태가 부드럽게 변해 가는 것을 볼 수 있게 된다. 흙이 얼마나 딱딱하게 굳어 있느냐에 따라 길게는 일주일이 걸릴 수도 있다. 어느 정도 흙이 부드러워지면 관리기로 땅을 갈도록 한다. 흙이 덜 부드럽다면 큰 쇠스랑을 이용하여 손 작업을 하거나, 심토 쟁기를 설치한 트랙터로 땅을 갈아야 한다. 그런 후 다시 관리기를 돌려 땅을 더 부드럽게 갈도록 한다.

봄에 시작하기

늦은 겨울이나 초봄에 개간하기 시작하여 늦은 봄부터 작물 생산을 시작하려면 보다 적극적인 대책을 세워야 한다. 곧바로 토양 문제를 해결할 수 있도록 가급적 빠르게 잔디를 제거해야 한다. 먼저 땅바닥이 너무 젖어 있거나 얼어 있으면 어느 정도 마르거나 녹을 때까지는 작업을 할 수 없다. 마찬가지로 땅바닥이 지나치게 건조하면 하루 이틀 전에 물을 뿌려 축축하게 해 놓아야 한다.

봄에 잔디밭을 경작지로 개간하려면 다음의 7단계를 거쳐야 한다. 이 작업은 억센 풀이 얼마나 많으냐에 따라서 몇 주간에 걸쳐 작업을 해야 할지도 모른다.

1_ 잔디(혹은 억센 풀) 제거

2_ 관리기 작업

3_ 이랑 형태 만들기

4_ 쓰레기 치우기: 돌멩이와 잔디 뿌리, 넝쿨 뿌리

5_ 심토 분쇄 작업

6_ 토양 보완제 투입

7_ 작물 재배를 위한 이랑 준비

각 단계마다 걸리는 시간을 설명하기 위해 186㎡ 크기 경작지를 개간한다고 가정하자.

잔디 제거

재래식 잔디이든 억센 풀이든 제거하는 방식은 같다. 동네 농기계 임대 센터에 가서 잔디 깎는 기계를 빌려라. 하루 빌리는데 대략 60달러 정도 하지만 그만한 값어치가 있다. 잔디 깎는 기계를 잔디밭에서 직선으로 구동하면 잔디를 눕히면서 깎을 수 있다. 186㎡ 면적의 잔디를 깎으려면 잔디 깎는 기계로 한 사람이 2시간 동안 작업하면 된다. 그런 다음 누군가가 도와준다면 깎은 잔디를 부지 밖으로 옮기는데 또 한나절이 걸릴 것이다. 잔디가 조금밖에 없거나 전혀 없다면 2단계로 건너뛸 수 있으며 바로 관리기 작업을 하면 된다.

관리기 작업

잔디 제거가 끝나면 관리기를 돌려 흙을 부드럽게 만든다. 관리기 작업은 처음에 어렵지만 점점 수월해진다. 땅을 여러 번 갈아서 흙이 아주 부슬부슬해지도록 해야 한다. 처음 186㎡ 면적을 관리기로 가는데 1시간 정도 소요된다. 나는 보통 전 구역을 최소 세 번씩 반복한다. 땅이 잘 갈려 있는 모습을 보고 싶다면 그렇게 하는 편이 좋다. 그러나 여전히 큰 흙덩어리가 보인다면 관리기 작업을 몇 번 더 하도록 한다. 1,012㎡ 이상 되는 큰 경작지의 경우 첫 번째 관리기 작업을 위해 트랙터 사용을 고려해야 한다. 땅바닥이 전혀 고르지 않으면 조경용 갈퀴로 고르지 못한 부분을 평평하게 골라야 한다. 다음 단계로 넘어가기 전에 이 점을 확실히 해야 한다.

이랑 형태 만들기

땅이 잘 갈아졌으면 이랑 형태를 만들기 시작한다. 직선으로 이랑을 만들려면 줄로 가이드라인을 잡는다. 도시 경작지는 근처에 있는 울타리나 보도와 평행하게 이랑을 만들 수 있다. 이랑을 만들 때는 갈아 놓은 흙을 밟지 않도록 걸어가야 한다. BCS와 Grillo 브랜드는 관리기 뒤에서 걸어가면서 작업을 할 때 손잡이를 조정해 이 작업을 수월하게 할 수 있다. 이랑의 폭은 관리기의 폭과 같아야 한다. 폭이 61cm에서 76cm인 관리기를 쓰지 않는다면 써레를 써서 이랑을 만들어야 한다. 되도록이면 소규모 집중 농장의 표준 규격인 폭 76cm 관리기 사용을 권한다. 작업로 폭은 여러분이 정하기 나름이다. 나는 작업로 폭을 경작지의 면적과 재배하는 작물의 종류에 따라 15cm에서 45cm 사이로 한다.

일단 관리기를 익숙하게 다룰 줄 알면 이랑 만드는 일은 몇 시간 안에 끝낼 수 있다. 작업로도 괭이로 손쉽게 만들 수 있다. 이랑 형태가 잡히면 다음에 하는 모든 작업은 이랑에 집중된다. 이 단계에서 작업로는 신경 쓸 필요가 없다. 그 작업은 괭이로 아주 신속하게 처리할 수 있다.

그림 21-3   **관리기가 만든 이랑 밖으로 걸어가면서 이랑 양쪽에 발자국이 남는 모습**

쓰레기 치우기

이랑을 만들면서 나온 쓰레기는 그 양에 따라 결정할 일이지만 이랑을 만든 후 며칠을 그대로 방치하는 편이 더 좋을 수도 있다. 약간의 비가 오고 토양이 안정되면 어떤 쓰레기들은 조금씩 흙 위로 튀어 올라온다. 그러면 갈퀴로 긁어내서 쉽게 치울 수 있다. 억센 풀이 많으면 아마 이 작업을 여러 번 해야 될 것이다. 가끔은 억센 풀 때문에 이랑을 다시 갈고 며칠 그대로 이랑을 방치한 다음 다시 넝쿨 뿌리를 써레로 치우는 것이 낫다는 것을 경험할 수도 있다. 상태가 나쁘면 이 작업은 몇 주가 걸릴 수 있다. 억센 풀을 갈퀴로 긁을 때 일정한 각도를 유지하여 몸쪽으로 향하게 하면서 넝쿨 뿌리를 거두어 내면 효과적이다. 일렬로 모아진 넝쿨 뿌리들은 주어서 버리면 된다. 명심할 점은 이 넝쿨 뿌리를 퇴비 더미에 던져 놓지 말고 경작지 밖으로 치워야 한다는 것이다.

주변에 나무들이 있고 뿌리가 많이 뻗어 있다면 삽이나 쇠스랑을 사용해 뽑아내야 한다. 작은 도끼를 이용해 큰 뿌리를 제거하기도 한다. 작은 돌멩이도 넝쿨 뿌리처럼 시간이 지나면 흙 위로 튀어나와서 갈퀴로 긁어 제거하고 큰 돌멩이는 파내서 제거한다.

그림 21-4 　쓰레기가 차례로 발 쪽으로 모이게 하려고 위로 치켜든 엄지손가락의 위치와 갈퀴의 각도를 주목해라

심토 분쇄 작업

이랑 만드는 작업이 끝나고 정리도 마쳤으면 땅 속 심토를 부드럽게 만드는 작업을 해야 한다. 전에 잔디밭이었던 대부분의 부지는 어느 정도 딱딱하게 다져진 심토가 존재하며 특히 관리기 작업을 하고 나면 드러난다. 이 작업을 하려면 강력한 쇠스랑이나 광폭 쇠스랑을 사용하면 된다. 가능한 한 깊게 바닥에 찔러 넣었다가 서서히 달래 가며 빼내야 한다. 지나치게 돌려대면 쇠스랑이 부러질 수가 있다. 한 이랑의 작업을 다 끝낸 후에 다음 이랑 작업을 한다. 제법 시간이 걸리는 작업이니 반나절은 할애해야 할 것이다.

토질 보완제 투입

쇠스랑 작업이 끝나면 이랑이 엉망일 테지만 그것은 문제가 되지 않는다. 이 단계에서 많은 양의 질 좋은 완숙 퇴비와 유기질 비료를 흙과 섞어 준다. 내가 쓰는 토질 보완제는 퇴비라는 것 외에는 특별한 비결이 없다. 토양의 질이 안 좋으면 안 좋을수록 더 많은 퇴비를 쓴다. 도시라는 여건상 냄새가 이웃에게 피해를 주는 것을 알게 된 후에는 거름을 쓰지 않는다. 또한, 퇴비가 완전히 썩지 않으면 사용 후 많은 문제를 일으킨다. 그 이유는 잡초 씨나 애벌레 같은 해충이 반추 동물의 되새김 활동 후에도 살아남아 번식하기 때문이다. 퇴비는 전문 생산 업체로부터 구입하고, 토양의 질이 부실하면 퇴비를 작업로와 경작지 둘레를 제외한 각 이랑마다 5cm 두께로 뿌려 준다.

작물 재배를 위한 이랑 준비

이 단계에서는 관리기나 소형 반자동 경운기를 사용해 토질 보완제를 흙에 섞어 줄 수 있다. 각 이랑마다 한 번씩만 작업하면 된다.

큰 이랑으로 언제든 시작하기

1,012㎡ 이상 되는 부지를 개간한다면 중장비를 들여와 개간 과정을 신속하게 진행하는 방안도 고려해야 한다. 광활한 미개간 부지를 걸어가면서 손수 미는 트랙터로 작업하려면 등골이 휘고 필요 이상으로 시간을 많이 잡아먹는다. 부지로 들어가는 출입구가 넓으면 트랙터 기사를 한 반나절 고용해 처음 세 단계 작업을 시키는 것도 고려해 봐야 한다. 1,012㎡ 이상에서는 반드시 다음 단계를 거쳐야 한다.

1. 전방 부착 로더나 트랙터로 잡초 제거

2. 트랙터로 심토 분쇄

3. 트랙터로 경운 작업

4.   소형 관리기로 이랑 만들기

5.   돌멩이와 잡초 뿌리, 넝쿨 뿌리와 같은 쓰레기 긁어내기

6.   토질 보완제 투입

7.   작물 재배 시작 전 이랑의 관리기 작업 반복

이와 같이 넓은 부지를 개간한다 해도 거쳐야 하는 단계는 소규모 경작지와 다를 게 없다. 1단계로는 부지 출입구가 충분히 넓다면 전방 부착 로더나 트랙터를 사용해 잡초를 제거해야 한다. 버킷을 사용해 2.5cm 정도 깊이로 땅바닥을 긁어내야 한다. 부지가 도시 주변 지역에 있고 주변에 농사짓는 사람이 있다면 1차 경운 작업을 해줄 사람이 있는지 물어보도록 한다. 대형 트랙터가 걸어가면서 밀어야 하는 트랙터보다 훨씬 빠르다.

22

부지 선택

Choosing A Site

첫 번째 부지

첫 번째 부지를 선택하는 일이 중요하긴 하지만 완벽한 곳을 찾기 위해 너무 오랜 시간을 할애할 필요는 없다. 어떻게든 작물 생산을 시작할 수 있는 곳을 찾는 것이 목적이고 하루라도 빨리 경험도 쌓고 수입도 올리면서 도시와 이웃들을 통해 사회적 자본을 형성하는 게 더 시급하다. 일단 시작하면 부지를 맡기고 싶어 하는 사람들이 조금씩 늘어난다. 그렇게 되는 것은 사람들이 여러분이 무슨 일을 하는지 가만히 지켜보다가 점차적으로 땅을 맡길 결심을 하기 때문이기도 하다. 그것이 우리가 원하는 바이기도 하지만!

항상 그렇듯이 처음이 가장 힘들지만 한 번 시동이 걸리면 갈수록 더 쉬워진다. 처음으로 선정한 부지는 경작할 수 있는 작은 부지가 되든 운영 본부가 되든 혹은 두 가지를 다 겸하게 되는 이상적인 부지가 될 수도 있다. 오랜 시간에 걸쳐 나 역시 20여 곳을 옮겨 다녔고 운영 본부도 세 번이나 바뀌었다. 쉽지 않았지만 빨리 시작하지 않았다면 결코 좋은 부지를 찾지 못했을 것이다. 그 덕분에 장기 임대차 계약도 맺을 수 있었고 지역에서 좋은 평판을 들을 수 있었다.

운영 본부(농기구를 보관하고 기반시설을 설치하며 포장 작업할 수 있는 곳)를 설치할 곳은 경작 부지가 가까이 있는 곳이 바람직하다. 처음에는 운영 본부가 농사지을 부지가 전혀 없는 이웃이나 삼촌의 차고일 수도 있다. 그곳에 입식 저온 저장고와 농기구, 후처리 기반 시설을 두어야 한다. 일단 적당한 후보지를 찾아냈다면 덧붙여 농사를 지을 수 있는 부지가 근처에 있고 더 나아가 이 부지 가까운 곳에 적당한 크기의 새로운 부지가 있다면 아주 바람직한 일이 될 것이다. 위치 정보 소프트웨어 프로그램을 이용하는 것이 첫출발로는 최선일 것이다. 우선, 살고 싶은 도시를 찾고 근처에 생활 편의시설과 잠재적 고객이 될 레스토랑이 있는지 찾아보아라. 그리고 무엇보다 중요한 것은 커다란 잔디밭이 있는 저택을 찾는 일이다. 이웃 사람들의 눈에 확 뜨일 만한 곳을 찾았다면 여러분이 일하는 모습을 보고 찾아오는 이웃이 분명히 있을 것이다.

가장 완벽한 장소는 농장 부지는 물론 동시에 운영 본부 기반 시설을 설치할 수 있는 곳이다. 중요한 것은 작물을 쉬지 않고 생산해 낼 수 있는 부지를 찾는 일이고, 일단 작물 생산이 시작되었다면 보다 많은 기회가 찾아올 것이다.

주변 농장

일단 첫 농장 부지를 찾은 후에는 다른 부지를 찾아 농장 운영을 확대하고 싶어질 것이다. 하지만 지금이야말로 좀 더 기다려할 때이다. 왜냐하면 첫 번째 부지에서 작물을 생산하면 다른 토지 소유자들이 찾아온다. 더 많은 부지 의뢰인이 찾아오게 하려면 이 경작지가 어떤 곳인지, 관계자를 만나려면 어디로 연락을 해야 하는지 등에 대해 안내문을 설치하도록 한다.

시간이 흐를수록 주변 농장 부지들은 점점 더 운영 본부와 가까워졌다. 그 이유는 내가 하는 일에 대해 일부러 말을 퍼뜨렸기 때문인데, 지금도 나는 도시의 많은 사람들과 돈독하게 연결되어 있다. 처음에 어떤 농장은 8km 이상 떨어진 곳에 있을 정도로 도시 사방에 흩어진 경작지를 갖고 있었다. 그러나 세월이 흐르자 내가 원하는 대로 본부 가까이에 부지를 보유하게 되었다. 이전에 경작하던 부지는 그 상태 그대로 두고 떠나 왔지만 대부분 토지 소유주들은 결국 그곳에서 열정적으로 텃밭을 가꾸게 되었고 경작지 상태의 부지로

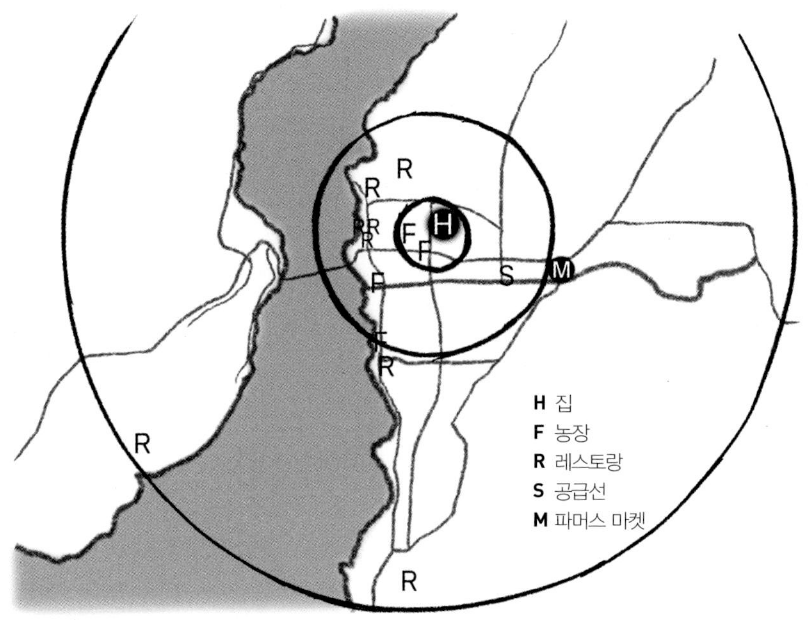

돌려받게 된 것을 오히려 기쁘게 생각하였다. 토지 소유자들이 원래 모습인 잔디밭을 원해서 잔디 씨를 다시 뿌려 준 경우는 단지 2번 밖에 없었다.

주변 농장과 운영 본부의 위치는 어떤 작물을 재배하느냐에 따라 달라진다. 네트워크상 가장 멀리 떨어진 부지에서는 유지 관리를 덜 해도 되는 2회전 경작 작물에 집중한다. 예를 들어 케일, 당근, 비트, 스켈리언, 근대, 피망, 가지는 네트워크에서 더 멀리 떨어져 있어도 되는 2회전 작물이다. 이런 작물들은 재배가 안정되면 일주일에 한 번씩만 수확하면 된다. 조경용 천과 썩는 비닐 멀칭을 이용해 재배지가 안정화되면 수확할 때만 가면 된다. 별다른 유지 관리가 필요 없다. 반면에 토마토와 파티팬호박은 2회전 경작 작물에 속하지만 토마토는 계속해서 가지치기를 해 주어야 하고 파티팬호박은 크기가 작을 때 따야 가격이 더 좋아서 여름에는 최소 이틀 걸러 한 번씩은 따 주어야 한다. 고도의 유지 관리가 요구되는 2회전 경작 작물은 여전히 본부에 가까운 곳에 있어야 한다.

23

경작지 배치도

Garden Layout

표준화

고회전 경작지와 2회전 경작지는 때에 따라 이랑 배치가 달라지기도 한다. 고회전 경작지의 재배 작물은 성장이 빠른 만큼 수확도 자주 하기 때문에 2회전 경작지의 지속 성장 작물에 비해 재배 간격이 넓지 않아도 된다. 예를 들어 래디쉬와 잎상추, 엽채류가 자라는 이랑 사이의 작업로는 좁게는 15cm 정도로 한다. 여러분이 얼마나 민첩하냐에 따라 더 좁을 수도 있다. 반면에 2회전 경작지 작업로 폭은 대부분 최소 30cm 이상이다. 케일이 완숙기가 되면 잎들이 크게 자라 통로까지 덮기도 하므로 그 정도 여유 공간은 확보해야 한다.

경작지 배치에 영향을 끼치는 몇 가지 요소

대부분의 소규모 농장에서 이랑의 배치는 태양의 동선과 배수, 바람에 영향을 받는다. 도시 농장에서는 이 외에도 작물 생산에 큰 영향을 주는 다른 요소들이 몇 가지 더 있다. 그중에 하나가 바로 그늘을 만드는 장애물(빌딩, 울타리, 나무 등)인데 이랑 배치할 때 이 점을 고려하여 최선의 방향으로 결정해야 한다.

이랑은 가능하면 7.6m에서 15.2m 길이로 만들고 있지만 이렇게 할 수 없는 경우도 있다. 가장 중요하게 생각하는 것은 재배 면적을 최대화하고 작업로와 둘레선 같은 여분의 땅은 최소화하는 것이다. 이랑을 표준화하는 주요 이유는 관수 시설이나 시즌 연장 설비, 해충 방재용 보호막을 설치할 때 일관성을 유지하기 위한 것이다. 이랑의 크기와 모양이 제 각각이면 보호막으로 이랑을 덮을 때 손이 여러 번 가거나 보호막을 덧대야 하는 골치 아픈 문제가 발생한다. 복수 경작지에서 농사를 짓는다면 불행히도 이랑 배치는 현실적으로 더 어려워져서 나름 타협할 수밖에 없을 것이다. 이런 경우에 이랑은 가능한 한 길이가 최대한 길고 일정하게 만드는 것이 최선이다.

햇빛과 그늘

계절에 따라 태양의 움직임을 시간대별로 조사하고 매일 어떻게 변화되는지 파악하는 일은 경작지에 이랑을 배치하기 전에 반드시 검토해야 할 사항이다. 구체적인 사항은 15장의 부지 점검 목록을 참고하라.

24

경작지 둘레선

The Perimeter

경작지 둘레선은 매우 중요하다. 새로운 경작지를 개간할 때는 진입로를 잘 생각해서 결정해야 하는데 비생산적인 구역을 관리하느라 소중한 시간을 낭비하지 않도록 경작지를 배치해야 한다.

진입로

경작지 진입로를 조기에 결정한 후 이랑 배치를 시작하기 전에 모든 실현 가능한 시나리오를 점검해 봐야 한다. 울타리와 대문, 기존 통로, 생울타리, 나무, 경작지에 딸린 저택의 위치 등을 확인해야 한다. 반드시 진입로의 너비를 충분히 확보하여 어떤 농기계(관리기 등)든 자유롭게 드나들 수 있도록 해야 한다. 일 년에 수도 없이 드나드는 진입로는 걸림돌이 될 만한 것이 없는지 검토해야 한다.

공간 피복 작업

통로가 많은 경작지에는 때때로 잡초를 없애고 우기에 걸어 다니기 좋도록 목재 칩을 깐다. 계약 기간이 긴 경작지 중 특히 빈번하게 작업을 해야 하는 곳은 경작지 둘레선 전체에 목재 칩을 깐다. 나 역시 운영 본부 내 빈번하게 걸어 다니는 곳은 모두 목재 칩을 깔았다. 잔디를 심는 것보다 목재 칩을 까는 것이 낫다. 비록 잠시 동안은 잔디를 깔면 보기는 좋겠지만 계속 밟으면 결국

지저분해지고 특히 물을 사용하는 곳이라면 그 정도가 더 심해진다.

하지만 목재 칩을 까는 일은 힘들고 제법 시간도 잡아먹는다. 부지 계약 기간이 장기 임대한 것이 아니라면 일부러 그런 작업을 공들여할 필요가 없다. 목재 칩은 동네 목공소에 가서 목재 칩을 버릴 때 경작지에 버려 달라고 부탁을 하면 대부분 공짜로 배달까지 해 준다. 시기적으로 가을쯤에 부탁하면 서로 큰 부담이 없다. 가을은 나무 가지 치기를 많이 하는 계절이기도 하고 목공소에서는 굳이 외곽 쓰레기장까지 목재 칩을 버리러 가는 수고를 덜기 때문이다.

조경용 천

잡초가 자란 흙 위에 조경에 쓰이는 천을 덮어두면 햇빛을 차단시켜 잡초를 손쉽게 제거할 수 있다. 혼자서 한 시간 안에 경작지 통로를 모두 덮을 수 있어서 쉽고 빠르게 작업을 마칠 수 있는 장점이 있다. 부지 계약기간이 2년 정도에 불과하다면 심지어 그곳에 덮었던 천을 걷어 새 부지에서 재사용할 수도 있다. 품질이 좋은 천을 구입하여 신경 써서 사용하면 3년 이상 쓸 수 있다. 여름철에 제초기로 경작지 둘레의 크게 자란 잡초와 잔디를 깎기 위해 매주 2시간씩 허비하다가 얼마나 쓸모없는 일인지 깨닫고 그만두었다. 왜냐하면 깎은 풀을 다시 쓸어 담아 버려야 하는 번거로움과 시즌 동안 20시간 이상을 소모해야 하기 때문이다. 너비 0.9m에서 1.8m의 조경용 천을 내 모든 경작지 둘레에 덮고, 이랑 분할 구역 사이에 있는 작업로 입구에도 덮어놓는다. 이렇게 되면 잡초를 제거하는 작업에 시간을 허비하는 일이 없어진다. 물론 잡초가 자라기 전에 서둘러서 덮어야겠지만 노동 시간을 줄일 수 있는 매우 효과 있는 방법이다. 별첨 사진첩 사진 6번을 참고하라.

25

관수 대책

Irrigation

농장에서 사용하는 두 가지 주요 관수 형태는 고가 관수(살수)와 점적 관수가 있다. 일반적으로 고가 관수는 고회전 지역에서 사용하고, 점적 관수는 2회전 지역에서 주로 사용한다. 온실에서는 두 가지 방법을 다 사용하는데 엽채류에는 주로 고가 관수(스프링클러)를 사용하고, 토마토나 여름작물에는 점적 관수를 사용한다. 고회전 지역에서 주로 고가 관수를 하는 이유는 경작지를 관리기로 갈 때마다 점적 관수 급수관을 매번 옮기고 싶지 않기 때문이다. 그러나 지역적으로 고온 건조한 기후라면 고회전 경작지라도 점적 관수를 권한다.

접근 방식 결정

관수 유형을 결정할 때는 재배하는 작물에 따라 다르다. 작물이 성장할 때 이랑의 작은 부분만을 차지하는지, 아니면 성장할수록 이랑을 넓게 차지하는지와 관련이 있다. 물론 이 두 가지 경우라 해도 고회전 경작지 또는 2회전 경작지 여부에 따라 관수 방법이 달라지기도 한다. 예를 들어 토마토와 여름 호박은 이랑 한쪽에 한 줄만 심는다. 이 작물의 경우 점적 관수 방식을 적용하여 뿌리 가까이 직선으로 급수관을 설치한다. 그렇지 않으면 빈 땅에 물을 주고 비생산적 구역에 잡초가 자라도록 도와주는 격이 된다. 이러한 작물들은 작물의 뿌리 부분에만 물이 공급되는 단선 점적 관수 방식을 사용한다. 그러나 이랑 바깥쪽까지 잎이 무성하게 성장하는 작물은 더 많은 관수관이 필요할 것이다. 폭이 76cm인 이랑에는 관수관이 3~4개 정도면 전 이랑을 균일하게 적셔준다. 지속 성장 작물인 케일이나 비트, 당근을 재배할 때 이 방식을 사용한다. 한 이랑에 4열이 넘게 직파 작물을 재배한다면 4개 관수관이 필요하고 비트나 케일, 근대 같은 작물은 3열 혹은 4열로 이식을 하면 3개의 급수관을 설치한다.

온실에서는 고가 관수와 점적 관수를 적절히 번갈아 사용하도록 한다. 터널식 하우스는 천정의 세로 지지대를 따라 90cm 간격으로 마이크로 스프링클러를 설치하여 사용한다. 시즌 초기나 말기에 신속 성장 작물을 재배하면서 고가 관수를 하면 균등하게 물을 공급할 수 있다. 토마토를 이식하고 처음 몇 주 동안은 스프링클러를 사용하다가 토마토가 무성해져서 이랑이 보이지 않게 되면 점적 관수로 전환하도록 한다.

관수 시기 파악

작물에 물을 주는 시기는 매우 중요하며 계절에 따라 다르다.

이른 봄/늦은 겨울(추운 계절)

이른 봄에는 노지 작물이 물을 필요로 할 때만 물을 주는데 보통 일주일에 한 번씩만 준다. 기온이 내려가면 물 증발도 줄어들어 물을 적게 주어도 된다. 북미 지역은 3월 달에도 저녁에 영하의 날씨가 계속되는데, 관수 설비를 작동해 관수관이 얼어 터지는 위험을 감수하고 싶지 않다. 이 시기에는 온실이나 농장의 별도 구역에 심어 놓은 첫 작물들에게 수작업으로 물을 준다.

봄(선선한 계절)

봄철에는 대부분 아침나절이나 작물을 수확한 다음에 관수 설비를 작동시킨다. 이 시기에도 물 증발량이 그리 많지 않기 때문에 매일 물을 줄 필요가 없다. 엽채류는 수확하기 직전에 물을 주지만 않는다면 세척 과정을 생략할 수 있어 상당히 시간을 절약할 수 있다. 봄철에는 아침나절에 물을 주는 것이 좋은데 그 이유는 낮동안 물을 조금씩 증발시켜 흙의 온도가 따뜻하게 유지되도록 하고 물을 좋아하는 민달팽이나 곰팡이의 성장을 방지할 수 있기 때문이다. 시즌이 시작된 이때부터 가을까지 관개 시스템은 모두 자동화되어 작동된다. 타이머는 주간 단위로 변경하고 매일 다른 사이클로 조정할 수 있다.

여름(덥고 건조한 계절)

여름철에는 매일 저녁 무렵에 물을 준다. 보통 해가 지고 온도가 내려가면 약간씩 바람이 분다. 그때는 물을 주지 않는데 바람이 불어 물줄기가 골고루 퍼지지 않기 때문이다. 보통 어두워질 때까지 기다렸다가 물을 주면 물이 증발하지 않고 오랜 시간 동안 땅속으로 스며들게 된다. 아주 더운 날은 기온이 섭씨 38도까지 올라가면 하루 중 가장 더운 때라도 10분 정도 스프링클러를 가동시키고 특히 씨앗을 뿌린 지 얼마 안 된 구역은 발아를 촉진시키기 위해 스프링클러를 작동시킨다. 이 시기에는 씨앗을 뿌린 지 얼마 안 된 구역에 수작업으로 물을 주기도 하고, 때로는 씨앗을 뿌린 후 발아할 때까지 이랑을 덮개로 덮어놓는다. 무덥고 건조한 지역에서는 작물을 심을 때 조심해야 한다. 빠른 수분 증발은 발아 중 반점이 생기도록 만들어 수확량을 저하시킨다. 북미 지역에서는 가장 더운 날들이 8주간 지속되는데 이 기간 동안 상당히 많은 양의 물을 준다.

토양이 물이 필요로 하는지 알아보는 방법은 손가락을 찔러보면 알 수 있다. 상부 5cm가 말라 있으면 물을 주어야 한다. 저녁나절에 물을 충분히 준 후 다음날 아침에 다시 손가락으로 땅속을 찔러보고 여전히 끝 부분이 말라 있으면 물을 조금 더 주어야 한다. 이런 방식으로 테스트를 자주 하는 것은 여름철에 특히 중요하다.

가을(기간이 짧지만 선선한 계절)

작물 재배 시즌이 가을로 넘어가면 관수 빈도를 다시 줄여가기 시작한다. 사실 기후에 따라 많이 다르지만 나는 관수 빈도를 일주일에 삼일 정도 혹은 그 이하로 줄여 나간다. 낮 동안 기온이 섭씨 10도 이하로 떨어지고 땅에 물기가 조금이라도 있으면 관수하지 않는다. 상추와 시금치 같은 월동 작물은 씨앗을 뿌린 후 발아가 건강하고 촘촘하게 되도록 철저히 관수한다. 일단 발아가 된 후 날씨가 서늘해지면 계속해서 물을 줄 필요가 없다.

겨울

북미 지역에서는 겨울에 거의 물을 줄 필요가 없다. 물을 주는 경우는 이른 봄을 겨냥해 온실에서 재배하는 겨울작물뿐이다. 이 경우에도 기온이 영상인 때에만 물을 주는데 그것도 어느 정도 발아가 잘되도록 땅을 촉촉한 상태로 유지할 정도로만 준다. 이런 종류의 작물은 시금치와 상추, 아시안 엽채류, 래디쉬, 샐러드용 순무 등이다.

점적 관수 시스템

2회전 경작지에서 농사를 지을 때는 점적 관수 시스템이 최선의 방안이다. 이 경작지에서 재배하는 대부분의 작물은 지속 성장 작물군에 속하고 보통 플러그로 육묘한 것들이다. 두 가지 예외는 날이 좀 더 따뜻한 달에 직파하는 당근과 비트이다. 점적 관수 방식은 작물에만 물이 가는 방식이다. 예를 들어 케일은 한 이랑에 세 줄로 25cm 간격으로 심는데 점적 관수 라인이 세 개 필요하다. 점적 관수 라인이 이랑 위로 고르게 물을 주지 못하면 추가로 한 라인을 더 설치하면 된다.

나는 통류 시스템(flow through system)이라는 기법을 사용하는데 이것은 관수 라인 어디에도 막다른 곳이 없다는 뜻이다. 모든 이랑의 끝에는 빠짐없이 물을 분배하는 주 라인이 있다. 이 방법을 사용하면 어느 한 라인이 막힌다 할지라도 물이 양방향에서 흐르기 때문에 절대로 막힌 부분이 생기지 않는다. 예를 들어 한 방향으로 한 줄의 관수 라인만 운영한다면 어느 곳이 막히면 나머지 다른 곳에 물이 배급되지 않는다. 하지만 양방향에서 물이 공급되면 모든 작물이 균일하게 물을 받을 가능성이 더 높아진다. 별첨 사진첩 사진 12번을 참고하라.

□ 어떤 점적 관수는 압력 보정 관수라고도 하는데 이 방식은 경사진 곳이나 아주 먼 곳까지 물을 공급할 경우에 적합하다. 그 까닭은 방사기가 어디에 있든 간에(언덕 꼭대기든 맨 아래쪽이든) 같은 양의 물을 일정하게 공급하기 때문이다. 경작지 위치가 경사진 곳이 아니라면 압력 보정 점적 관수 라인이 필요 없을 것이다.

□ 나는 30cm보다는 15cm 간격으로 방사기가 설치된 점적 관수 라인을 선호한다. 폭 75cm 이랑에 3~4개의 점적 관수 라인을 설치하면 훨씬 더 많은 부분에 급수할 수 있을 것이다. 30cm 간격으로 방사기를 설치하는 것도 불가능한 일은 아니나 이랑 바깥쪽 라인에 있는 방사기는 줄을 맞추고 가운데 라인에 설치된 방사기는 중앙에서 비켜 있도록 설치해야 한다. 이렇게 해야 관수 범위를 넓힐 수 있다. 배수가 빠른 사질토에는 4개의 관수 라인이 필요할지 모른다.

□ 모든 점적 관수 라인에 수동식 잠금장치를 사용하는 것을 선호한다. 이랑의 관수 라인을 간단히 손으로 열 수 있어서 좋다. 수동식 잠금장치는

다소 가격이 비싸지만 몇 군데의 이랑을 갈아엎을 때 관수 라인을 쉽게 철거할 수 있어서 초기 설치 비용이 보전되는 효과도 있다.

그림 25-1　　　**점적 관수 시스템에서 화살표 방향으로 물이 흐르는 모습**

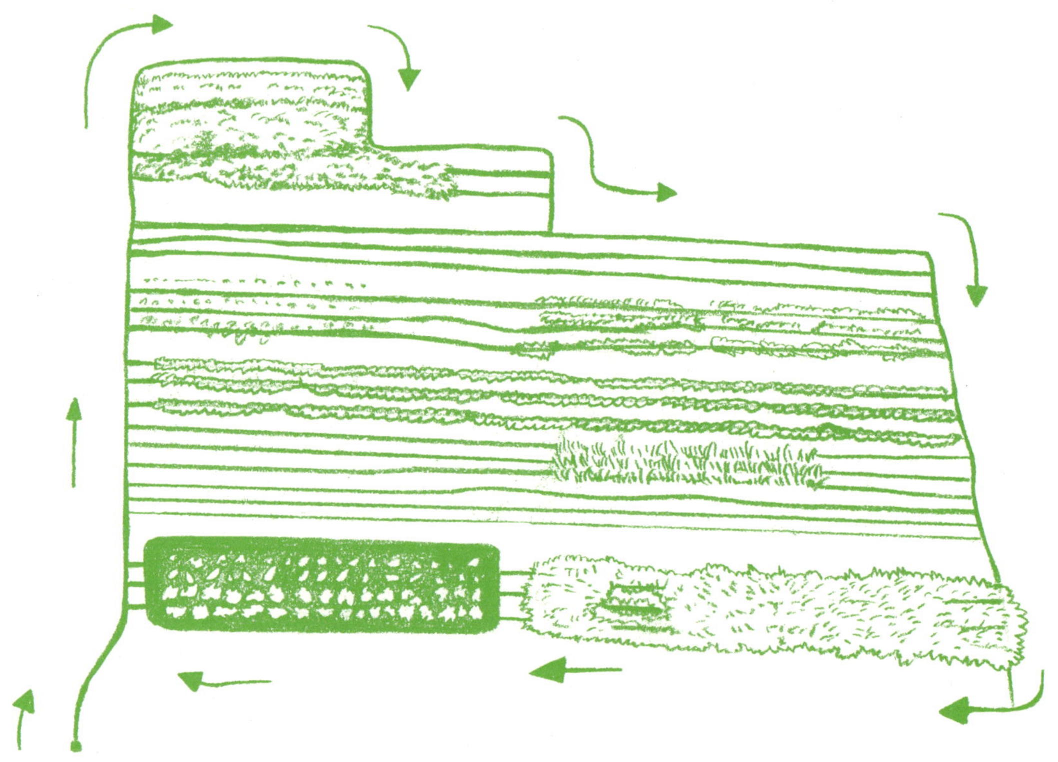

표 25-1 : 93m² 경작지(10개의 7.6m 이랑)의 점적 관수 라인의 설치 예산서

점적 설비	용도	단가	이랑당 소요량	총비용
13mm 플라스틱관, 25m 롤	점적 라인과 타이머, 감압기와 필터에 연결하는 본관	$15/개	15m	$15
이음관	점적 라인을 본관에 연결	$2.5/개	15m〜20m	$150〜$200
90도 엘보 이음관	경작지 코너 연결	$2.5/개	경작지 모든 코너당 1개(3곳)	$7.50
직선 이음관	본관이나 몇 개의 점적 라인 연결	$1/개	특별히 필요할 때만 사용	−
13mm 점적 라인, 15cm 방사기 30m	76cm 이랑마다 3〜4개 점적 라인 연결	$150/개	23m〜30m	$150
필터	미립자를 걸러주고 점적 라인 수명 연장	$40/개	경작지마다 한 개	$40
압력조절기	대부분 점적 라인은 12psi로 감압을 필요로 함. 수원 압력 감압용	$15/개	경작지마다 한 개	$15
13mm 수나사관에 13mm 수프라스틱관	필터와 주 라인에 압력 조절기 연결	$2	4	$8
13mm 수플라스틱관에서 19mm 암나사 정원 호스 이음관	최초 시작 라인에 타이머 연결	$2	1	$2
13mm 호스 조임쇠	플라스틱관 조임 기능	$0.90	6	$5.40
1〜4 지역 타이머	정원용 호스 타이머	$50〜$150	1	$50〜$150
총비용/면적 93m²				$442.9〜$542.9

고가 관수 시스템

고회전 경작지에서는 표준 반발형 헤드를 사용한 고가 관수 시스템으로 물을 준다. 이 경우 살수가 고르게 되도록 일정한 간격으로 스프링클러 헤드를 설치하는 것이 중요하다. 살수 면적이 인접한 스프링클러 때문에 겹치지 않도록 한다. 나는 50mm와 100mm의 플라스틱 파이프로 받침대를 만들어 사용하는데 간단하고 가격도 저렴하며 매우 효과적이다.

정사각형(15m×15m) 경작지에는 약간씩 다른 각도에서 물을 뿌려도 각각의 스프링클러 헤드가 서로 같은 넓이의 면적에 물을 뿌리는지 확인해야 한다.

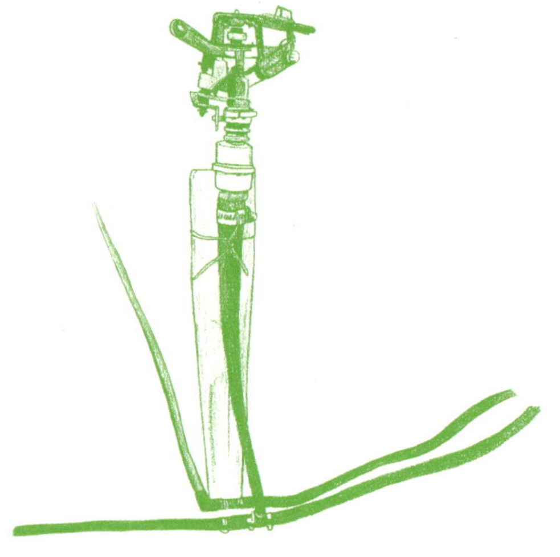

각각의 구역에서 작동하는 반발형 스프링클러 헤드의 살수 방향이 동일한 것이 최선이다. 예를 들어 한 구역에 2개의 반발형 스프링클러 헤드가 90도 각도로 물을 뿌리고 있고 15분 동안 그 구역에 고가 관수 시스템을 작동시킨다면 2개의 스프링클러 헤드로 180도 각도로 물을 뿌리고 있는 다른 한 지역은 살포하는 면적이 2배이기 때문에 관수 시스템 작동 시간이 배가 되어야 한다. 별첨 사진첩 사진 7, 8, 9번을 참고하라.

정사각형 경작지가 아닌 곳(별첨 사진첩 사진 10번 참고)에서는 좀 더 복잡해지긴 하지만 스프링클러 헤드들이 맞대어 동일한 방향으로 고르게 살수해야 한다는 원칙은 똑같이 적용된다. 이곳 1구역 스프링클러들이 주 수원에서 한 라인은 구역 #1 헤드 #1으로 또 구역 #1 헤드 #2를 거쳐 마지막 구역 #1 헤드 #3까지 물이 흐르게 한다. 이들 모두는 같은 구역에 위치해 있는데 그것은 모든 스프링클러가 90도 각도로 살수하고 동일한 시간(15분) 동안 작동될 것이기 때문이다. 2구역 역시 구역 #2 헤드 #1, 구역 #2 헤드 #2와 동시에 작동할 것이다. 둘 다 모두 180도 각도로 살수하게 하고 물이 고르게 경작지를 적시도록 스프링클러 헤드들이 계속해서 같은 방향에 머무르도록 하는 것이 중요하다. 이 경우 2구역 관수 시스템은 1구역 관수 시스템보다 살수 시간을 2배로 해 30분간 작동시키는데 그 까닭은 2구역의 스프링클러 헤드들이 살수하는 지역이 2배나 넓기 때문이다. 4구역이 비정상인 까닭은 중앙 지역을 담당하고 있어서 270도 각도로 살수하기 때문이다. 4구역은 독특한 구역이므로 하

    5개 구역을 관할하는 고가 관수 시스템: 9개의 반발형 스프링클러 헤드가 세 방향, 즉 90도, 180도, 360도로 작동하고 있다.

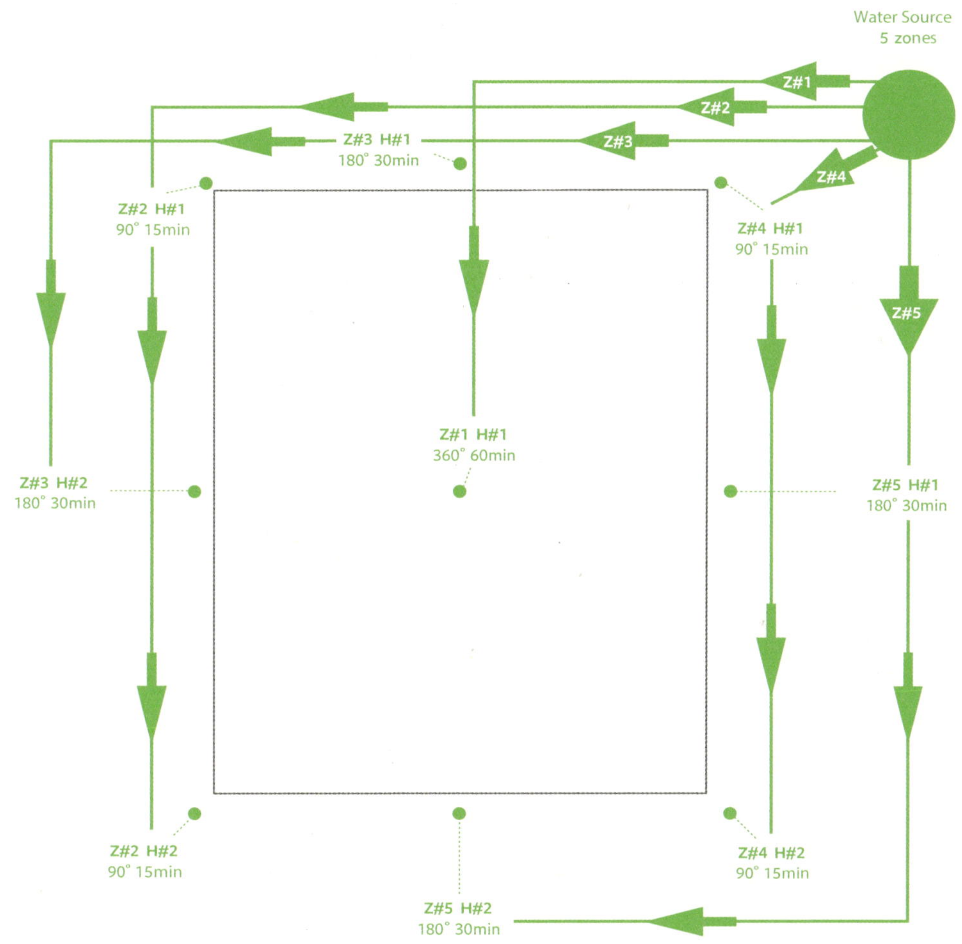

나의 스프링클러 헤드만을 배정한다. 이 헤드는 경작지의 모든 구석까지 물줄기를 닿게 할 것이다. 4구역 관수 시스템은 1구역 시스템이 15분 동안 담당하는 지역보다 3배나 넓은 지역을 담당하니 45분 동안 작동시킨다. 3구역에는 90도 각도의 헤드 2개가 설치되어 있으니 15분 동안 작동시킬 것이다(1구역과 동일).

관수 시설을 설치할 때 각각의 스프링클러 헤드의 살수 양을 설정하는 일이 아주 중요한데 그것은 물이 땅바닥에 떨어지면서 작물에 흙이 튀도록 하면 안되기 때문이다. 살수의 밀도가 적당하다면 샐러드용엽채류에 물이 튀는 일은 없을 것이다. 반발형 스프링클러 헤드를 구입할 때는 살수 범위와 살수 원호 크기, 각도의 세 가지 조절 기능을 갖춘 제품을 찾아보도록 한다. 세 가지 기능을 다 가지고 있는 제품이 좋다. 스프링클러 시스템이 모두 연결되었으면 구역별로 작동시켜서 각각의 헤드별로 각도를 수정해 보고 살수 범위와 살수 원호 크기는 완벽한지 여러 번에 걸쳐 검사해야 한다. 각 헤드의 살수 범위가 이웃 헤드의 살수 범위에 미치는지 확인하고 살수가 지나쳐 두둑이나 통로의 흙을 쓸어버리지 않도록 확인해야 한다.

표 25-2　　　　　**15m 이랑 12개의 관수 설비에 사용되는 자재 목록**

고가 관수 설비	용도	단가	소요량	총비용
19mm 플라스틱 파이트, 25m 롤	스프링클러에 연결되는 주 라인	$1.00	112m	$112.00
T자 관, 이음관	점적 라인과 주 라인 연결	$2.50/개	4	$10.00
90도 엘보 이음관	경작지 코너 연결	$2.50/개	5	$12.50
19mm 직선 이음관	주 라인이나 몇 개의 점적 라인 연결	$2.50/개	가끔 필요시	–
필터	미립자를 걸러줘 반발형 헤드수명 연장: 타이머 설치 전 필터 장착	$40/개	경작지당 1개	$40.00
19mm 수 플라스틱 관에서 19mm 암나사 정원 호스 이음관	타이머 구역에서 관수 라인 연결	$2.00	5	$10.00
19mm 호스 조임쇠	플라스틱관 조임용	$0.90	50	$45.00
4구역 타이머	정원 호스 타이머	$100	1	$100.00
1구역 타이머	정원 호스 타이머	$50.00	1	$50.00
50mm×100mm 스프링클러 지지대용 각목 12개	반으로 절단해 1.8m 높이 스프링클러 지지대 제작: 밑에서 61cm까지 방수칠을 하고 모래나 돌로 땅에 묻음	$5.00	5	$25.00

고가 관수 설비	용도	단가	소요량	총비용
지지대용 19mm 암나사에서 19mm 플라스틱 관	스프링클러 지지대용: 플라스틱 배관에서 13mm 플라스틱 이음관 19mm 수플라스틱 관에서 19mm 나사관	$2.50/개	4	$10.00
13mm 암플라스틱 관에서 암나사 이음관	스프링클러 지지대용: 반발형 헤드를 플라스틱 관의 수나사관에 연결	$2.50/개	9	$22.50
13mm 나사 플라스틱 반발형 헤드	스프링클러	$10.00/개	9	$90.00
관수 상자나 덮개	타이머 햇볕 노출 방지	$60.00	1	$60.00
면적 93m² 당 총비용				$579.00

그림 25-4 4개 구역을 관할하는 고가 관수 시스템: 8개의 반발형 스프링클러 헤드가 세 방향, 즉 90도, 180도, 270도로 작동하고 있다.

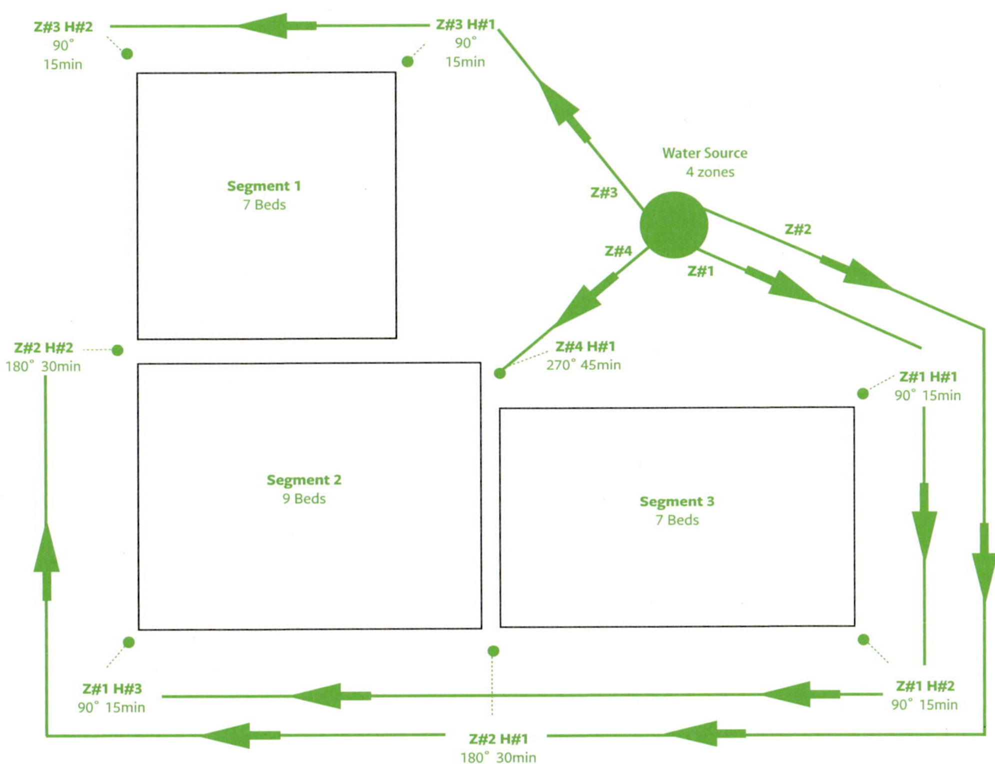

타이머

우리 농장 경작지에는 모두 관수 설비를 조절하는 타이머를 설치했다. 경작지를 옮겨 다니며 수동으로 물을 주는 일은 엄청난 시간 낭비이기 때문에 관수 시스템에 타이머를 설치하는 일은 매우 중요하다. 나는 1구역에서 4구역까지 작동하는 간단한 타이머를 농장에 설치했다. 그 제품들은 비싸지도 않고 대부분 철물점에서 쉽게 찾을 수 있다. 별첨 사진첩 사진 9번을 참고하라.

그림 25-5 각 스프링클러의 살수 범위는 동일 라인의 다음 스프링클러의 살수 범위까지 미쳐야 하고 약간 중복되어야 한다. 이것을 헤드와 헤드를 맞댄 배치(일대일 보상 범위)라고 한다.

온실 시스템

온실에는 2가지 관수 방식 가운데 어떤 것을 선택해도 괜찮다. 가장 좋은 선택은 사실 개인적인 취향에 따르는 것이다. 내가 운영하는 대형 터널형 비닐하우스에는 소형 스프링클러 시스템을 사용하는데 이 시스템은 지지대 위에 주 라인이 있고, 90cm마다 스프링클러가 설치되어 있다. 이 스프링클러들은 360도 회전하며 살수한다. 별첨 사진첩 사진 11번을 참고하라.

표 25-3 일반 소규모 온실(6m×15m)에 필요한 관수 설비 목록: 한 개의 라인은 중앙 대들보에 묶어 놓았고, 90cm마다 소형 스프링클러가 설치되어 있다. 스프링클러의 살수 방식은 헤드와 헤드를 맞대는 방식으로 터널의 끝까지 물길이 미친다

온실 설비	용도	단가	온실 한동	총비용
19mm 플라스틱 관, 25m 롤	스프링클러 주 라인 연결	$28.00	1	$28.00
필터	미립자를 걸러내 반발형 헤드 수명 연장: 타이머 설치 전 장착	$40/개	1/경작지	$40.00
감압 장치	수원의 압력을 감압: 대부분의 점적 라인은 12psi에서 운영	$15.00/개	1/경작지	$15.00
19mm 수플라스틱에서 19mm 암나사 정원 호스 이음관	라인에 타이머 존 연결	$2.00	1	$2.00
1구역 타이머	정원 호스 타이머	$50.00	1	$50.00
19mm 호스 조임쇠	플라스틱 파이프 조임용	$0.90	40	$36.00
누수 방지 밸브가 부착된 소형 스프링클러	시스템이 중단되어도 계속 누수되는 것을 막는 밸브	$1.50	16	$24.00
부착형 스프링클러	라인에 걸어 놓는 것: 90cm마다 한 개의 스프링클러를 부착하고 원하는 대로 길이 단축 가능	$1.50	16	$24.00
면적 93m² 당 총비용				$219.00

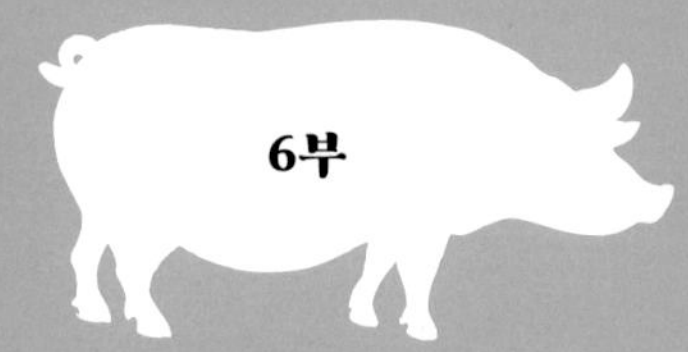

기반 시설 및 장비

도시농부에게 필요한 농기구나 장비는 기동성이 있으면서도 작고 가벼워야 한다. 농기구를 비치할 장소가 부족할 뿐만 아니라 작고 좁은 면적에서 농사를 짓고 있다는 점을 고려해 이러한 상황에 맞는 손쉬운 농기구를 사용해야 한다. 임대 기간에 따라 이곳저곳으로 옮겨 다녀야 하므로 기반 시설도 역시 영구적이지 않아도 된다.

26

운영 본부

운영 본부는 집 가까이 혹은 집안에 두거나 주요 경작지 내에 설치하는 것이 바람직하다. 운영 본부는 재배한 작물을 선별하고 포장하는 작업 공간이며 입식 간이 저온 저장고, 농기구나 농기계를 비치하는 장소, 심지어는 사무실이 되기도 한다. 나의 농장 운영 본부는 5년 동안 세 번이나 옮겼고 옮길 때마다 조금씩 가까워져 마침내 집으로 안착되며 끝이 났다(처음 1년간 농사를 짓고 이후 임대로 살다가 2년 후 매입한 곳이다). 지금 운영 본부는 집 뒷마당과 간이 차고에 두었다. 사무실과 집이 같은 부지에 있으니 매우 편리하다. 처음부터 이상적인 위치를 찾지 못했다고 실망하지 마라. 꾸준히 농장 운영을 하다보면 고객이나 협력자들과 유대가 깊어져서 더 많은 기회가 찾아오게 된다.

작업 영역의 배치는 그 공간을 사용하는 빈도와 통상적인 업무 흐름에 맞추어야 한다. 입식 저온 저장고는 간이 차고에 배치하도록 한다. 가장 많이 사용하는 시설이기 때문에 쉽게 접근할 수 있어야 한다. 작물이 트럭이나 자전거, 트레일러에 의해 작업장으로 들어오면 곧바로 입식 저온 저장고에 보관했다가 선별 작업 후 다시 저온 저장고에 넣어 보관한다. 그런 후 레스토랑과 파머스 마켓으로 작물을 배송하기 위해 상차 작업을 한다. 따라서 입식 저온 저장고는 물건을 싣기 편리하며 선별 작업장 가까운 곳에 있어야 한다.

또한, 가장 자주 사용하는 농기구는 업무 공간 입구에 보관한다. 수시로 트럭과 자전거 트레일러에 필요한 도구들을 실어야 하기 때문에 그날 필요한 도구들이 차고 근처에 있으면 편리하다.

지속적으로 사용하는 작업 공간은 세척대와 회전 탈수기, 건조대, 선별 공간이다. 일상적으로 업무 흐름상 함께 사용하기 때문에 모두 가깝게 배치되어야 한다. 이러한 작업 공간이 입식 저온 저장고와도 상대적으로 가깝게 있으면 바람직하다.

사무실이 이곳들 중 어디에 배치되어 있느냐는 그렇게 중요하지 않다. 그러나 청구서 작성이나 인쇄를 해야 하다면 사무실도 작업 공간에 가까이 있을 필요가 있다. 사무실은 집에 있고 작업실은 다른 곳에 있다면 청구서 발행하는 일이 문제가 된다. 레스토랑 고객들에게 주문받은 작물 준비가 완료되면 바로 그 자리에서 청구서를 발행하는데 그 이유는 주문한 작물 중 일부 작물이 부족할 경우에는 그 자리에서 바로 청구서를 수정하기 위해서이다. 예전에 사무실이 본부에 있고, 작업실에 프린터를 두었을 때는 노트북 컴퓨터로 청구서를 발행했다.

표 26-1　도시 농장의 주요 구매 목록: 어떤 것은 불필요할 것이고(운영할 농장 형태에 따라 다름), 어떤 장비는 이미 보유하고 있을 수 있다(운송 장비와 사무용품).

운영 본부와 주요 비품	예상 투자금	운영 본부와 주요 비품	예상 투자금
저온 저장고(중고 구입)	$1,000.00	파머스 마켓용 설비	$980.00
세척대	$100	육묘장 설비	$788.00
회전 탈수기	$70	실내 수직 육묘장(선택 사항)	$865.00
건조대	$60	온실 육묘장	$500.00
선별대	$630.00	로우터널 비닐하우스 6동(12 이랑)	$415.80
사무실	$0~$1740	신속 터널(선택 사항)	$500.00
농기구	$1,550~$7,050	운송 장비(이미 보유 예상)	$0~$3,000
		총 투자금 범위	**$7,458~$17,698**

저온 저장고

저온 저장고는 농장에 반드시 있어야 하는 중요한 장비이다. 저온 저장고가 필요한 이유는 크게 세 가지로 나눠 볼 수 있는데 품질, 마케팅, 작업 흐름과 관련이 있다.

1. 작물을 수확한 후 신선하게 유지하려면 경작지에서 햇빛에 노출되어 데워진 열을 식혀야 한다. 일부 작물(특히 엽채류나 새싹채소)은 다른 작물에 비해 더 열에 취약하기 때문에 품질 유지를 위해 재빨리 저온 저장고로 이동해야 한다.

2. 제대로 보관되어 신선 상태를 유지한 작물은 시장에서 유통되는 시간이 길어질 수 있기 때문에 마케팅상 유리하다. 작물에 따라 며칠에서 몇 주까지도 양호한 상태를 유지할 수 있다.

3. 저온 저장고를 사용하면 여러 날에 걸쳐 수확할 수 있다. 금요일 레스토랑 배달, 토요일 마켓 판매를 위해서는 적어도 수요일부터 수확을 시작해야 한다. 하루만에 모든 작물을 수확할 수 없을뿐더러 수확 이후 작업 흐름에 따라 2차, 3차 작업을 효율적으로 진행할 수 있다.

그림 26-1   우리 농장의 중형 입식 저온 저장고

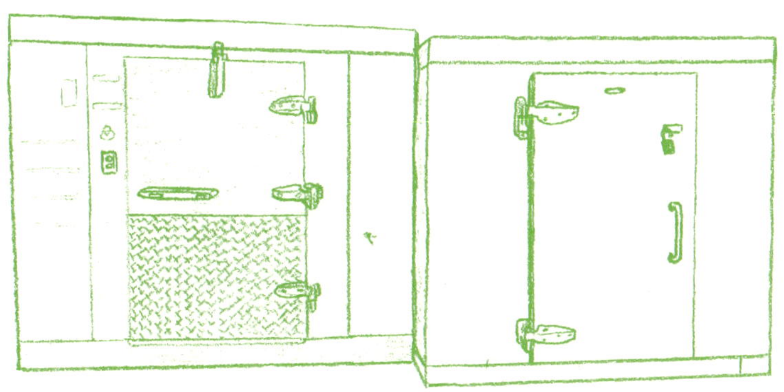

소규모 농장이고 여러 번 작업장을 옮겨 일해야 하기 때문에 큰 저온 저장고 한 개보다 중간 크기의 저온 저장고 두 개를 이용하는 것이 효과적이다. 공간 부족은 도시농부에게 자주 있는 불편함이다. 두 대의 저온 저장고가 있으면 필요한 용도에 따라 사용할 수 있다. 목요일과 금요일에 주로 작동하는 저온 저장고는 레스토랑과 마켓에 출하할 작물을 보관하고, 다른 하나는 방금 수확한 작물을 보관한다. 각기 다른 용도로 보관하기 때문에 찾기도 쉽고 정리도 잘 된다.

어떤 농부들은 가정용 냉장고 여러 대를 저온 저장고로 사용한다. 상업적으로 농사를 지을 계획이라면 이렇게 하는 것을 권하고 싶지 않다. 경작지에서 가져온 상자를 가정용 냉장고에 넣기가 쉽지 않다. 가정용 냉장고는 내부가 너무 좁기 때문에 경작지에서 가져온 작물을 냉장고에 넣기 위해 그때마다 재처리하고 선별해야 하니 업무 흐름이 효과적이지 않다. 어떤 농부들은 가판용 냉장고(주유소나 잡화점에서 사용)를 사용한다. 작은 농장에서는 그렇게 해도 되겠지만 여러 대가 필요할 것이다. 어쩌다 수확용 컨테이너 용기나 수확용 통이 들어갈 만큼 내부가 넓은 냉장고를 찾을 수 있을지 모른다. 이때 고려할 점은 대형 백이나 바구니, 상자 등이 냉장고에 들어가는지 확인해야 한다. 냉난방 관련 수리비가 꽤 비싸기 때문에 컴프레서가 고장나거나 수명을 다했다면 수리해서 다시 사용하기 곤란할 것이다.

레스토랑용 저온 저장고나 컴프레서 에어컨이 장착된 '쿨봇 CoolBot' 시스템의 맞춤형 저온 저장고를 권장한다. 이런 방식의 저온 저장고는 경제적이며 동시에 구하기도 쉽다. 레스토랑용 입식 저온 저장고는 온라인이나 옥션, 폐업 정리 중인 레스토랑 등을 통해 구매가 가능하다

다음으로 좋은 선택은 저온 저장고를 스스로 만드는 것이다. 온라인 상에 제작된 상품이 많이 올라와 있다. 여러분이 원하는 크기로 단순하게 만들 수 있지만 크기가 크면 클수록 더 강한 냉각 능력이 필요할 것이다. 도시농업 농장

규모가 표준인 경우 그에 맞는 저장실의 크기는 가로 2.4m, 세로 2.4m, 높이 1.8m면 된다. 다양한 종류의 고품질 단열재와 습기 방지재를 추가로 선택하여 구매할 수 있지만 제품의 핵심은 냉각 시스템임을 잊지 말아야 한다. 컴프레서를 구입하는 대신에 에어컨 기능을 컴프레서로 변형시킨 쿨봇(CoolBot)이라는 간편한 전자 제품을 이용해도 된다.

한여름에 저온 저장고가 고장이 나면 농장은 대혼란을 겪을 것이다. 어느 시즌인가 레스토랑용 저온 저장고가 고장이 났는데 수리 비용 견적이 꽤 많이 나왔다. 그래서 쿨봇을 주문해 저온 저장고 위쪽에 있는 냉각기에 연결하고 차가운 공기를 저온 저장고로 유도했다. 반나절 후 저온 저장고를 사용할 수 있었고 기존 컴프레서보다 전력 소모가 적어 꽤 효과적이었다.

표 26-2　　농장 크기별로 권장하는 저온 저장고 사양

부지 크기	최소 저온 저장 면적 사양	용량(세제곱미터)	가격 범위
1,012m^2	1.2m×1.8m×1.8m	4	$1,000~$2,000
1,335m^2	1.2m×1.8m×1.8m 2개	8	$2,000~$4,000
2,024m^2	1.8m×2.4m×2.4m	11	$2,500~$5,000
2,024m^2 이상	2.4m×2.4m×2.4m	14	$3,000~$6,000

농기구 보관 장소

농기구를 정리해서 적절한 장소에 보관하는 일은 매우 중요하다. 필요할 때마다 농기구를 찾기 위해 헤맨다면 엄청난 시간 낭비가 아닐 수 없다. 나는 농기구를 땅바닥보다는 걸어 놓는 것을 선호한다. 통행에 방해도 안 될뿐더러 걸려 넘어지거나 갈퀴로 얼굴을 얻어맞게 되는 일도 없을 것이다. 작은 손 도구들은 작업장 근처에 두고 벽면 고리에 걸어 둔다. 관리기와 목재 파쇄기, 화염제초기, 기타 자주 쓰지 않는 농기구는 건물 뒤쪽 비품 창고에 보관한다.

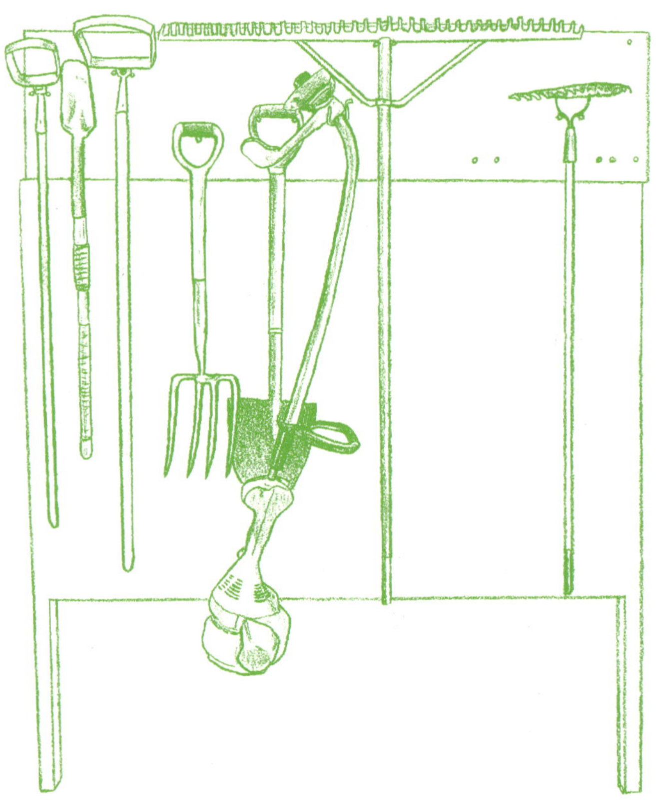

세척장

세척장은 래디쉬와 당근, 스켈리언, 순무, 비트 등 근채류 작물들을 씻는 곳이다. 세척대는 50mm×100mm 목재와 6mm 철재 그물, 수영장용 방수천으로 만든다. 세척대 자체는 아주 단순한 디자인이고 철재 그물은 큰 와셔를 이용해 나사로 고정시킨다. 세척대에 걸려 찢어지거나 베이지 않도록 날카롭게 튀어나온 면이 없어야 한다. 수영장용 방수천은 세척대 바닥에 길게 깔고 물이 커다란 플라스틱 토트백으로 곧장 흘러가도록 한다. 그리고 부지 내에 있는 덤불이나 수목으로 흐를 수 있게 한다. 별첨 사진첩 사진 30번을 참고하라.

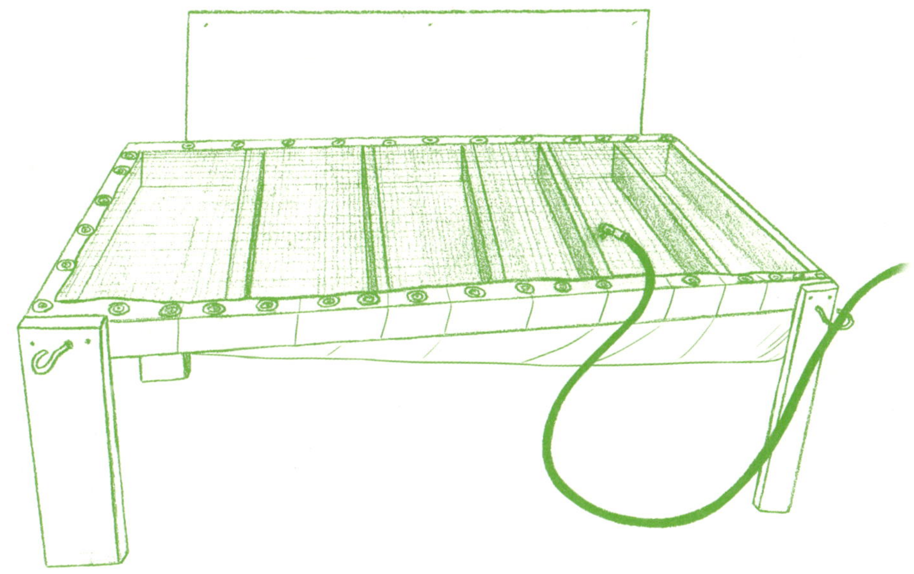

세척대: 폭 0.9m, 길이 2.4m, 높이 0.8m. 자재: 6mm 철재 그물(2.4m×0.9m), 50mm×100mm×200mm 목재 5개, 50mm×150mm×200mm 목재 2개, 30mm 플라스틱 수영장용 안감(1.5m×2.5m), 100×38mm 목재용 나사못; 50×25mm 사이즈의 수영장용 안감을 고정시키기 위한 넓은 워셔. 대략 비용은 100달러

회전 탈수기

엽채류를 세척한 후 탈수시키기 위해 변형된 세척기를 사용한다. 어떤 지역에서는 허용되지 않는다는 것을 알지만 이 방식이 내게는 도움이 되었다. 일주일에 거의 45kg의 엽채류를 생산하여 수동식 회전 탈수기로 작업한다면 노동력 낭비가 클 수밖에 없다. 첫 2년간은 일주일에 4시간 동안 수동 탈수기를 돌렸었는데 결코 효율적이지 않았다.

엽채류를 탈수하기 위해 2가지 장비를 쓰는데 하나는 변형된 세척기와 엽채류를 기계 안에 넣을 때 필요한 몇 개의 세탁용 백이다. 이 기계를 가전제품 수리점에서 50달러에 구매하여 엽채류가 담긴 세탁용 백이 기계에 잘 맞도록 가운데 원추를 더 짧게 변형하게 한 후 사용하고 있다. 별첨 사진첩 사진 28번을 참고하라.

세척이 끝나면 엽채류들을 백에 담아 물이 1차 빠지도록 둔다. 백이 꽉 차면 회전 탈수기에 넣고 5분간 회전시킨다. 그렇게 한 후 백을 꺼내 엽채류들을 건조대에 쏟아 놓는다. 백을 사용한 목적은 다음 두 가지다.

1. 상하기 쉬운 엽채류를 힘들이지 않고 쉽게 이동할 수 있다.
2. 채소 잔해가 기계에 남지 않아 기계 세척을 쉽게 할 수 있다.

건조대

회전 탈수기에서 꺼낸 엽채류는 건조대로 옮겨진다. 건조대는 50mm× 75mm 목재와 6mm 그물로 만든 간단한 테이블이다. 위쪽에 2개의 사각형 팬이 설치되어 있다. 건조가 끝나면 그물 밑에 있는 테이블 판이 아래로 열리며 건조 과정에 생긴 잔해들이 손쉽게 제거된다. 이 바닥판은 2개의 경첩으로 테이블 뒤쪽에 고정되어 있다. 별첨 사진첩 사진 29번을 참고하라.

그림 26–4   **변형된 세척기는 대략 50달러 정도이고 세탁용 백은 개당 10달러이다**

특히 엽채류와 새싹채소는 일단 건조시키면 수명이 길어진다는 것을 알게 되었다. 건조 과정은 '말린다'는 것이 아니라 엽채류에 남아 있는 물기를 제거하는 것이기 때문에 건조대에서 5분 정도 팬을 쏘이도록 한다.

표 26-3   **선별 작업장 설비 추천**

선별 작업장	비품 사양	예상 투자비
재래식 저울	채소통 무게를 재는 재래식 저울 1대	$100.00
전자저울	선별용 전자저울 2 대	$60.00
모둠 봉지	(7부에서 상세히 설명)	$200.00
끈	마감용 줄	$20.00
고무 밴드	케일같이 일부 작물은 다발로 분류하여 묶음	$20.00
선반	봉지와 저울 보관 장소	$50.00
포장용 테이블	마켓 용도로도 사용 가능	$80.00
포장용 용기	포장시 사용되는 통, 토트백, 상자	$200.00
총 계		$730.00

선별 작업장에서는 작물의 포장과 묶음 포장이 이루어진다. 레스토랑 주문에 따른 분류와 파머스 마켓용 포장을 하기 위해 저울, 봉지, 끈, 고무밴드 등이 비치되어 있다. 선별장은 집 데크에 있다. 햇빛과 비바람을 막기 위해 가림막을 설치했고 배치하는 방법에 따라 데크를 유연하게 사용할 수 있다. 금요일 선별 작업에 참여하는 사람 수에 따라 접이식 테이블이 준비되어 있다. 적게는 한 사람에서 많아야 세 사람의 일꾼이 모이지만 작업 공간은 충분하다. 일꾼들은 수확 후 처리가 끝난 작물들을 저온 저장고에서 꺼내와 봉지에 넣고, 다발로 묶고, 라벨이 붙은 토트백에 넣은 후 다시 저온 저장고에 갖다 놓기 때문에 선별장은 저온 저장고와 가깝게 있어야 한다. 저온 저장고가 2개여서 하나는 미완성품을 보관하고 하나는 완성품을 보관하는 용도로 쓴다. 이렇게 하면 작물을 쉽게 찾을 수 있다.

사무실

사무실이 있으면 편리한 점이 많지만 처음부터 꼭 있어야 하는 것은 아니다. 그러나 레스토랑 공급에 집중하고 싶다면, 청구서 발행과 관련된 업무를 위해 사무실이 필요하다. 실제로 현금으로 즉시 결제하는 레스토랑은 거의 없다. 납품하는 한 곳당 두 장의 청구서를 인쇄하여 한 장은 고객용으로 발행하고 나머지 한 장은 고객 사인을 받은 후 내가 보관하고 있어야 하기 때문이다. 배달을 끝내고 돌아와 '배달 완료 청구서' 함에 넣어 두고 월마다 정리한다.

사무실에 있는 주요 비품들은 다음과 같다.

- 데스크톱 컴퓨터 1,000달러
- 회계 프로그램 500달러
- 청구서 발행용 레이저 프린터 200달러
- 청구서 보관함 40달러

사무실 설치 비용은 각기 다를 수 있다. 이미 컴퓨터와 프린터를 사용하고 있거나 사무실을 운영하고 있으면 비용은 많이 줄어든다.

나는 회계 프로그램으로 청구서를 발행하고 매출과 미수금을 관리한다. 많은 레스토랑 거래처를 관리하기 위해서는 꼭 필요하다. 철저한 추적 관리를 위해서는 좋은 시스템을 사용해야 한다. 이 회계 프로그램으로 대금을 지불하지 않은 고객들의 목록을 만들 수 있다. 보통 외상 기간은 21일에서 최대 40일로 정하고 이 기간 안에 결재가 이루어지도록 한다. 5월은 한창 성수기라 매주 결재금이 입금되고 파머스 마켓이 끝나는 토요일에 회계 시스템에 입력한다. 대금 결재가 이루어지지 않은 고객에게는 청구서와 외상 내역 목록을 이메일로 발송한다. 대금 지급이 누적되면 결재 부담이 커지기 때문에 늘 관리를 해야 한다. 대금 결재가 지연되지 않도록 하기 위해서는 다음과 같은 원칙을 지켜야 한다.

☐ 어떤 고객이 약정한 대금 지급 기간보다 2주 늦어지면 대금 지급이 지연되었다는 내용의 친절하고 정중한 이메일을 보낸다. 신규 고객이라면 밀린 청구서에 대한 대금 지급이 완료될 때까지 작물 배달을 할 수 없다고 알려준다. 오래된 고객이라면 무슨 특별한 일이 생기지 않는 한 일반적으로 좀 더 관대하게 대할 수도 있다.

☐ 거래하는 고객이 계속 대금을 늦게 지급하고 매번 독촉하게 된다면 작물 배송을 중단한다. 그러나 이런 일은 거의 발생하지 않았다.

27

농기구

Tools

도시농부에게는 손 도구가 가장 많이 쓰는 도구이다. 일정 규모의 정원과 상업적 농업의 교차점에서 도시농업이 이루어지므로 정원사와 도시농부가 쓰는 농기구가 동일할 수 있다. 트랙터는 제외하자. 우리 농장에서 사용하는 기계 장비들은 개인 정원에서도 사용할 수 있다.

모든 농장은 쇠스랑과 삽, 곡괭이, 써레와 같은 전통적인 농기구를 가지고 있다. 이 같은 농기구들은 농작물을 수확하고, 땅을 파고 가는 데 사용한다.

전통적인 농기구

쇠스랑

쇠스랑은 당근을 수확하고 땅속 깊숙이 자란 잡초 뿌리를 캐 버리거나 흙을 고를 때 사용한다. 종종 심토를 부드럽게 할 때도 쓴다. 돌이 많은 땅은 광폭 쇠스랑을 사용해서는 깊게 파기가 어려울 수 있다. 측벽이 너무 낮은 온실이라면 심토를 고를 때 쇠스랑을 쓸 것이다.

광폭 쇠스랑

광폭 쇠스랑은 이랑의 심토를 부드럽게 고를 때 주로 사용하는 도구다. 간혹 당근을 수확할 때 사용하기도 하지만 작업로가 좁을 때는 불편할 수 있다. 새로운 경작지의 억센 풀을 제거할 때도 사용한다(5부의 그림 21-5를 참고하라).

표 27-1

첫 해에 예산이 부족하면 이 모든 농기구가 없어도 창업할 수 있다. 엽채류 신속 절단 수확기와 잔디 엣저, 광폭 쇠스랑, 소형 관리기 등은 창업시 꼭 필요한 것은 아니다

도구	예상 투자금
쇠스랑	$40.00
광폭 쇠스랑(선택 사항)	$200.00
흔들 괭이	$60.00
잔디 엣저(선택 사항)	$50.00
조경용 레이크	$50.00
소형 관리기(임대나 중고 구입 가능)	$0∼$5,000
식재 기구	$600.00
수확용 통	$500.00
수확용 칼	$50.00
엽채류 신속 절단 수확기(창업시 선택 사항)	$500.00
총 계	**$1,550−$7,050**

그림 27-1

쇠스랑을 오래 쓰려면 머리 부분과 자루 부분이 단단한 막대기로 연결되어 있거나 용접된 것을 구입해야 한다. 쇠스랑은 머리 부분이 끝부분에서 연결되어 있는데 나사나 볼트, 접착제로 고정되어 있으면 오랫동안 사용할 수 없다

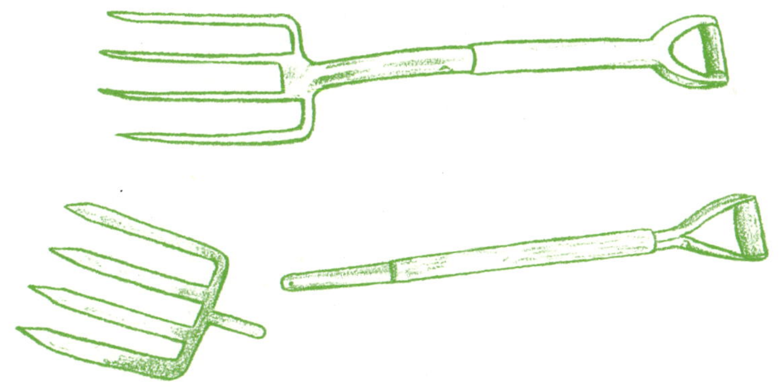

흔들 괭이

농장에서 제초용으로 사용하는 유일한 도구는 흔들 괭이인데 작업로와 경작지 둘레의 잡초를 제거하는 데 사용한다. 텃밭 두둑에 난 잡초 제거는 개인적으로는 손으로 하는 것을 선호한다. 이랑의 잡초는 대부분 손으로 제거하지만 무경운 이랑에서 잡초를 제거할 때는 흔들 괭이를 사용한다.

잔디 삽

잔디 삽은 경작지 둘레 잔디밭의 모서리를 다듬을 때 일상적으로 사용하는 조경용 도구이다. 그 외 다른 용도로는 사용하지 않는다. 비슷한 방식으로 삽을 활용할 수 있기에 꼭 필요한 도구는 아니다.

이랑 준비 작업용 갈퀴

갈퀴는 농장에서 매우 중요한 도구 중에 하나다. 폭이 90cm 정도 되고 주로 이랑을 다듬는 데 사용한다. 무경운 이랑을 갈아엎거나 퇴비를 넓게 펴서 덮을 때도 사용기도 한다. 억센 잡초를 뿌리째 제거할 때도 요긴하게 쓰인다(5부의 그림 21-4를 참고하라).

소형 관리기

소형 관리기는 농사짓는 동안 결정적인 역할을 해온 도구다. 점차 무경운 농법으로 전환한 후 1,335㎡ 이하의 경작지에서는 거의 사용하지 않고 있지만 1,335㎡ 이상 되는 넓은 경작지에서는 반드시 필요한 농기계며 투자할 만한 가치가 있다. 중고로도 구매가 가능하고 특별히 유지 관리에 신경 쓴다면 거의 평생을 함께할 수 있다. 장비가 다양하게 부착된 새 관리기는 5,000달러 정도 있고 중고는 1,000달러 정도에 구매가 가능하다. 별첨 사진첩 사진 38번을 참고하라.

파종 장비

파종 장비는 상업 농장을 운영하는 데 꼭 필요하다. 결코 손으로 땅에 씨앗을 뿌리려고 하지 말아라. 어떤 농부들은 자신이 겨우 텃밭 수준의 농장을 운영하고 있으니 손으로 씨앗을 뿌리고도 잘 해나갈 수 있다고 생각한다. 시간 낭비하지 말고 파종기를 구입하도록 한다.

초보용 파종기는 100달러 정도인 얼스웨이(Earthway)로 시작할 수 있다. 너무 단순하다 보니 결점이 좀 있지만 잘 작동한다. 시중에 나와 있는 파종기 중 가장 정밀한 파종기는 장(Jang) 파종기이다. 다양한 간격으로 정밀하게 파종하는 다양한 옵션을 가지고 있지만 가격은 대략 600달러 정도이다. 우리 농장에서 주로 사용하는 파종기이다. 장 파종기는 얼스웨이와 다르게 롤러에 씨앗을 담는다. 장 파종기에 사용하는 롤러는 10부에서 자세히 설명할 것이다. 별첨 사진첩 사진 41번을 참고하라.

수확 장비

어린잎 채소를 수확하기 위해 몇 년 동안 간단한 휴대용 칼을 사용했다. 처음에는 톱니 모양이 있는 스테이크용 칼을 사용하기도 했다. 엽채류 신속 수확기(QCGH: Quick Cut Greens Harvester)와 같은 하이테크 도구를 사용하기 전에 칼을 사용하는 손동작을 익히라고 권하는데 언젠가는 반드시 손으로 수확해야 할 때가 오기 때문이다. 신속 수확기를 경작지 이곳저곳으로 끌고 다니는 것 자체만도 힘든 일이지만 작은 칼을 트럭이나 자전거 파우치에 놓아두는 일은 참 쉬운 일이지 않은가. 그럼에도 불구하고 신속 수확기는 농장의 작업 소요 시간에 대변화를 가져왔다. 8시간 걸리던 일을 45분만에 해치운다. 그것은 엄청난 시간 절약이다. 구입 비용이 대략 500달러이긴 하지만 첫 한 달 만에 인건비 절약으로 제 몫을 다했다. 그러나 한 주에 엽채류를 23kg 이상 생산하지 않는다면 이 도구는 꼭 필요하지는 않다.

별첨 사진첩 사진 21번과 22번을 참고하라. 수확 장비는 32장에서 더 상세하게 다룰 것이다.

파머스 마켓용 장비

농장 운영과 마찬가지로 파머스 마켓에서 작물을 판매하기 위해서는 알맞은 장비 구입이 꼭 필요하다. 야외에서 마켓이 열린다면 먼저 가판대와 차양막을 준비해야 한다. 일반적으로 3m×3m 크기의 차양막을 많이 사용하고 실제 파머스 마켓에서는 다양한 크기의 차양막이 설치되어 있다. 그리고 돈을 더 주더라도 좋은 차양막을 사도록 한다. 수백 번도 더 치고 걷기를 반복해야 하기 때문에 저렴한 차양막은 한 시즌이 끝나기 전에 교체해야 할 것이다.

가판대로 적합한 접이식 테이블은 쉽게 구입할 수 있고 진열대용으로 2개 정도 필요하다. 이 접이식 테이블은 농장에서 포장하거나 정렬할 때 사용할 수도 있으므로 튼튼하고 질 좋은 제품으로 구입한다.

그 외에 필요한 품목은 테이블보와 작물 라벨, 전시용 상자 등이다. 보통 소매상에서 사용하는 라벨뿐만 아니라 파머스 마켓 고유의 개성 있는 장식을 곁들여도 좋다. 파머스 마켓에서 가장 돋보이는 가판대는 역시 핸드메이드 가판대이다. 독특하면서도 정성이 더해져서 사람들의 눈에 잘 뜨인다. 별첨 사진첩 사진 1번을 참고하라.

                  권장 마켓 가판대 비품: 비용이 들더라도 최고 품질의 제품을 구입해라. 마켓이 한창일 때 부서지는 일은 원하지 않는다면 그렇게 해라

비품	용도	예상 비용
접이식 테이블	품질 좋은 제품을 구입	$50.00
차양막(3m×3m)	이것으로 마켓의 가판대를 만든다. 차양을 지탱할 무게가 나갈 만한 것들을 가져가라. 물을 채운 우유통을 고무 밧줄로 묶으면 잘 버틸 것이다	$500.00
테이블보		$50.00
사인 판	사람들이 멀리서도 볼 수 있을 정도로 크고 눈에 잘 띄는 현수막을 준비해라	$150.00
전시용 상자	낡은 과일 포장 상자는 촌스러워 보이니 새로 구입할 수도 있다	$150.00
품목 표시대와 클립	라벨과 가격표를 부착	$50.00
현금함	거스름 돈 용	$30.00
총 계		$980.00

28

특별재배지역

Special Growing Areas

육묘장

육묘장은 시즌 초기 작물 식재가 가장 먼저 이루어지는 곳이다. 복수 경작을 하면서 온실 육묘를 하면 이동에 큰 어려움이 있을 수 있다. 그래서 이동이 가능한 육묘판을 생각해 냈다. 육묘장이 될 온실 크기는 4m×6m로 만들고, 25cm×50cm 크기의 이동용 육묘판을 제작한다. 이 외에 포트, 발아용 평트레이, 상토, 퇴비, 흙 거르는 체, 토양 배합대, 다용도 유기질 비료 등이 필요하다. 별첨 사진첩 사진 13번, 15번, 16번, 45번, 46번을 참고하라.

실내 수직 육묘장

실내 수직 육묘장은 철사에 매달린 레스토랑에서 보통 사용하는 형광등이 설치된 산업용 선반을 활용해 설치할 수 있다. 깊이가 60cm에 너비가 120cm~240cm인 선반을 사용한다. 길이는 몇 개의 트레이를 수용할 수 있느냐에 따라 변경할 수 있다. 가장 보편적인 조명 설비로는 길이 1.2m의 장치에 각 2개의 전구가 달린 T8 형광등 장치이다. 그래서 60cm×120cm 크기의 선반 하나당 총 4개의 전구가 부착된 2개의 조명 설비를 설치했다. 작물에 충분한 빛을 공급하기 위해 4개의 전구가 필요하다.

이러한 장비는 난방이 되는 차고나 부엌에도 설치할 수 있다. 대형 남향 창문만 있다면 이러한 형태의 육묘장을 설치할 수 있다. 당연한 얘기지만 자연

광이 더 좋은 작물을 키운다. 결국 얼마나 많은 자연광이 집안을 비추고, 겨울 내내 얼마나 오랜 시간 동안 햇볕이 육묘장을 비추느냐에 따라 자연광 육묘장의 성공을 결정한다.

집안에 수직 육묘장을 설치하였다면 물 주기가 만만치 않을 것이다. 과거에는 작은 플라스틱 상자에 어느 정도 물을 채운 후 묘판을 하나씩 담갔다 꺼내기도 했다. 이와 같은 육묘장이 최선은 아니지만 적은 투자로 쉽게 설치할 수 있고 그런대로 쓸만하다는 점은 기억하기 바란다. 2,024㎡ 이하의 작은 농장 도시농부로서는 다른 고부가가치를 창출하는 일에 집중해야 되고, 대량의 이식 재배가 필요하지 않기 때문에 이 방법을 수년간 활용해 왔다. 우리 농장은 크기가 대략 25cm×50cm인 묘판 32개 정도가 필요하다. 노지가 어느 정도 따뜻해지면 그것들을 온실에서 꺼내 놓는다.

표 28-2　　　　　**실내 육묘장 설비 목록**

실내 육묘장 설비	용도	소요량	비용
크롬 와이어 선반	소형 평트레이를 위한 수직 선반. 선반당 4개의 1020 평트레이를 배치	1	$150
토양 탬퍼	제작한 합판. 트레이를 누르는 데 사용	1	$10
흙 고르는 체	상토를 만들기 위해 사용한다. 60cm×120cm 목재로 만든 간단한 틀에 6mm의 철재 그물을 토트백을 가로지르게 해 제작한다. 흙과 퇴비를 스크린을 통과시켜 포트용 상토를 만듦	1	$30
발아용 평트레이(2.5cm ×25cm×50cm)	주로 새싹채소용이지만 소형 소일 블록에도 사용	100개 들이 1상자	$200
T8 형광등	육묘장의 주광원. 4층이면 층당 2개씩 총 8개 사용	8	$160
조명 타이머	조명을 켜고 끄는 간단한 타이머. 모든 표시등과 연결된 전원 앞에 설치	1	$20
제습기	곰팡이 방지용. 습도를 낮게 유지하는 것이 중요	1	$200
팬	일정한 기류를 만듦	1	$60
파워 바	8개의 입력장치가 있는 고부하 파워 바	−	$35
총 계			$865

표 28-2에서 이러한 육묘장을 만드는 모든 주요 자재를 나열했다. 소규모 새싹채소 생산 시스템으로 사용하면 가용 능력이 2배가 된다(새싹채소는 8부에서 더 설명함). 별첨 사진첩 사진 14번을 참고하라.

수직 육묘 구역을 최적화하여 공간을 잘 활용하면 많은 트레이를 소형 온실에 배치할 수 있다. 나는 2가지 방식으로 그 일을 달성했다.

1. **18㎡** 소형 육묘장은 선반을 나무로 만들고 더 많은 수직 공간을 만들기 위해 다른 테이블 위에 접이식 테이블을 올린다. 자재 비용으로 **500달러**를 들여 육묘장을 만들었다. 소형 육묘장은 다음 장에서 설명할 터널이나 후프 하우스와 같은 자재로 설치할 수 있다.

2. 노지 작물 보호용 비닐하우스를 육묘장으로 사용한 적이 있다. 비닐하우스 대들보에 철제를 설치하고, **T**자형 막대 위에 **5cm×10cm** 판을 걸어 놓고 사용한다.

가끔 소형 육묘장을 만들기 위해 비닐하우스 공간 일부를 할애하기도 하는데 이것은 기본적으로 온실 안의 온실이라고 할 수 있다. 바깥 기온이 저녁에 영상으로 올라가지 않으면 이 방식을 사용하지 않는다. 공간이 부족하지 않다면 가능한 오랫동안 조기 재배 작물들을 실내 육묘장에 보관하려고 노력한다. 토마토를 더 큰 포트로 옮길 때만 공간이 부족하다. 별첨 사진첩 사진 15번을 참고하라.

29

저비용 시즌 연장

Inexpensive Season Extension

도시농부에게 경작지의 시즌 연장은 전략적으로 시도해 볼 만하다. 대부분이 부지를 소유하지 않았거나 장기 임대 계약이 안 되어 있음은 물론 부지의 형태나 위치 때문에 온실 설치를 쉽게 결정할 수 없다. 설치 비용도 꽤 많이 들기 때문에 새내기 농부로서는 감당하기 어려울 것이다.

우리 농장은 로우터널 비닐하우스, 신속터널 비닐하우스, 후프 비닐하우스 등 세 가지 형태를 사용한다. 로우터널 비닐하우스는 설치 비용이 가장 저렴하고 설치 기간도 가장 짧다. 다른 두 형태도 비용이 조금 더 든다는 것 외에 장점과 편리한 점이 있다.

그림 29-1   터널들의 입구는 열어 놓았고 비닐 덮개를 2.5cm 스프링 집게로 집어 놓았다

조립식 로우터널 비닐하우스와 로우 커버

로우터널 비닐하우스는 시즌을 연장하기 위해 사용한 첫 번째 유형이며 지금도 여전히 사용하고 있다. 터널은 너비 70cm 이랑 2개를 덮어 주는 온실용 플라스틱으로 제작되었다. 뼈대는 굵기 13mm에 길이 3m의 전기 금속관을 반원형으로 구부려 30cm 깊이로 땅에 묻어서 만든다. 터널의 길이는 원하는 대로 조정해서 설치한다. 일반적으로 8m에서 16m 길이의 이랑에 사용한다. 터널의 반원형 금속 파이프는 나일론 줄로 하나씩 묶어서 시작점과 끝나는 점에 철근으로 만든 말뚝에 묶어 고정시킨다. 그런 후 첫 번째 반원형 금속 파이프를 꽉 잡아당기고 이어서 다음 것도 같은 방식으로 당겨 고정한다.

줄이 팽팽하게 당겨졌으면 그 줄을 각 금속테마다 묶어 마지막 금속테까지 묶은 다음 마지막 금속테와 말뚝 사이에는 2개의 매듭으로 묶는다. 줄이 대들보 역할을 해서 터널이 눈이나 강풍으로 무너지는 것을 막아 줄 것이다. 스프링 집게와 돌을 넣은 주머니가 플라스틱 비닐을 붙잡아 주는 역할을 하는 데 쓰인다. 이 같은 터널을 만들기 위해 우선 6m×30m 길이의 온실용 비닐 롤을 구입해 단번에 11m까지 펼칠 수 있는 넓은 장소로 가져간다. 8m짜리 두둑에는 11m 길이의 비닐을 사용한다. 터널이 땅바닥으로부터 수 m 떨어져 있기 때문에 비닐은 그만큼 더 여유가 있어야 한다. 비닐을 펼친 다음 원하는 길이만큼 잘라 내고 날이 아주 잘 드는 가위로 비닐을 중간에서 반으로 자른다. 폭 6m짜리 비닐은 4번 접고 줄을 따라 잘라 내려가면 된다. 이 터널을 만드는데 비닐과 금속관, 집게, 대들보 구입에 63달러가 들어갔다. 따라서 6개의 반원형 전기 금속관을 사용한 8m 길이 이랑에 대충 31.50달러 비용이 들었다. 별첨 사진첩 사진 52번을 참고하라.

로우터널 비닐	용도	소요량	비용
로우터널용 절곡기	구입하거나 목재로 제작 가능. 전기 금속관 절곡용임	1	$60.00
13mm×3m 금속관	터널의 반원형 테. 8m 길이 두둑에 6개: 개당 $2.3	6	$13.80
고리 달린 철근 말뚝	터널당 2개의 말뚝이 줄을 아래로 당겨 대들보 역할을 함	2	$6.00
6mm 비닐로 꼰 줄	철근 말뚝 고리에 고정시킨 후 첫 번째 반원형 테에 묶고 이어지는 테마다 줄줄이 고리에 줄을 끼어 넣어 마지막 반원형 테에 묶어 고정시킨다. 8m 의 비닐 사용. 길이 366m 롤에 $45 비용 소요됨. 이랑에는 12m의 비닐 사용. 길이 366m 롤에 $45 소요됨. 이랑당 $1.50 소요됨	1	$1.50
폭 6m, 두께 6mm 온실용 비닐 필름	6m짜리 비닐은 가운데를 잘라 3m짜리 로우터널 2동 제작. 6m×34m 롤은 대략 $215이며 6개의 터널 제작 가능. 터널당 비용은 $35	1	$35.00
25mm 스프링 집게	낮에 입구 쪽을 열려 있게 비닐을 잡아 주고 바람 심한 지역에선 비닐이 날리지 않게 함. 집게 6개에 $4.00. 8m짜리 이랑당 6개를 사용	6	$4.00
모래 주머니	모래나 돌을 채운 모래 주머니도 비닐을 잡아 주는 역할을 함. 비용은 개당 $1.50으로 8m 이랑에 6개 필요함. 터널당 비용은 $69.30로 8m 이랑당 $35 꼴임	6	$9.00
총 계			$129.30

신속터널 비닐하우스

신속 터널은 하루나 이틀 만에 설치할 수 있는 간단하고 저렴한 시즌 연장용 비닐하우스다. 기초 자재는 상단 레일, 지상 기둥, 6mm 두께의 온실용 비닐, 50mm×100mm 크기의 채널 잠금장치가 필요하다. 이 터널은 20cm 작업로가 딸린 너비 96cm 이랑 4개를 덮을 수 있으며 길이는 원하는 대로 연장할 수 있다. 우리 농장은 길이가 15m가 넘지 않기 때문에 15m 이하의 신속터널을 설치했는데 한 동당 대략 50달러의 비용이 들었다. 비교적 소형 비닐하우스에 속하므로 주택 뒷마당 도시 경작지용으로 적합하다.

별첨 사진첩 사진 42번과 50번을 참고하라.

후프 하우스는 전통적인 형태의 온실이다. 우리 집 뒷마당에 2동의 크기를 합쳐 5m×25m인 후프 비닐하우스가 있다. 중고로 한 동에 1,000달러가 안 되는 값에 구입했다. 구입 당시 하우스는 대들보와 후프가 미리 조립되어 있었다. 양쪽 입구를 제작하고 비닐을 고정하는 채널 잠금장치를 설치했다. 후프 하우스는 장기 임대 계약을 체결했거나 부지를 소유했을 경우에만 설치를 권하는데 그것은 후프 하우스를 설치하는 비용과 시간이 만만치 않기 때문이다. 별첨 사진첩 사진 11번, 20번, 37번, 51번을 참고하라.

30

운송장비

Transportation

운송 장비야말로 농장을 운영하려는 여러분에게 많은 자금이 들어가는 선투자이거나 전혀 자금이 들어가지 않는 부분 중 하나일 것이다. 도시농업은 규모가 작아서 일반적으로 대규모 투자는 불필요하다. 적은 양의 다양한 작물을 배송하기 때문에 대부분의 다른 농장들이 보유하는 대형 차량은 필요하지 않다. 크기 2,024m² 이하의 농장을 운영한다면 소형 트럭이나 미니 밴, 스테이션왜건, SUV, 트레일러를 부착한 자전거가 레스토랑과 파머스 마켓에 필요한 것을 충분히 배송하고도 남는다.

내가 처음으로 운송 수단에 투자한 것은 1,000달러가 조금 넘는 금액으로 자전거 구입과 트레일러를 주문 제작하는 데 들었다. 다만 처음에는 자전거에 전동장치를 설치하지 않아서 끌고 다니기가 쉽지 않았다.

트럭과 밴

소형 트럭이나 스테이션왜건, 비니 밴 등은 도시농부에게 잘 맞는 운송수단이다. 나는 3기통 수입 트럭을 운전하며 농장에 필요한 모든 업무를 잘 수행하고 있다. 트럭으로 마켓에 필요한 모든 것들을 실어 나르고 관리기를 이리저리 옮기기도 하고 1.5톤 물량의 퇴비를 도시 경작지에 운반하는 일도 할 수 있다. 도시농업에 참여하는 많은 사람이 이미 이런 차량으로 충분히 잘 해내고 있으며 대형 트럭이나 밴은 그다지 필요하지 않다. 별첨 사진첩 사진 17번을 참고하라.

페달 동력

처음 시작했을 때는 마켓과 레스토랑에 배달하는 모든 것들을 페달 동력으로 해결했다. 신체적인 부담도 컸고 그 시간에 농장에서 더 건설적인 일을 할 수 있었을 텐데도 그렇게 경작지를 왔다 갔다 하면서 대부분의 시간과 에너지를 소비했다.

그래도 비교할 수 없는 이점이 있었는데, 창업할 때 비교적 비용이 적게 들었다는 것과 또 하나는 내게 붙은 유명세였다. 사람들은 지금도 여전히 나를 자전거 농사꾼이라고 부르고 우리가 하는 일에 대해 확고한 신뢰를 보내주고 있다. 무게 180kg짜리 관리기를 자전거 트레일러에 싣고 다니면 틀림없이 사람들의 관심을 끌게 될 것이다. 하루는 마켓에서 장사를 하는데 어떤 사람이 찾아와서는 자전거를 타고 트레일러를 끌고 다니는 것을 보았는데 사람들이 그 모습을 볼 때마다 정말 흥미로워한다고 말해 주었다.

자전거를 타고 다니며 농장을 운영하려면 재배 작물과 농장의 위치를 매우 신중하게 선택해야 한다. 이동하면서 하루를 다 잡아먹지 않으려면 경작지 이동 시간을 최소화해야 한다. 10분 정도 자전거를 타고 열심히 경작지에 도착했는데 농기구 하나를 챙겨 오지 못했다거나 트레일러에 다 싣지 못해서 다시 갔다 와야 한다면 하루를 대부분 잡아먹어 생산적이지 못한 결과를 초래할 것이다.

페달 동력으로 농장을 경영하려면 적어도 경작지 상호 간의 거리가 800m 이내여야 하고 재배 작물도 무게가 덜 나가는 것이어야 한다. 농장이 성장하고 규모를 키우게 되어 차량을 구매했을 때 비로소 멀리 떨어진 경작지를 한두 곳 선택하도록 하라. 그러고 나서 고회전과 2회전 방식을 동시에 진행하도록 한다. 옛 속담에 "필요는 발명의 어머니이다."라는 말은 이 경우에는 틀림없이 맞는 말이다.

지금은 주문 제작한 철제 트레일러가 부착된 전동 롱테일 다목적 자전거 2대를 사용하고 있다. 이 자전거들은 전동 장치를 포함하여 대당 3,000달러이

며 동네 용접공에게 트레일러 부착을 의뢰하고 400달러를 지급했다. 싼 편은
아니지만 유지 비용은 보험료, 소모품 비용을 고려하면 훨씬 더 경제적이다.
별첨 사진첩 사진 18번을 참고하라.

농장 운영

어느 농장에서나 매일 혹은 매주 다양한 작업을 수행해야 한다. 도시농부 또한 수확, 재배, 마케팅 등 수익을 제공하는 작업에 집중하기 위해 모든 작업을 최소화, 간소화해야 한다. 가급적 노동 시간을 최소화해야 하는 작업은 풀 뽑기, 가지치기, 퇴비주기, 직접 물주기 등이다. 이러한 작업을 효율적으로 진행하여 소중한 사람들과 더 많은 시간을 보내고 인생을 즐기는 것이 궁극적으로 생산성을 높이는 일이다. 나는 농장에서 주 48시간 일하며 여름철에는 더 적게 일한다.

지혜롭게 힘들지 않게 일하기

Work Smarter not Harder

낡고 상투적인 문구이지만 "지혜롭게 힘들지 않게 일해라."라는 말을 들어 본 적 있을 것이다. 겨울철 한가한 때에 나는 스쿼시를 자주 한다. 이 운동은 이 말을 제대로 깨닫게 해주는 좋은 예다. 스쿼시를 배우던 젊은 시절, 연세 있는 분들과 게임을 하게 되었다. 그들은 매우 전략적으로 게임을 이끌었고 나는 그들을 쫓아다니기 바빴다. 공을 제대로 치지도 못한 채 너무 지쳐서 허망하게 게임에 지고 말았다. 모든 일은 전략적으로 계획하는 것이 지혜로운 일이며, 농사 역시 작업 시간과 농사 기법, 적절한 과학 기술을 이용해 노동 시간을 효율적으로 줄여야 한다.

여러분의 시간은 매우 소중하다는 것을 알아야 한다. 처음 농사를 지을 때, 어떤 작업이든 소요되는 시간을 늘 기록했다. 작업 시간이 얼마나 걸리는지 파악하면 주간 계획을 세울 때 훨씬 효율적으로 설정할 수 있다. 일요일 저녁 식사가 끝나면 보통 30분 동안 다음 주의 계획을 세운다. 해야 할 일이 모두 표시된 달력이 있고 작업 수행에 시간이 얼마나 필요한지 알기 때문에 다가오는 주를 충분히 예측하여 계획을 세울 수 있다. 단, 다른 사람들이 일하는 시간은 내가 했을 때보다 15~20% 정도 더 할애하여 잡는다.

농장의 모든 작업을 목록으로 만들어라. 또 여러분이 즐겁게 잘할 수 있는 작업은 표시해 두어라. 여러분이 좋아하지도 않고 잘 하지도 못하는 작업은 최소한 다른 사람과 함께 하거나 다른 이들에게 위임해야 한다. 나는 작물 포장 작업을 좋아하지 않기도 했지만 그 시간에 잘하는 다른 작업을 하는 것이 더 효율적이라고 생각했다. 그래서 작물 포장 작업에 이웃의 도움을 받기로 했다.

내가 정말 즐겁게 잘하는 작업은 식재 작업이고 그래서 지금도 모든 식재 작업은 여전히 내가 담당하고 있다. 가끔 조기 이식 작업과 직파 작업이 동시에 이루어질 때를 제외하고는 혼자 다 한다. 그런 작업은 실수해서는 안 되는 작업이 대부분이다. 그래도 결국에는 도움을 필요로 하겠지만 가장 마지막으로 넘겨주는 작업이 될 것이다. 그런 작업은 남에게 맡기지 말라고 하는 것이 아니라 어떤 작업을 다른 사람에게 맡기는 것이 최선인지 따져 보고 일을 분배하라는 의미이다.

참고　　**농장 주요 작업**

세척 작업	선별 작업	포장 작업
관수 작업	수확 작업	식재 작업
사무실 업무	노지 작업 기록	

시간을 잘 활용하는 또 다른 방법은 모든 작업을 수익과 비용에 근거하여 평가하는 것이다. 나는 일주일에 2시간 정도 퇴비 만드는 작업을 한다. 이 작업은 하찮은 노동이다(적어도 나에게는). 첫 번째 이유는 그 일을 내가 전혀 좋아하지 않는다는 것이고, 두 번째는 작업이 끝난 후 얻은 퇴비 양에 비해 노동 비용이 많이 지불되었기 때문이다. 여러 군데 쌓아 놓은 퇴비 더미를 뒤집기 위해 5시간을 힘들게 투자해야 $1m^2$를 덮을 퇴비를 얻게 된다. 40달러를 투자하면 나보다 훨씬 퇴비를 잘 만드는 동네 퇴비 업자에게 더 많은 양의 퇴비를 살 수 있다. 여러분이 하는 모든 작업에 합당한 비용 편익 분석을 하고 있는지, 그보다 더 효율적인 방법이 있는지 검토해 보아야 한다.

농장에서 하는 모든 작업에 대해 문제점이 없는지 자문하는 습관을 길러라. 풀을 뽑느라 많은 시간을 사용하고 있다면 내가 왜 줄곧 풀만 뽑고 있지? 단번에 풀을 없애 버리는 방법은 없는가? 풀이 문제가 되기 전에 할 수 있는 방법은 없는가? 스스로에게 물어봐야 한다. 이것은 작물 재배에도 똑같이 적용될 수 있다. 가는 당근 식재를 수작업으로 한 적이 있었다. 그런데 그렇게 가는 당근을 팔 데가 없어 그 노동에 대한 보상을 받지 못한다면 그 작업은 엄청난 시간 낭비일 것이다. 그래서 내린 결론은 촘촘한 간격으로 직파하되 손을 쓰지 않는 방법으로 당근을 심는 것이다. 이 말뜻은 장 파종기와 같은 더 나은 파종 장비에 투자한다는 것이다. 또 지혜롭게 일하려면 완벽주의가 되지 않는 것이다. 모든 일에 완벽함을 도모한다면 만족하는 일이 드물 것이다. 계획의 85%만 얻을 수 있다면 충분하다. 수도꼭지 밑에서 컵에 물을 채운다고 생각해 보자. 처음 컵의 85%까지는 매우 빠르게 차지만 컵을 완전히 채우려면 물이 천천히 나오도록 수도꼭지를 조절해 컵에 물이 넘치지 않도록 해야 한다. 세상살이도 이와 똑같고 특히 농장의 많은 작업들도 그러하다. 직파할 때 완벽하게 똑바른 열로 파종하느라 추가 시간을 소비하는 일은 그렇게 중요하지 않은데 그 이유는 작물 생산에 뚜렷한 차이가 나지 않기 때문이다. 그래도 대부분의 사람들은 참 반듯하게도 열을 맞추어 심었다고 평한다. 일은 효과적으로 하되 모든 일을 완벽하게 하느라 자신을 괴롭히지 마라.

어떤 일은 정말 시간이 해결해 주기도 한다. 새로운 경작지를 만들기 위해 부직포로 잔디밭을 덮어 놓으면 대부분의 잔디를 죽일 수 있다. 이것이 시사하는 바는 덜 일하고 자원을 덜 쓰면서 일을 처리하는 방식이어야 한다는 것이다. 이랑 준비를 위해 유인묘판기법을 사용하고 1주 혹은 2주 동안 부직포로 덮어 놓는 기법은 적정 기술을 이용한 시간 절약 기법이라고 할 수 있다. 지표면에 잡초가 발아할 시간을 준 후 나중에 화염으로 잡초를 태워 버리거나 간단하게 부직포를 덮어 더 이상 자라지 못하게 할 수 있을 것이다. 이렇게 하면 잡초 뽑느라 시간을 허비할 필요가 없게 된다. 당근을 수확하면 곧바로 하루 동안 물에 담가 놓는다. 그렇게 담가 놓으면 물에 잠겨 있는 동안 당근에 묻은 흙이 잘 떨어지게 해 주어 세척이 아주 쉬워진다. 여러분이 하는 모든 작업에 대해 시간과 기법 그리고 과학 기술이 어떻게 작업을 신속히 처리하고 더 쉽게 만들어 줄지 생각해보아라.

주 48시간(또는 그 이하) 작업 농장

다른 농부들에게 일주일에 평균 48시간 일하고, 여름에는 그보다 덜 일한다고 말하면 믿지 못하겠다는 반응을 보인다. 어떻게 농부들이 대부분의 소규모 자영업자보다 더 적은 시간을 일하는 게 가능하단 말인가? 가능하다. 그것이 가능해진 데에는 여러 가지 이유가 있다. 가장 주목할 만한 이유는 작물 선택에 있다. 여름에는 토마토와 파티팬호박, 피망, 가지 같은 몇 가지 작물만 재배한다. 많은 농부들은 여름 몇 달 동안 가장 바쁜데 그것은 그들이 재배한 수많은 작물들이 그 시절에 무르익기 때문에 수확도 해야 하고 잡초를 뽑는 등 할 일이 너무 많기 때문이다. 그들에 비해 우리 농장은 잡초 제거에 앞에서 설명한 대로 선행적인 기법을 사용하기 때문에 크게 신경 쓰지 않아도 되고 파머스 마켓이 집에서 30분 정도 떨어진 거리에 있기 때문에 토요일 일찍 일어날 필요도 없다.

시간을 절약할 수 있는 전략 중 하나는 매주 수확량을 균형 있게 조절하는 것이다. 금요일과 토요일에 있는 레스토랑 배송 및 파머스 마켓 출하를 위해 주중에도 수확을 한다. 쉽게 시들지 않는 작물(근채류)은 주 초반에 수확하고 쉽게 시드는 작물(엽채류, 새싹채소 등)은 목요일쯤에 수확한다.

장시간 똑같은 일을 반복하지 않고 적절히 쉬어야 가장 효과적이고 생산적이라는 것을 시간이 흐른 후에 알게 되었다. 하루 중 가장 생산적인 시간은 아침에 1~2시간과 여름철 낮잠 잔 후 1~2시간이다. 이때는 활기차게 일하기 때문에 작업 속도도 빠르다.

또한 일부 작물은 최적의 시간이나 상황에 맞게 수확하면 시간이 단축됨은 물론 작물을 세척하는 과정도 줄이게 된다. 예를 들어 주중에 날씨가 좋은 날 엽채류를 수확하면 세척할 필요 없이 바로 선별 작업이 가능하다. 비 오는 날 수확한다면 엽채류를 선별하기 전에 간단하게라도 세척을 해야 하고 길게는 4시간 넘게 시간을 할애해야 한다.

매주 날씨 예보를 보고 엽채류는 가장 날씨가 좋은 날 수확하는 것으로 계획을 세운다. 화요일이 주초라고 해도 주중 가장 건조한 날씨라고 예보하면 엽채류를 수확하도록 한다. 엽채류는 물이 닿지 않으면 오래 보관할 수 있다. 어떤 작물이라도 비 오는 날에는 수확을 하지 않는 것이 최선이다. 장화가 진흙에 빠지기 시작하면 일이 더뎌지고 장갑과 셔츠, 양말을 갈아입어야 하는 번거로움도 있다. 가능하면 날씨에 따라 수확 일정을 잡도록 한다.

주간 작업 체계화

농장에는 정기적으로 해야 할 작업들이 많이 있다. 식재 작업과 수확 작업, 육묘장 작업, 이랑 관리, 경작지 개간, 비닐하우스 관리, 제초 작업 등등.

복수 경작지를 운영하는 일은 정신없이 바쁜 일이라서 작업 부하가 걸리지 않도록 작업량을 전략적으로 분산시켜야 한다. 고회전 경작지는 서로 가깝게 붙어 있어서 작업이 수월한 편이다. 반면, 2회전 경작지는 거리가 꽤 떨어져 있어서 한 번 가면 가능한 그곳의 작업을 끝내야 한다. 주중 2회전 경작지에 식재 작업과 수확 작업이 잡혀 있다면 두 작업을 통합하여 한 번에 처리하도록 한다. 이때는 트럭에 식재 기구와 비상 관수 도구, 수확 기구 등을 모두 싣고 가야 한다.

주간 반복 작업

시즌 중 가장 바쁜 시기는 시즌을 준비하는 기간이다. 3월 중순부터 5월 중순까지 일주일에 60시간씩 일한다. 관개 시설을 설치하고 온실 청소와 로우터널 비닐하우스 세우기, 경작지 개간, 육묘장 파종, 이랑 만들기 등 새로운 시즌을 순조롭게 시작하는 데 필요한 기반 시설을 모두 갖추어야 한다. 일 년 중 가장 바쁜 시기지만 준비가 끝나면 순풍에 돛을 단 듯 순조로운 항해를 하게 된다.

개략적인 점검

우리 농장은 주마다 아홉 곳의 주요 거래처와 거래를 하고 한 곳의 파머스마켓에서 판매를 한다. 이들 중 일곱 곳은 중급 레스토랑이고 두 곳은 유기농산물 전문 유통 도매상이다. 매주 금요일 오후 2시까지 레스토랑에 배달하고 유통 도매상 한 곳에는 화요일 오전 9시까지, 다른 한 곳은 수요일 오후에 배달한다. 수요일 배달하는 곳은 가끔 직접 와서 가져가기도 한다. 두 곳의 유통 도매상으로부터 월요일 오후에 주문을 받으면 작물을 수확하기 시작한다. 복합 경작지를 운영하는 입장에서는 두 곳의 거래처를 위해 한 번에 수확할 수 있어서 훨씬 효율적이다.

레스토랑으로부터 목요일 오전 9시에 주문을 받으면 바로 작물 수확을 시작한다. 세척 작업까지 그날에 끝내고 선별과 포장 작업은 다음 날인 금요일에 끝낸다. 여름 몇 달은 주문량도 많고 하루 작업 시간이 짧아 수요일부터 수확을 시작한다. 수요일에 수확하는 작물은 비트, 당근, 토마토 등 쉽게 시들지 않는 작물들이다. 여름철에는 전략적으로 아침과 저녁 시간에 수확한다.

잡초 방지 대책

잡초 제거는 내가 되도록이면 하지 않으려고 하는 작업 중에 하나다. 사실 잡초 뽑는 일이 재미있고 땅에서 뽑혀 나올 때의 느낌도 좋아한다. 그런데 그 점이 바로 문제다. 잡초를 뽑다 보면 그것에 집중하다 못해 빠져들어서 시간이 흘러가는 줄 모르고 매달리게 된다. 결국 할 일이 많은데 잡초 뽑다가 하루가 다 지나가게 된다. 가장 효과적인 제초 작업은 선행적이고 방어적으로 잡초가 자라지 않게 하여 시간을 절약하는 것이다.

대다수 유기농을 하는 농부들은 엄청난 노동력을 제초 작업에 쏟아붓는다고 말한다. 제초 작업에 전념하다가 수익을 더 올리지 못하게 되는 이유가 되기도 한다. 제초 작업은 결과를 가늠하기 어려운 작업 중에 하나다. 몇 kg의 엽채류나 몇 묶음의 래디쉬처럼 계량하여 가격을 매길 수도 없다. 그러므로 많은 시간을 제초 작업에 할애하여 시간을 낭비하지 말아야 한다.

선 방어적 이랑 제초 작업

이랑 잡초 방지는 유인묘판기법(stale seedbed technique)이라는 제초 작업으로 완결된다. 이 기법은 식재를 하기 전 이랑에 잡초 씨가 발아되도록 유도한 후 발아가 되면 화염으로 제초하거나 질식시키는 기법을 말한다.

시즌 초에 관리기나 광폭 쇠스랑을 사용하여 이랑을 정리한 후 퇴비와 비료, 토질 보완제를 흙과 섞어 준다. 이 작업이 끝나면 이랑에 물을 뿌리고 부직포로 덮어 둔다. 표토층에 잡초가 발아할 수 있는 최적의 환경을 만들어 주는 기법으로 소요되는 시간은 계절마다 다르다. 초봄에는 최소 2주가 걸리지만 여름에는 1주면 충분할 것이다. 일단 잡초가 발아하면 두 가지 방법 중의 하나를 선택할 수 있다.

시간적 여유가 있다면 부직포를 2주 동안 덮어두어 잡초가 더 자라지 못하고 죽게 하는 것이고 또 다른 방법은 화염제초기로 잡초를 제거하는 것으로 0.8mm 표토층만 태울뿐 토양에는 해가 되지 않는다.[1] 시간적 여유가 없거나 경작을 서둘러야 할 때 선택한다.

잡초 일부가 남아 있더라도 직파나 이식을 진행하도록 한다. 수확이 끝난 후 무경운 기법으로 이랑을 정리하고 다시 제초 작업을 계속하기 때문이다. 크게 자란 잡초는 뽑아 버리고 새롭게 올라온 잡초는 화염 제초기로 태워 버린다. 외부에서 잡초 씨가 날아오지 않는 한 이 과정이 반복될수록 잡초는 줄어든다.

그림 31-1   5개의 토치가 달린 화염 제초기로 화염 제초 작업

경작지 주변 잡초 방지 대책

경작지 주변에 자란 잡초를 제거하기 위해 조경용 천이나 목재 칩을 깔도록 한다. 조경용 천으로 덮는 데 걸리는 시간은 성인 혼자 30분이면 충분하다. 반면 목재 칩을 삽으로 퍼서 일일이 덮어 주려면 하루가 꼬박 소요된다. 기본적으로 조경용 천을 적극 권하지만 해당 경작지가 장기 임대 계약이 되어 있다면 목재 칩으로 덮어도 좋다. 별첨 사진첩 사진 6번을 참고하라.

적절한 잡초 제거 시기

언제 잡초를 제거해야 유리한지 숙지하는 것도 매우 중요하다. 래디쉬가 자라고 있는 이랑에서 잡초를 제거하는 것은 효율적이지 않다. 래디쉬는 성장이 매우 빠르기 때문에 잡초보다 일찍 싹을 틔우고 잡초에게 밀리지 않기 때문이다.

그러나 씨앗을 퍼트리기 직전의 잡초들은 반드시 뽑아 버려야 한다. 잡초 하나에서 수천 개의 씨앗이 퍼져 나가기 때문이다. 특히 엽채류 근처에 있는 잡초는 우선적으로 제거해야 한다. 엽채류는 잡초보다 크게 자라지도 않고 여러 번에 걸쳐 수확하기 때문에 주변에 잡초가 자라지 않도록 신경 써서 관리해야 한다. 그렇지 않으면 잡초에 파묻혀 수확할 때마다 곤혹을 치르게 된다.

장기간 재배하는 작물인 경우(심지어 당근조차도) 유인묘판기법으로 잡초를 제거하고 때때로 일부 잡초는 직접 뽑는 수고를 피할 수 없다.

손실 절감 대책

"잡을 때와 놓아줄 때를 알아야 한다."라는 케니 로저스의 유명한 노래가 있다. 농사짓는 일에도 딱 들어맞는 말이다. 손실을 줄이고 대책을 세워야 할 때가 언제인지 알아야 한다. 초소형 경작지를 바탕으로 하는 도시 농장은 생산량을 극대화하는 것이 절대적이며 결정적인 요소이다. 농사를 짓다 보면 가끔은 생각지도 못했던 일이 발생한다. 극심한 날씨, 관수 문제, 종자의 결함 등 작황이 좋지 못할 사유는 여러 가지가 있다.

이런 경우 문제점을 재빨리 파악하고 개선한 후에 재출발하는 것이 최선이다. 예를 들어 루콜라를 심고 얼마 지나지 않아 발아율이 70%밖에 안 되는 것을 알게 되었다고 하자. 우선 문제가 되는 외부 요인이 있는지 확인해야 한다. 관수 때문인지, 이랑에 문제가 있는지, 해충으로 인한 피해인지, 새들이 쪼아 먹지는 않았는지 여러 가능성을 추적해 보면 이유를 찾게 된다. 문제 원인을 알게 되면 즉각 조치를 취하고 일의 진행에 차질이 없도록 한다.

이랑이나 작물이 30% 이상 피해를 입어 70%만 생산하게 되더라도 손실을 감안하고 유지하기 위해 애써야 한다. 피해 작물이 신속 성장 작물이라면 수확이 다소 늦어지더라도 바로 씨앗을 뿌려 재배를 다시 시작하는 것도 방법이다. 가끔 작물이 잘 팔리지 않게 되면 손해를 줄이기 위해 과감히 재배를 중단하고 수요가 많은 다른 작물을 심기도 한다.

시즌 내내 한 경작지에 케일만 키운 적이 있었다. 경작지 하나에 여섯 개의 이랑이 있었다. 주당 두 곳의 이랑에서 수확할 목적으로 여섯 이랑에서 시차를 두고 재배했다. 마지막 두 곳의 이랑이 수확을 앞두고 있었고 처음 수확했던 두 이랑에서는 이미 작물이 쑥쑥 자라고 있었다. 두 번 회전하고 났을 때는 케일이 너무 많이 생산되어 방법을 찾아야 했다. 8월 1일에 케일 재배를 멈추고 가을 당근을 심을 계획이었는데 어쩔 수 없이 7월 1일에 케일 이랑 두 곳을 정리하고 비트를 심었다. 2회전 경작지에 신속 작물을 심는 결과가 되었지만 농사 흐름에 장애가 되지는 않았다. 여름철 비트는 성장주기가 짧아 당근 식재 계획에 영향을 주지 않았다.

32

수확

Harvesting

수확은 농장에서 가장 자주 하는 작업이라고 할 수 있다. 수확되는 농작물에 초점을 맞추고 지속적으로 작물 생산이 유지되도록 늘 관리한다. 농장 운영 자금이 원활히 흐르도록 하는 가장 좋은 방법은 작물 생산이 끊이지 않도록 하는 것이다. 성수기가 되면 매일 무언가를 수확하고 있어야 하며 수확 작업은 일관되고 효율적이어야 한다.

다양한 작물을 재배하다 보면 수확에 적용되는 규칙도 여러 가지가 있지만, 모든 작물에 적용되는 몇 가지 원칙이 있다. 가장 중요한 원칙은 '작업이 간단하고 효율적이어야 한다.'는 것이다. 손과 도구의 동작을 가능한 최소화하고 수확은 최대화해야 한다. 예를 들어 손으로 엽채류를 수확한다면 가능한 많은 양의 엽채류를 손에 쥐어야 한다. 그런 후 바구니에 담는다. 한 번에 한 잎씩 따면서 여러 번 바구니를 오간다면 시간도 힘도 많이 들 것이다. 래디쉬 다발을 만들 때도 마찬가지다.

수확하는 곳에서 수확작물 수송 차량까지 왕래할 때도 효율적인 움직임이 역시 요구된다. A 지역에서 B 지역으로 갈 때마다 무엇인가를 가지고 가라. 밭에 나갈 때는 들고 가져갈 수 있는 만큼 가능한 한 많은 농기구를 들고 가라. 그래야 뭔가 다른 농기구나 필요한 수확 통을 가지러 경작지를 비우는 시간을 최소화할 것이다.

수확하는 날 어떤 작물을 수확할지 또 작물의 위치는 어디인지, 수확 작업을 신속하고 완벽하게 하기 위해서 어떤 장비들이 필요할 것인지 꼼꼼하게 검토해야 한다. 복합 경작지를 소유한 농부는 보다 더 전략적으로 대처해야 한다. 수확하는 날에는 자전거 트레일러나 트럭에 필요한 모든 것을 싣고 만약의 경우를 대비해 여분의 농기구까지 싣는다. 다루기 힘든 곳에 잡초가 있을 경우를 대비해 흔들 괭이와 쇠스랑을 자주 챙긴다. 나는 또 몇 개의 관수관 연결 장치가 든 작은 백과 연장들, 스프링클러 시스템에 문제가 생겼을 경우를 대비해 여분의 타이머 배터리도 챙긴다. 열심히 수확하다 말고 물건을 가지러 가는 수고를 덜기 위한 나름의 노하우다.

참고 **수확 도구와 장비**

- 주목할 사항이나 조정할 사항 등 수확 전반에 대한 상황을 점검하고 수확량을 기록하는 수확 집계 메모판

- 수확한 작물의 무게를 재기 위한 아날로그형 저울

- 수확한 작물이 든 통에 붙일 라벨용 보호 테이프와 마커

- 수확용 통과 대형 토트백

- 당근을 수확하고 억센 잔디를 뽑을 때 필요한 쇠스랑

- 시금치와 허브 다발을 잘라 수확하기 위한 칼

- 엽채류 신속 수확기와 여분의 배터리 4개

- 허브 다발과 근채류 포장용 고무줄이 담긴 소형 통

일곱 가지 수확 단계

매주 성공적인 작물 수확을 위해 우리는 다음 7가지 단계를 밟는다. 수확하는 날 필요한 도구와 장비를 모두 챙겼다면 다음 사항은 계획적인 수확에 관한 원칙들이다.

1   주간 작업 계획을 체계적으로 세워라.

2   모든 주문서를 집계하고 수확 기록 시트를 작성해라.

3   건조하고 서늘한 날로 수확일을 잡아라.

4   주문에 따라 수확 순서를 미리 결정해라.

5   수확한 작물들을 그늘에 보관해 노지 열기를 식혀라.

6   수확하면서도 기록해라.

7   수확한 작물을 저온 저장고에 보관해라.

❶ 체계적인 주간 수확 계획

이 단계에서는 수확할 작물이 무엇이며 어느 경작지에 있는지, 수확하기 좋은 최적의 날씨 등을 살펴본다.

주간 일기 예보에 따라 약간의 계획 변동은 있을 수 있다. 시즌 초반과 후반에는 농장의 모든 수확 작업과 선별 작업이 목요일과 금요일에 이루어진다. 농장이 본격적으로 생산하기 시작하는 여름철에는 수확 작업과 세척 작업, 포장 작업에 최소 3일은 걸린다. 수요일에는 쉽게 시들지 않는 비트와 당근, 토마토를 수확하고 가장 먼 곳에 위치한 경작지의 작물들도 수확한다. 예를 들어 케일을 재배하고 있는 경작지에서 비트와 당근을 수확한다면 다음 날 수확하기로 한 케일이라도 같은 날 모두 수확해 온다.

보통 가장 빨리 시들어 버리는 작물들은 출하일 직전에 수확한다. 대부분 래디쉬와 순무 같은 어린 근채류와 엽채류는 목요일에 수확하고 당일 작업이 끝날 때쯤 새싹채소를 수확한다. 여름 성수기에는 금요일에 작물을 포장하고 선별한다. 시간을 최대한 활용하기 위해 수확하면서 그곳에서 해야 할 농장 작업도 병행한다. 예를 들어 경작지 중에서 가장 멀리 떨어진 곳에 있는 경작지의 관수 시설을 고친다거나, 식재를 해야 하거나 혹은 터널식 비닐하우스를 철거하기 위해 갔다고 하더라도 그 경작지에 수확할 작물이 있으면 겸사겸사

그 작물들도 수확해 온다.

❷ 주문서 집계와 수확 기록 시트 작성

수확 작업을 시작하기 전에 우선 주문서들을 집계하고 분류하여 밭에 들고 갈 수확 기록 시트에 기록해야 한다. 수확할 작물들의 물량을 합해서 총 계를 기록한다.

(1) 파머스 마켓

매주 파머스 마켓용 물량을 예측할 때는 지난주 가지고 갔던 물량에서 그 날 판매한 물량과 남은 물량을 기준으로 하여 약간 정정하는 선에서 산정한다. 예를 들어 봄철 혼합채소 100봉지를 가져갔는데 80봉지밖에 못 팔았다면 다음 번부터는 80봉지만 가져가고 셰프와 다른 고객을 위해 물량을 확보해 둔다.

(2) 토지 소유자

경작지의 실 소유자들에게는 매주 월요일에 공급할 수 있는 작물 목록을 이메일로 보낸다. 시즌에 따라서 달라지지만 그들은 20달러에서 30달러 가치의 작물을 선택한 후 목요일 아침까지는 주문서를 우리에게 다시 보내 주어야 한다. 이 물량도 작물 수확 기록 시트에 포함한다.

(3) 레스토랑용

주간 신선 채소 목록을 매주 월요일 아침 셰프들에게 보내면 수요일부터 주문이 들어오기 시작한다. 레스토랑 주문의 마감일은 목요일 아침 9시까지이다. 그들로부터 주문을 받으면 모든 레스토랑 주문을 스프레드시트에 입력한다. 혹시 주문을 받지 못한 레스토랑 고객이 있으면 문자나 전화 또는 이메일로 확인한다. 그래도 여전히 아무 연락이 없으면 수확을 시작한다. 일정한 물량을 지속적으로 주문하는 고객들이라면 그들이 지난주에 주문한 목록을 복사하여 금주의 수확 기록 시트에 포함시키고 그것을 근거로 수확을 진행한다. 여름철 몇 달은 지난주에 주문한 것을 근거로 추정하고 수요일에 수확을 시작한다. 스프레드시트를 참고하면 고정 고객의 주문을 파악하게 되고 다음 주문도 예측할 수 있다.

❸ 수확하기 가장 좋은 시간

작물은 날씨가 선선할 때 수확해야 신선한 상태를 유지하고 작업하는 사람에게도 좋다. 열에 약한 작물은 하루 중 날이 선선할 때 수확하는 것이 좋다. 근채류와 여름작물은 한창 더울 때도 수확할 수 있지만 품질을 보증하기 위해 몇 가지 원칙은 꼭 지켜야 한다. 자세한 사항은 33장과 10부를 참고하라.

봄과 가을은 온도가 낮기 때문에 시간은 크게 문제가 되지 않는다. 다만 건조하고 맑은 날에 수확하면 세척 시간을 줄일 수 있다는 점을 기억해 두자.

비 오는 날 꼭 작업해야 한다면 그날은 온실 작물을 수확하거나 이미 수확한 작물을 세척하는 일 등 가능한 온실이나 실내 작업을 하도록 한다. 수시로 일기 예보를 점검하고 그에 따라서 수확 일정을 세워야 한다.

❹ 수확 순서 미리 정하기

작물을 수확하는 순서가 매우 중요하다. 쉽게 시들지 않는 작물을 우선 수확하고 가장 쉽게 시드는 작물은 제일 늦게 수확한다. 복수 경작지에서 농사를 짓기 때문에 물류적인 측면도 고려해야 한다. 제일 먼저 래디쉬와 순무를 수확하고 그다음에 엽채류와 허브를 수확한다. 가장 잘 시드는 작물은 수확 기간과 저온 저장고에 보관하는 시간까지의 간격을 최소화하기 위해 수확 시간이 끝나는 시점까지 남겨둔다.

⑤ 수확 후 그늘에서 열기 제거하기

　화창한 날이면 수확한 후에 작물이 가득찬 바구니와 수확 상자, 토트백을 즉시 그늘진 곳에 두어야 한다. 수확한 근채류가 한 통 가득 차면 그늘에 갖다 놓고 스프레이로 작물 위에 물을 뿌려 놓는다. 토트백에도 물을 채워 놓고 남은 작물들을 수확하는 동안 근채류를 물속에 담가 두기도 한다. 이것은 두 가지 효과가 있는데 첫째는 채소에서 노지 열기를 없애 주고, 둘째는 작물을 세척할 때 뿌리에 묻어 있는 흙을 쉽게 제거할 수 있다. 트럭에 토트백을 싣기 전에 물을 버리는 것을 잊지 말아야 한다. 토마토와 파티팬호박, 피망 같은 여름철 작물은 그늘에 놓아두면 된다.

　엽채류는 일단 수확이 끝나면 절대로 물을 뿌리지 않는다. 유일하게 물을 뿌리는 경우는 날씨가 생각보다 훨씬 더운 날 수확했을 때뿐이다. 엽채류는 수확 즉시 그늘에 갖다 놓고 토트백 상부를 덮개로 덮어 수분 증발을 최소화해야 한다.

⑥ 수확하며 기록하기

　토트백이 엽채류나 근채류로 한가득 찰 때마다 무게를 재거나 개수를 센 다음 그 정보를 수확 기록 시트(표 12-6 참고)에 기록한다. 그래야 그밖에 어떤 것들이 필요한지 알게 되기 때문이다. 저온 저장고에 토트백을 보관한 후에도 그 속에 무슨 작물이 들어 있는지 알 수 있도록 가림막 테이프와 마커로 저온 저장고에 들어가기 전에 표시한다. 수확을 하면서도 경작지의 생산성이 얼마나 되는지 추적해 기록해 두는 일이 매우 중요하다. 한 이랑의 루콜라를 수확했다면 수확량이 얼마나 되는지 기록해 두어라. 당근을 재배하는 이랑의 절반을 수확했다면 그것도 기록해라. 이랑에서 얼마나 수확했고 무게는 어느 정도인지 주목해야 한다. 작물들이 어떤 결과를 낼지 예상할 수 있기 때문에 이러한 정보들 모두가 농장의 미래를 계획하는 데 도움이 된다.

❼ 수확물 저온 저장고 보관

일단 운영 본부로 돌아오면 수확한 모든 작물을 입식 저온 저장고에 넣는다. 가공이 필요 없는 작물들은 저장고의 뒤쪽이나 위쪽에 둔다. 그렇게 하면 가공이 필요한 작물들은 자연히 저장고의 앞쪽이나 아래쪽에 놓이게 된다. 이렇게 하면 불필요하게 토트백을 이리저리 옮기는 일도 없을 것이다.

작업 규칙

농장에서 재배하는 작물에 대해 조금 특별한 작업 규칙이 있다. 각 작물에 대한 자세한 내용은 10부를 참고하라.

엽채류

엽채류는 날씨에 따라서 수확 순서가 빨라지거나 늦어질 수 있다. 일기 예보를 미리 점검했느냐에 따라 신속하게 수확(2시간 만에 완료)을 완료하거나, 빗속에서 세척 시간까지 포함시키면 하루 종일 비참한 수확 작업을 하느냐의 차이가 생긴다. 쾌청한 날씨라면 금요일 레스토랑 배달용과 토요일 파머스 마켓용으로 목요일에 엽채류를 수확한다. 하지만 날씨가 좋지 않다면 우중에 수확하지 않고 엽채류가 비에 젖지 않도록 날씨가 좋은 날을 택해 수확하는 것이 좋다. 엽채류를 수확할 때 보통 모든 농장의 관수 타이머를 조정해 놓아서 아침에 수확할 때 물기가 없도록 한다. 목요일 아침에 수확할 계획이라면 그날은 전혀 관수가 되지 않도록 조절하고 수확을 끝내고 경작지를 떠나기 전에 수동으로 전환해 물을 준다. 이런 일은 매일 물을 줘야 하는 뜨거운 여름철에 특별히 신경 써서 진행해야 한다.

스프링클러가 작동되는 동안 흙이 엽채류에 튀지 않도록 확실하게 잘 조절을 해 놓아야 한다. 그렇지 않으면 세척과 가공 작업에 시간과 노력을 쏟아부어야 할 것이다. 별첨 사진첩 사진 24번, 25번을 참고하라.

근채류

근채류를 수확할 때는 작물에 따라 조금씩 다른 방식을 쓴다. 당근과 스캘리언은 쇠스랑으로 이랑의 흙을 부드럽게 만든 후 땅에서 뽑아낸다. 당근 잎은 잘라서 이랑 옆에 둔 퇴비용 통에 버린다. 잎이 크게 자란 당근을 뽑기 전에 칼로 잎 부분을 잘라(밑동에서 3cm에서 5cm 정도 남김)내고 쇠스랑으로 당근을 긁어낸다.

래디쉬와 순무도 같은 방법, 같은 시기에 수확할 수 있다. 시즌 중에 래디쉬나 순무는 2주에 걸쳐 수확하기도 한다. 첫 번째 주는 듬성듬성 굵은 것 위주로 수확하고 두 번째 주에 남아 있는 것을 모두 수확한다.

뜨거운 날 근채류를 수확할 때 수확용 통이 가득 차면 경작지 부근 그늘에 갖다 놓고 작물 표면에 물을 좀 뿌려주거나 당근과 스캘리언의 경우 담아 놓은 토트백에 물을 채워둔다. 이렇게 하면 작물의 뜨거운 열기를 빼주고 가공할 때 세척하기 쉽다. 별첨 사진첩 사진 24번과 25번을 참고하라.

여름작물

파티팬호박과 애호박, 토마토와 피망, 가지 등 여름작물은 엽채류나 근채류에 비해 수확 후 손상이 적기 때문에 수확 시기에 크게 신경 쓰지 않아도 된다. 토마토는 저온 저장고에 보관하지 않아도 된다. 수확한 토마토를 그늘진 곳이나 공기 순환이 잘 되는 곳에 놓아두기만 하면 된다. 파티팬호박 줄기에는 피부를 가렵게 하는 작은 가시들이 있기 때문에 긴팔 티와 바지를 입고, 장갑을 낀 채 수확해야 한다. 애호박을 수확할 때는 작은 칼이나 전지가위를 쓴다. 애호박을 손으로 잘라 내면 가끔 작물 밑동이 잘려 나가 버리니 칼로 깔끔하게 잘라 낸다. 파티팬호박과 애호박은 수확 후 곧바로 저온 저장고에 보관해야 한다. 피망은 손으로 수확하고 수확 후 역시 저온 저장해야 한다.

33

수확 후 가공

Post-Harvest Processing

가공이란 레스토랑이나 파머스 마켓으로 출하할 작물을 세척하고, 분류하여 포장하는 작업이다. 농장 운영 초기에 누군가가 내게 가공 작업에 대해 조언을 해주었더라면 많은 시간을 절약할 수 있었을 것이다. 지금이라도 나의 경험이 여러분에게 도움이 되길 바란다.

가공 과정은 다음과 같다.

1   노지 열기 제거하기

2   세척 및 회전 탈수 후 건조하기

3   선별 또는 포장하기

항상 위와 같은 순서에 따라 처리할 필요는 없지만 대부분의 가공 작업은 1단계로 시작해 3단계로 끝난다. 토마토는 열기를 없앨 필요도 세척할 필요도 없지만 선별해서 포장해야 한다. 모든 채소류가 세척 과정을 거쳐야 하는 것도 아니다. 피망과 가지, 여름 호박은 세척이 필요 없지만 열기를 식히고 선별을 해야 한다.

작물이 최고의 가격을 받으려면 무엇보다 중요한 것은 작물이 최상으로 보이도록 해야 한다는 것이다. 고객들에게 채소의 색상과 신선도를 강조할 수 있다면 더 많은 구매 효과를 가져오게 될 것이다. 효율적으로 대처하는 것도 똑같이 중요하다. 작업 흐름을 일정하게 유지하고 체계적으로 진행하여 가공 작업의 효과를 높이도록 해야 한다.

엽채류와 새싹채소

엽채류 세척은 꼭 해야 할 때가 아니면 하지 않는 것이 좋다. 세척하게 되면 엽채류의 신선도가 상당히 떨어진다. 세척하지 않았을 때 훨씬 오래 보관할 수 있고 모양새도 좋다. 대부분의 시즌 동안 엽채류를 세척하는 작업은 몇 번 안 된다. 관수 시스템도 조정해 놓아서 엽채류가 흙탕물로 더럽혀질 염려도 없다. 엽채류는 보통 노지에서 바로 공급해도 매우 깨끗하다. 그러나 우기에는 엽채류에 흙탕물이 튀어 어쩔 수 없이 세척해야 한다. 엽채류는 수확 후 최소 몇 시간은 저온 저장고에 보관해 두어야 한다. 이 과정에서 노지 열기가 제거되는데 세척 전에 이 과정을 거치는 것이 매우 중요하다. 다소 더운 날 수확하면 작물에 차가운 물을 뿌려 둔다. 잠시 저온 저장고에 작물을 두는 것도 좋다. 이렇게 하면 작물의 잎을 단단하게 하는 효과도 있다.

엽채류와 새싹채소를 가공하는 단계는 다음 세 가지다.

1 세척

2 회전 탈수

3 건조와 선별

때에 따라 이 세 가지 단계를 반드시 거칠 필요는 없다. 봄철 아침 이슬 때문에 엽채류가 다소 젖어 있을 뿐이라면 세 번째 단계(건조와 선별)로 바로 넘어가도 된다. 비가 조금 와서 엽채류가 약간 젖었지만 지저분하지 않다면 1단계를 생략하고 회전 탈수하고 건조하여 선별하면 된다. 하지만 엽채류가 며칠 동안 비를 맞았다면 물기도 상당히 많이 남아 있을 것이고 땅바닥에서 튄 흙으로 더럽혀져 있을 것이다. 그럴 경우 엽채류는 씻어서 세 단계를 다 거쳐야 한다. 해바라기새싹과 래디쉬새싹은 항상 세 단계를 다 거쳐야 한다.

1단계: 세척

세척대 위에는 세 개의 토트백이 놓이게 된다. 왼쪽 토트백은 저온 저장고에서 가져온 것으로 그 속에는 세척할 작물이 들어 있다. 가운데 있는 토트백은 중간 사이즈에, 차고 깨끗한 물이 2/3쯤 차 있다. 오른쪽에 있는 세 번째 토트백은 바닥에 배수 구멍이 뚫려 있는 대형 토트백이다. 이 토트백 안에 세탁용 그물 백을 넣은 후 2개의 집게로 입구가 활짝 열려 있도록 양쪽을 집어 놓는다. 엽채류를 세척한 다음 이백에 담는다.

1번 토트백에서 엽채류를 한 손 가득 꺼내서 2번 토트백에 던져 넣고 2번 정도 휘휘 돌려 씻고 나서 세척한 엽채류를 3번 토트백에 넣는다. 이 과정을 3번 토트백이 꽉 차거나 1번 토트백이 텅 빌 때까지 반복한다. 순서대로 세척하는 과정에서 2번째 수확용 통을 비우고 깨끗한 물로 교체하기도 한다. 그런 후 더러운 물을 세척대에 버리면 물은 배수 구멍으로 흘러가 빠져나간다.

해바라기새싹과 래디쉬새싹을 씻을 때는 그것들을 한 손 가득 집어서 세척용 토트백에 넣고 물 표면에 손을 집어 놓고 좌우로 흔들어주면 된다. 물 표면에서 물을 튕겨 해바라기새삭과 래디쉬새싹을 씻다 보면 토트백 안에 겉껍질이 쌓여 있는 모습이 보일 것이다. 그러면 이제 물속에서 새싹들을 쥐어 껍질을 버리고 남은 새싹을 3번째 토트백에 넣으면 된다. 몇 번씩은 작은 소쿠리로 껍질을 물 밖으로 건져 내어 퇴비용 통에 던져 넣는다. 별첨 사진첩 사진 27번을 참고하라.

2단계: 회전 탈수

세척 과정을 거친 엽채류가 3번째 토트백에 꽉 차면 회전 탈수기에 들어간다. 백이 회전 탈수기 안에서 고르게 자리잡아 무게 중심이 맞도록 한다. 그렇지 않으면 회전 탈수기가 돌아가면서 많은 소음을 낼 것이다. 기계를 회전 위치에 맞추고 작동시킨다. 기계가 작동되는 동안에도 계속 엽채류를 더 세척해 또 다른 토트백에 채운다. 다른 토트백에 엽채류를 채울 즈음에 보통 첫 번째 회전 탈수 작동도 끝난다. 별첨 사진첩 사진 28번을 참고하라.

3단계: 건조와 선별

회전 탈수기에서 막 탈수를 끝낸 엽채류를 꺼내 건조용 스크린에 쏟아 놓는다. 엽채류를 스크린 위에 평평하게 펴놓고 선풍기를 최대로 틀어 놓는다. 한꺼번에 이 세 단계 작업을 하고 있을 때는 일종의 조립 라인을 운영하는 것 같다. 세척하고 회전 탈수하고 건조 작업을 동시에 모두 하는 셈이다. 엽채류가 건조 스크린에서 건조되고 있을 때는 엽채류를 부드럽게 뒤집어 엽채류 잎들이 골고루 드러나도록 하며 이때 상한 잎이나 잡초, 작은 벌레 등을 골라낸다. 엽채류를 건조 스크린에 잘 펼쳐 놓으면 제거해야 할 것들이 보인다.

새싹채소를 건조할 때 이리저리 움직이게 하면 마지막까지 남아 있던 껍질들이 건조 스크린 밑으로 떨어진다. 새싹채소는 지나치게 건조하지 않도록 주의해야 하는데 지나치면 시들어 버리기 때문이다. 별첨 사진첩 사진 29번을 참고하라.

근채류 다발

근채류를 다발로 묶을 때는 경작지나 가공 과정에서 잎을 제거하는데 간혹 고객이 원하면 그대로 두기도 한다. 근채류 가공은 다음 두 과정을 거친다.

1   잎사귀 제거

2   세척

1단계: 잎사귀 제거

래디쉬나 순무의 잎사귀를 경작지에서 제거하기도 하지만 다음과 같은 이유로 가공 과정에서 제거하기도 한다.

- 고객이 잎사귀를 원할 때

- 경작지에 잎사귀를 놓아둘 공간이 없을 때

- 날씨가 좋지 않거나 급한 배달 때문에 수확을 서둘러야 할 때

근채류의 잎사귀를 제거하려면 성능 좋은 가위를 사용하라. 세척이 끝난 한 다발의 근채류를 잡아 고무 밴드 위 2.5cm쯤에서 잘라 내고 그 잎사귀는 발밑에 있는 토트백으로 떨어뜨린 후 가동된 근채류 다발은 왼쪽에 있는 토트백에 넣는다. 이 과정에 필요한 기간은 2초에서 4초 정도 걸린다.

2단계: 세척

근채류 다발을 세척하려면 스프레이 호스를 세게 틀어 다발을 돌려가며 씻는다. 세척이 끝난 다발은 물을 뺀 후 깨끗한 통에 담아 둔다. 이후 배달용 상자에 담는다. 묶지 않은 래디쉬나 순무, 비트는 당근도 같은 방식으로 세척한다.

스켈리언

스켈리언(봄 양파라고도 함)은 세척하기 가장 지루한 근채류이다. 다른 근채류에 비해 세척 시간이 더 많이 걸린다. 수확할 때 흙이 뿌리에 많이 묻어 뽑히기 때문이다. 이 과정을 좀 더 쉽게 하려면 금방 뽑은 스켈리언을 토트백에 세워 넣고 몇 리터의 물을 토트백에 채워 주면 된다. 그렇게 해서 하룻밤이나 최소 몇 시간을 놔두면 훨씬 세척하기 쉬워진다.

스켈리언 세척 과정은 다음 네 단계로 나눌 수 있다.

1   세척대에 가지런히 늘어놓고 물을 잘 뿌려 씻는다.

2   시들은 껍질은 벗겨 낸다.

3   뿌리를 다듬는다.

4   다시 물로 씻고 다발로 묶어 포장한다.

1단계: 늘어놓고 씻기

가능한 많은 스켈리언을 토트백에서 집어 올려 세척대 위에 늘어놓는다. 물을 잘 뿌려 준다. 우선 굵은 흙덩이를 대충 씻는다.

2단계: 시들은 껍질 벗겨내기

대략 120g 정도를 한 손으로 쥐고 시들은 껍질을 벗겨낸다. 가위로 여러 번 반복하며 벗겨내기 때문에 시간이 제법 소요되므로 한 번에 끝내려고 하지 말아라.

3단계: 뿌리 부분 다듬기

시들은 껍질을 벗긴 후에는 가위로 뿌리 부분을 대략 6mm나 그 이하 길이로 다듬는다. 세척대 왼쪽에 한 더미씩 쌓이기 시작한다.

4단계: 재 세척 후 다발 묶기

시든 껍질을 벗기고 다듬은 스켈리언 더미가 충분히 쌓였으면 다시 깔끔하게 세척한다. 조금씩 이리저리 움직이면서 남아 있는 흙을 털어 버린다. 뿌리와 불필요한 껍질이 별로 많지 않아서 아주 쉽게 세척이 될 것이다. 스켈리언 더미에 물을 뿌려 세척이 끝나면 다발을 만들거나 대량 주문용으로 포장한다.

잎이 제거된 근채류(비트와 당근, 래디쉬, 순무)의 세척 작업은 아주 빠르고 깔끔하다. 특별한 요청이 있을 때만 다발로 만든다. 수확 후에는 물이 담긴 토트백에 담가 놓고 다른 채소를 수확하기도 한다. 당일 늦게라도 가공할 예정이라면 본부로 가져가서 토트백에 다시 물을 채우고 세척대 옆 그늘에 보관하고, 다음 날 세척할 예정이라면 저온 저장고에 바로 보관하면 된다.

근채류를 크기별로 분류하려면 두 번째 과정도 필요하다. 첫 번째 세척 과정은 대단히 빨리할 수 있기 때문에 30분 만에 45kg의 근채류를 세척할 수 있다. 세척에 필요한 것은 구멍 뚫린 통과 세척한 근채류를 담을 깨끗한 새 용기이다.

1단계: 근채류 세척 작업

경작지에서 가져온 토트백 속의 근채류들을 5cm 깊이의 세척용 토트백에 담는다. 세척 호스의 세기를 거의 최대한도로 해서 물을 뿌린다. 물을 뿌리면서 왼손으로 토트백을 앞뒤로 움직인다. 이렇게 하면 근채류들이 앞뒤로 움직이면서 물 균등하게 뿌려지게 된다. 토트백 한 개를 온전히 세척하는 데 2분밖에 걸리지 않을 것이다. 전부 세척되었으면 깨끗한 토트백에 쏟아 놓으면 된다. 이렇게 근채류가 깨끗한 토트백에 꽉 찰 때까지 이 작업을 반복한다. 밑에 있는 토트백의 근채류가 상하지 않도록 충분한 공간을 주며 올려놓아야 한다. 모든 근채류들의 세척이 끝날 때까지 이 작업을 계속해 토트백을 쌓아 올린다. 세척한 근채류들이 저온 저장고에 보관되기 전에 물이 빠지고 건조되도록 세척장에 그 상태로 20여 분간 놓아둔다. 별첨 사진첩 사진 30번을 참고하라.

2단계: 선별 작업

크기가 다양하지 않으면 선별하지 않아도 된다. 일반적으로 중간 크기의 근채류는 가격을 더 받을 수 있어서 되도록이면 중형의 근채류를 재배한다. 세척이 끝나면 크기별로 선별 작업을 진행한다.

34

선별 작업과 포장 작업

Portioning and Packing

모든 작물은 수확하여 세척이 끝나면 선별하고 포장하여 고객들에게 판매해야 한다. 우리 농장에서는 100여 가지 품목을 개당 3~5달러짜리 소형 단위로 선별하여 마켓용 포장을 하는 소규모 팀이 구성되어 있다. 레스토랑용 포장은 전혀 다르고 단위 중량도 훨씬 더 크다. 작업도 그렇게 단순하지 않고 보통 한 사람이 모든 것을 전담한다. 주문 하나가 여러 다양한 품목으로 구성되고 가격대로는 보통 200달러에서 1,000달러 정도다. 셰프들의 주문을 포장할 때는 특별한 주의를 기울여야 한다. 이처럼 많은 비용을 쓰는 고객이라면 제대로 대접해야 한다.

마켓용 포장 작업

우리 농장에서는 마켓용 포장을 금요일에 끝낸다. 수확과 세척 작업도 포장 작업 전에 다 끝낸다. 금요일에는 직원 몇 명과 함께 작업한다. 마켓용 포장 작업은 아주 쉽고 전혀 힘들지 않은 작업이어서 2시간 일하고 그 대가로 채소를 받아 가겠다는 사람들을 쉽게 구할 수 있었다. 포장 작업을 할 때는 그늘이 있는 곳에서 일한다. 포장 작업자들은 테이블 앞에 서서 한 번에 한 품목씩 작업을 한다. 보통 작업자들 왼쪽에는 저온 저장고에서 가져온 완성품이 담긴 토트백이 놓이고 바로 앞에는 저울과 끈, 봉지, 고무줄이 놓여 있다. 오른쪽에는 선별한 작물을 담는 또 다른 토트백이 놓여 있다. 토트백이 봉지와 다발로 꽉 차면 품목이 무엇이고 상자 속 양이 얼마나 되는지를 기록하기 위해 가림 테이프와 마커를 사용해 만든 라벨을 붙인다. 그러면 작물이 가득찬 토트백은 저온 저장고의 지정된 장소로 이동한다. 작물 생산이 최고조에 달하는 성수기에는 2대의 저온 저장고를 다 사용한다. 한 대는 선별해야 할 작물들을 보관하고 다른 한 대는 포장한 작물과 레스토랑 주문용으로 선별한 작물들을 보관한다.

그림 34-1　　　　**선별과 포장 작업**

마켓용 근채류는 경작지에서 다발 작업을 해놓았기 때문에 금요일에는 엽채류와 새싹채소, 잎사귀 없는 당근 등을 포장한다. 케일과 근대, 스켈리언도 다발 작업을 한다. 토마토와 파티팬호박, 피망과 같은 품목은 아침에 마켓에서 가판대를 설치하여 무게를 단 후 바구니에 함께 모아 둔다.

표 34-1은 파머스 마켓에 가져가는 모든 품목의 무게와 포장 방법, 판매 가격을 표시하고 있다. 실제로 품목들을 개당 2달러 50센트, 3달러, 패키지로 5달러에 팔고 있지만 기록과 회계 처리 편의를 위해 모두 2달러 50센트로 가격을 매긴다. 하나도 같은 크기가 없어서 중량으로 팔아야 하는 에어룸 토마토를 제외한 모든 품목은 개별 단위로 판매한다. 이를 대비해 현장에서 무게를 달 작은 저울을 가져간다.

품목	식용 용도	마켓 가격	포장 단위	포장 사양	품목 설명
루콜라	샐러드용 엽채	$3/개, $5/2개	113g 봉지	13×8×29 봉지와 끈	
루콜라(대형)	샐러드용 엽채	$5	255g 봉지	27×38 포대와 끈	
바질	허브	$3/개, $5/2개	113g 봉지	13×8×29 봉지와 끈	
비트	근채류	$3	3–4 개	고무밴드로 묶은 다발	윗부분과 같이 판매
청경채	엽채류	$3/개, $5/2개	227g 봉지	27×38 포대와 끈	
데침용 혼합채소	샐러드용 엽채	$3/개, $5/2개	113g 봉지	13×8×29 봉지와 끈	
당근	근채류	$3	340g 봉지	13×8×29 봉지와 끈	봉지에 뿌리만
고수	허브	$2	57g 다발	고무밴드로 묶은 다발	경작지 다발 작업
딜	허브	$2	57g 다발	고무밴드로 묶은 다발	경작지 다발 작업
가지(어리고 다양한 종류)	과채	$3/개, $5/2개	283g 바구니	0.5리터 용량 베리 바구니	
케일	엽채	$3/개, $5/2개	227g 다발	고무밴드로 묶은 다발	
파슬리	허브	$2	57g 다발	고무밴드로 묶은 다발	경작지 다발 작업/고무밴드
완두새싹	새싹채소	$3/개, $5/2개	57g 봉지	13×20 봉지와 끈	
완두새싹(대형)	새싹채소	$5	142g 봉지	10×5×25 봉지와 끈	
래디쉬	근채류	$3/개, $5/2개	227g 다발	고무밴드로 묶은 다발	다발 작업 후 윗부분 제거
래디쉬새싹	새싹채소	$3/개, $5/2개	57g 봉지	13×20 봉지와 끈	
러시안적케일	샐러드용 엽채	$3/개, $5/2개	113g 봉지	13×8×29 봉지와 끈	
샐러드용 혼합채소	샐러드용 엽채	$3/개, $5/2개	113g 봉지	13×8×29 포대와 끈	
샐러드용 혼합채소(대형)	샐러드용 엽채	$5	255g 봉지	27×38 포대와 끈	
샐러드용 순무	근채류	$3	227g 다발	고무밴드로 묶은 다발	
스파이시 혼합채소	샐러드용 엽채	$3/개, $5/2개	113g 봉지	13×8×29 봉지와 끈	
봄 양파	근채류	$2	113g 다발	고무밴드로 묶은 다발	
시금치(어린)	샐러드용 엽채	$3/개, $5/2개	113g 봉지	13×8×29 봉지와 끈	첫수확/프리미엄 샐러드용
시금치(대형)	엽채	$5	340g 봉지	13×8×29 포대와 끈	두 번째 이후 수확/나물, 주스
여름 호박	과채	$3/개, $5/2개	283g 바구니	0.5리터 용량 베리 바구니	애호박 파티 호박
해바라기새싹	새싹채소	$3/개, $5/2개	57g 봉지	13×20 봉지와 끈	
해바라기새싹	새싹채소	$5	170g 봉지	10×5×25 봉지와	
근대	엽채	$3/개, $5/2개	227g 다발	고무밴드로 묶은 다발	

품목	식용 용도	마켓 가격	포장 단위	포장 사양	품목 설명
토마토(체리)	과채	$3/개, $5/2개	369g 바구니	0.5리터 용량 베리 바구니	
토마토(에어룸)	과채	$5.50/킬로	–	낱개 판매	
토마토(로마/샌 마르자노)	과채	$3/개, $5/2개	369g 바구니	0.5리터 용량 베리 바구니	

마켓용 봉지를 포장할 때는 85%의 원칙을 지킨다. 엽채류를 저울에 달아 원하는 무게의 85%에 달하면 그것으로 충분하다. 매 봉지마다 완벽하게 정확한 무게를 달려고 별도의 시간을 들인다면 소중한 시간을 낭비하게 된다. 수백, 수천 개의 봉지라면 그 시간을 합치면 정말 많은 시간이 된다. 110g을 담아야 하는데 120g 담았다 해도 대부분의 고객에게는 무시할 정도의 차이다. 보통 무게가 적게 나가는 것보다는 조금이라도 더 나가게 하려고 노력한다.

셰프용 포장 작업

레스토랑 주문은 대량이라 다른 종류의 백과 상자를 사용한다. 유기농 마트에서 재활용하는 코팅된 상자를 모아 레스토랑 주문용 포장재로 사용한다. 테이프와 마커로 목적지별 라벨을 붙인다. 많은 양의 토마토를 포장할 수 있는 아보카도 상자도 모은다. 역시 유기농 마트 뒤쪽에 가면 많이 있다.

엽채류는 1kg까지 담는 대용량 백으로 포장한다. 이러한 백은 두루마리 형태로 공급되며, 꽉 채우지 않아도 1kg까지 포장할 수 있다. 많은 양의 엽채류 주문인 경우 상자 형태로 4.5kg까지 담는 쓰레기 봉지와 유사한 백을 사용한다. 반드시 인체에 유해하지 않은 용품을 사용해야 한다. 토마토와 같은 품목은 높이 7.6cm의 평평한 토마토 상자로 포장해 4.5kg짜리 대형 상자로 배달한다. 케일과 근대는 2.5kg 상자로 배달한다. 이러한 채소들은 코팅된 상자로 포장하는데 포장 전에 상자 안에 플라스틱 안감을 깐다.

레스토랑용 포장 품목은 마켓용 포장 품목과 유사하다. 포장할 품목 목록은 가나다순으로 작업하고 목록에 따라 선별 작업을 한다. 포장된 작물은 저온 저장고에 보관한다. 셰프용은 포장이 간단하기 때문에 대용량 표준 가격으로 판매한다. 선별 목록 작성이 끝나면 특별 주문 분량을 포장한다. 확 트이고 그 늘진 곳에 상자들을 펼쳐 놓고, 가림 테이프로 상자에 라벨을 붙인 다음 목록에 따라 품목을 각각의 지정된 위치에 놓는다. 일단 주문서에 있는 모든 품목이 한자리에 모이면 트럭이나 자전거 트레일러에 싣는다. 주문 사항 중 약간의 변경사항(어떤 특정 품목의 부족)이 있을 경우를 대비해 확인 후 청구서를 인쇄한다.

레스토랑용 주문을 포장할 때 무게를 정확하게 또는 주문보다 약간 초과하게 맞추려고 노력한다. 절대로 주문한 무게 이하로는 포장하지 않아야 한다

표 34-2 셰프용 포장 도표

품목	작물 구분	레스토랑 가격	단위무게	가격/kg, 개	포장 방식	특기 사항
가지(어리고 다종)	과채	$4	kg당	$4	토마토 상자 포장	
고수	허브	$2				
근대	엽채	$25	2.3kg/상자	$5	낱개씩 판지 상자	
당근	근채	$4	낱개/kg	$4	낱개씩 판지 상자	잎줄기 76cm 보존
데침용 혼합채소	샐러드용 엽채	$20	0.9kg/케이스	$10	30cmx50cm 봉지	
딜	허브	$2				
래디쉬(2.7kg 대용량)	근채	$25	2.7kg/케이스	$5	낱개로 30cmx50cm 봉지	잎줄기 보존 혹은 잎줄기 5cm만 보존
래디쉬새싹	새싹채소	$20	kgg당 판매	$20	30cmx50cm 봉지	
러시안적케일	샐러드용 엽채	$20	0.9kg/케이스	$10	30cmx50cm 봉지	
루콜라	샐러드용 엽채	$20	0.9kg/케이스	$10	30cmx50cm 봉지	
루콜라(상자)	샐러드용 엽채	$90	4.5kg/케이스	$9	플라스틱 안감된 판지 상자	
바질	허브	$20	0.9kg/케이스	$10	30cmx50cm 봉지	

품목	작물 구분	레스토랑 가격	단위무게	가격/kg, 개	포장 방식	특기 사항
비트(골프공 크기)	근채	$4	낱개/kg	$4	낱개씩 판지 상자	잎줄기 5cm 보존, 낱개로 상자, 포장 판매
비트(대)	근채	$2.50	낱개/kg	$2.50	낱개씩 판지 상자	전 잎줄기 절단
샐러드용 순무	근채	$40	2.7kg/케이스	$7	낱개로 30cmx50cm 봉지	
샐러드용 혼합채소	샐러드용 엽채	$20	0.9kg/케이스	$10	30cmx50cm 봉지	
샐러드용 혼합채소 (상자)	샐러드용 엽채	$85	4.5kg/케이스	$9	플라스틱 안감 된 판지 상자	
스켈리언	근채	$8	낱개/kg	$8	30cmx50cm 봉지/0.5kg 이상	
스파이시 혼합채소	샐러드용 엽채	$20	0.9kg/케이스	$10	30cmx50cm 봉지	
시금치(대형)	엽채	$12	0.9Kg/케이스	$6	30cmx50cm 봉지	
시금치(어린)	샐러드용 엽채	$16	0.9kg/케이스	$8	30cmx50cm 봉지	
여름 호박	과채	$40	4.5kg/케이스	$4	토마토 상자로 포장	
완두새싹	새싹채소	$30	0.9kg/케이스	$15	30cmx50cm 봉지	
청경채	엽채	$25	2.3kg/상자	$5	낱개씩 판지 상자	판지 상자 포장
케일	엽채	$25	2.3kg/상자	$5	낱개씩 판지 상자	
큰토마토	과채	$25	4.5kg/상자	$2.50	토마토 상자로 포장	
토마토(로마/산 마르자노	과채	$30	4.5kg/상자	$3	토마토 상자로 포장	
토마토(체리)	과채	$40	4.5kg/상자	$4	토마토 상자로 포장	
파슬리	허브	$2	57g/다발	$2	고무줄로 묶은 다발	
해바라기새싹	새싹채소	$30	0.9kg/케이스	$15	30cmx50cm 봉지	

8부

생산 시스템

여기에서는 농장에서 생산과 관련된 모든 작업을 간략하게 설명하려고 한다. 이 작업 중 일부는 대다수 소규모 농장들과 비슷하기도 하고 또 어떤 것은 도시 농장에만 있는 독특한 것도 있다. 다른 농장에 비해 규모가 작기 때문에 어떤 생산 기법은 정통 농법에서 벗어나거나 파격적이기도 하다.

35

이랑

Beds for Production

도시 농장의 이랑 길이는 대부분의 집약농보다 짧은 편이다. 32m 길이의 이랑이 있다면 매주 작물 수확이 더 행복하겠지만 아쉽게도 도시에서 그만한 부지는 찾기 어렵다. 그러나 개인적으로는 32m보다 짧은 이랑을 선호하는데 거기에는 몇 가지 이유가 있다.

소형 농기계 사용이 가능한 폭 76cm의 이랑은 소규모 집약 농장의 표준이다. 식재하거나 수확할 때, 잡초를 제거할 때 가로질러 넘어가기에 알맞은 폭이라 매우 효율적이다. 이랑의 폭이 좁아 양쪽에서 접근이 가능하고 인체공학적으로도 작업 흐름을 원활하게 이끄는 측면이 크고 오랫동안 같은 자세를 취하지 않아도 되는 장점이 있다. 별첨 사진첩 사진 31번, 32번, 33번을 참고하라. 이랑에서 작업하는 각기 다른 자세를 보여 주고 있다.

주로 소농들이 사용하는 폭 1.2m 이랑은 단번에 건너가기도 쉽지 않다. 손도구를 주로 사용하여 폭 1.2m의 이랑에서 농사를 지으면 허리 통증에 시달리게 된다. 폭이 1.2m인 이랑은 양쪽에서 접근이 가능하기 때문에 '양안접근 이랑'이라고 한다. 인체공학적인 측면에서 보았을 때 온종일 몸을 최대한 벌린 자세로 작업하거나 이랑과 이랑을 옮겨 다니려면 피로가 쉬 몰려오게 된다. 9년간 조림작업원으로 일하면서 허리에 고통스러운 아픔을 겪었기 때문에 가능하면 허리에 무리가 가지 않게 하려고 한다. 양쪽에서 접근 가능하다는 점은 허리에 2배로 통증을 준다는 의미일 뿐이다.

이랑의 길이는 32m 단위 배수의 길이(8m, 16m, 24m, 32m 등)가 가장 이상적이다. 관수 시스템과 시즌 연장에 활용되는 비품들이 모두 32m 단위 배수의 크기로 출시되어 있기 때문이다. 한 개의 8m 길이 이랑이나 16m짜리 이랑이 주간 단위로 가능한 양의 작물을 심을 수 있는 전형적인 크기이다. 그 이유는 첫째 한 번에 전체 이랑을 다 수확하면 반복 수확 가능한 엽채류는 다시 자랄 때 크기가 균일하게 자라기 때문이다. 두 번째는 작물을 모두 수확하고 난 후에는 즉시 다른 작물을 심을 수 있기 때문이다. 모든 이랑을 효과적으로 활용하는 일이 4,048㎡ 이상의 경작지에서 농사를 짓는 사람들에게는 별 관심이 없는 사항이겠지만, 1,012㎡ 크기 경작지의 모든 이랑이 항상 생산을 멈추지 말아야 하는 도시농부에게는 매우 중요한 관심 사항이다.

예를 들어 32m 길이의 경작지에 작물을 심어 놓고 매주 8m 이랑씩 수확한다면 그 경작지에서 수확을 다 끝내고 다시 갈아 새로운 작물을 심기까지는 4주가 걸린다. 8m 래디쉬 이랑 하나에서 70다발을 수확하고 그것들을 1주일 동안에 어렵지 않게 판매한다. 신선한 양상추 엽채류(9kg)나 샐러드용 혼합채소의 일부 재료가 되는 진홍색 주름 겨자채도 마찬가지다.

생산 단위

이랑을 하나의 생산 단위로 적용하기 위해서는 이랑 크기를 표준화하는 것이 적절한 응용 기법이다. 고회전과 2회전 이랑이라는 표준화된 모델 경작지를 만들어 각 경작지에서 생산할 수 있는 양을 쉽게 파악하고 계산할 수 있다. 도시농부는 농사지을 경작지를 얼마나 많이 가지고 있느냐가 아니라 각각의 공간에 얼마나 많은 이랑을 만들어 내느냐가 관건이다.

특이한 이랑

규칙을 깨는 데는 항상 이유가 있고 규칙을 깨야만 하는 다양한 이유가 있다.

특이한 모양의 부지

경작지는 표준화된 이상적인 크기가 아닌 경우가 많다. 완벽하게 정사각형인 부지는 거의 찾기 힘들다. 대부분의 도시 내 경작지는 정사각형이거나 직사각형 형태이지만 이러한 이상적인 부지의 형태를 제대로 활용하지 못하게 하는 물리적인 장애물들이 있다. 나무, 발코니, 창고 등이 종종 걸림돌이 되고 그래서 8m 단위 배율로 이랑을 만들 수 없는 경우가 생긴다. 예를 들어 앞마당이 7m×11m인 길쭉한 경작지가 있을 수 있다.

길이가 짧은 이랑이 몇 개 있는 것보다 긴 이랑이 쓸모 있는 이유는 작업로로 빠지는 공간이 적기 때문이다. 그러나 때에 따라서는 짧은 이랑이 합리적인 선택이기도 하다.

짧은 이랑

길이가 짧은 이랑에는 수요가 적은 작물을 재배하는 것이 가장 좋은 방법이다. 예를 들어 매주 주문 물량이 몇 kg 이내인 샐러드용 혼합채소가 해당된다. 미니 당근과 노지 새싹채소를 재배하기 위해 길이가 짧은 이랑을 사용한 적이 있었다. 애매한 크기에 볼품없는 구역을 쓸모 있게 활용하기에는 길이가 짧은 이랑이 최선의 선택이다. 짧은 이랑을 만들 때도 8m 단위의 배율(1/2 크기 4m와 1/4 크기 2m)로 이랑의 형태를 만드는 것이 좋다. 8m 길이의 이랑은 모두 노지 새싹채소를 재배하고, 16m 길이의 이랑은 샐러드용 혼합채소를 재배한다. 별첨 사진첩 사진 35번을 참고하라.

복수 이랑

두 개의 이랑에 같은 작물을 식재하면 작업로에도 추가로 심을 수 있어 생산성을 높일 수 있다. 이런 복수 이랑은 고회전 경작지의 신속 성장 작물에만 적용되며 작물의 2배수를 심고 한 번에 모두 수확해야 한다.

예를 들어 2개의 이랑에 래디쉬를 심고 다 자란 후 이랑에 있는 작물을 남김 없이 수확한다면, 두 이랑 사이의 작업로를 경운하거나 쇠스랑으로 갈아엎을 수가 있어 그곳에 덤으로 생긴 이랑 작업로에도 작물을 심을 수 있다. 이 경우 식재한 작물에 추가 작업이 필요 없어야 하며(래디쉬는 잡초보다 빨리 자란다) 작물을 일시에 모두 수확할 예정이라면 작업로가 없어도 된다.

복수 이랑에는 일시에 모두 수확하는 신속 성장 작물을 재배할 수 있지만 지속 성장 작물은 재배를 권하지 않는다. 신속 성장 작물이라도 한 번 이상 수확하는 작물도 권하지 않는다. 복수 이랑에 가장 적합한 작물은 일시에 수확하는 신속 성장 작물이어야 한다. 별첨 사진첩 사진 36번을 참고하라.

그림 35-1과 그림 35-2를 보면 두 개의 이랑 중 한 개의 이랑에 7열씩 식재하고 작업로에 추가로 3열을 식재하면 생산율이 21% 추가된다. 한 이랑에 9열을 식재하면 작업로에 4열이 추가되어 생산율은 22% 추가된다.

그림 35-1
래디쉬 복수 경작지의 서로 인접한 각 7열의 이랑. 작업로를 활용해 복수 경작지를 만들면 3열의 이랑을 추가할 수 있다

그림 35-2
루콜라 복수 경작지의 서로 인접한 각 9열의 이랑. 작업로를 활용해 복수 경작지를 만들면 4열의 이랑을 추가할 수 있다

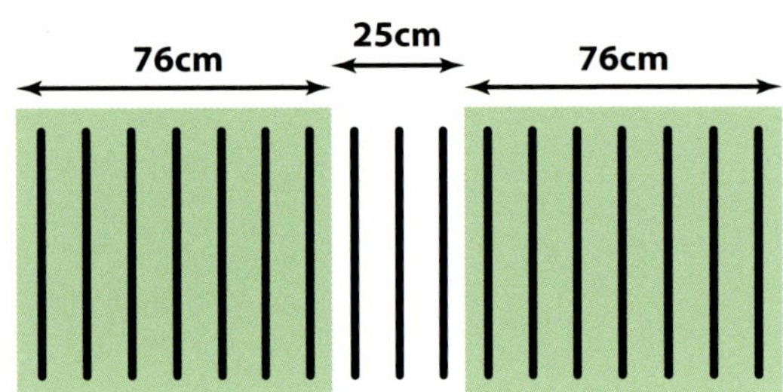

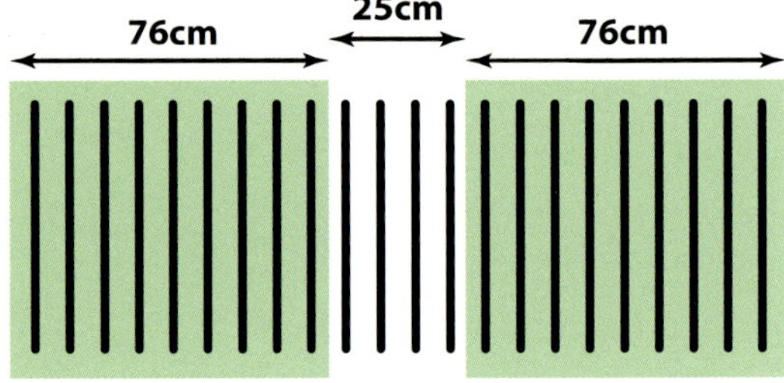

길이가 긴 이랑

길이가 15m 이상이면 긴 이랑이다. 길이 15m인 이랑 12개는 7~8m 이랑 여러 개보다 더 유용하게 사용할 수 있다. 길이가 긴 부지는 복수 이랑을 활용하는 방식으로 중간 작업로를 없애고 한시적이나마 긴 이랑을 만들어 최대한 식재율을 높이도록 한다. 별첨 사진첩 사진 7번, 10번, 34번, 52번을 참고하라.

간작 이랑

도시농업에서 생산을 극대화하기 위한 또 다른 방식은 동일 경작지에서 서로 공생하는 작물을 재배하여 작물 생산을 배로 늘리는 간작(사이짓기)이다. 일부 유기농 재배자들은 공생 관계에 있는 작물을 간작 방식으로 재배한다. 예를 들어 토양에 질소를 공급하는 작물과 질소를 더 필요로 하는 작물을 간작하거나, 해충을 쫓아내는 작물과 해충을 유인하는 작물을 간작하는 것이다. 이러한 접근 방식도 의미가 있지만 내가 간작을 하는 이유는 따로 있다. 동일한 지역에서 시즌이 짧은 작물과 시즌이 긴 작물을 짝지어 재배한다. 우리 농장에서 쉽게 볼 수 있는 두 가지 간작 재배 작물은 다음과 같다.

(1) 토마토

토마토를 온실에 정식할 때 상추와 루콜라, 래디쉬, 시금치와 같은 신속 성장 작물들 사이에 간작한다. 래디쉬처럼 일시에 수확하는 작물을 재배했던 이랑에는 전체 이랑에 토마토를 심고, 토마토 사이에 바질도 심는다. 여러 차례 수확하는 작물(루콜라와 시금치, 러시안적케일 등)과 간작할 때면 가끔은 한 두 줄의 이랑을 완전히 비워 토마토를 심을 공간이 있는 열을 만들어 준다. 엽채류를 수확할 때는 토마토를 잘라 내지 않도록 많은 주의를 기울여야 한다. 토마토 키가 대략 1m쯤 되면 토마토가 적절하게 성장할 공간이 필요하기 때문에 다른 모든 작물들은 수확해야 한다.

작은 온실에서 간작을 할 경우에는 매우 조심스럽게 단계적으로 작업을 해야 한다. 래디쉬나 순무 같은 작물의 작업로에 토마토를 간작하기도 하는데 심는 장소는 격자 구조물을 지탱하는 철선이 어디에 있느냐에 달려 있다. 폭이 6m인 터널식 비닐하우스에 토마토를 4열로 심었는데 2열은 벽면으로부터 약 1m 떨어진 바깥쪽에, 나머지 2열은 0.5m씩 사이를 두고 심었다. 그런 다음 식재할 공간이 남아 있는 토마토 사이에 바질을 간작했다. 폭이 4m인 터널식 비닐하우스에는 봄 작물이 재배되고 있는 4열의 이랑 사이 작업로에 토마토를 심었다. 이랑의 반대쪽 작업로에서 봄 작물을 수확할 수 있다. 이와 같은 집중적인 작물 재배는 봄 작물과 토마토가 교차 성장하는 2~3주간을 집중 관리해야 하는 까다로움이 있기 때문에 일반화할 수는 없다. 별첨 사진첩 사진 21번, 22번, 24번, 37번, 43번을 참고하라.

(2) 파티팬호박

2회전 경작지에서 파티팬호박 사이 공간을 활용하는 가장 좋은 방법은 파티팬호박이 심겨 있는 이랑 열 사이에 작물을 심는 것이다. 폭 76cm 이랑 가운데 파티팬호박을 심으면 양쪽 합쳐 110cm 정도의 면이 생긴다. 파티팬호박을 심은 양쪽에 폭 15cm의 작업로를 만든 후 래디쉬와 시금치, 루콜라 같은 신속 성장 작물을 재배한다. 20일이 지나면 수확할 수 있기 때문에 호박이 자라는 데 큰 문제가 없다. 2회전 경작지에서 이같이 여분의 작물을 재배하게 되면 결과적으로 작물을 두 배로 수확하게 되는 효과를 얻게 된다.

지속 성장 작물과 신속 성장 작물을 간작하는 예. 그림 중앙에 있는 작은 작물들은 파티팬호박이 너무 자라서 성장을 방해받기 전에 수확할 수 있다

경운에서 무경운으로 전환하기

경운을 해야 하는지 하지 말아야 하는지 그것이 문제다. 최근에 유기농과 소농 커뮤니티에서는 경운 작업은 잘못된 농사 방식으로 인식되고 있는데 그럴 만한 합당한 이유가 몇 가지 있다. 경운이 토양에 미치는 부정적인 요인은 여러 가지가 있다. 흙 속의 미생물과 지렁이를 죽이고 토질 경화 현상을 부추기며 토양층을 뒤집어 잡초 생육을 도와준다는 것이다.

그러나 나 같은 도시농부가 부딪히는 현실은 관리기 사용이 작업 시간을 줄여주는 실용적인 방식이라는 점이다. 관리기가 없으면 나 같은 농부는 매일 일상으로 하는 작업을 그 날에 끝마치지 못할 것이다.

농장을 운영할 때 경운기로 새로운 경작지를 갈아엎어 토양의 물리적 성질을 신속하게 바꿀 수 있었다. 나 역시 경운 작업이 장기적으로 바람직한 농업 정책은 아니라고 생각한다. 그러나 경운 작업을 하지 않는다면 도시농부들 대다수가 3년 안에 정착하지 못할 것이다. 우리가 사용하는 정원은 다시 잔디밭이 될지도 모른다. 나는 짧은 기간 안에 누군가의 부지에 정착하기 위해 모든 것을 바쳤다. 주간 단위로 잠깐씩 관리기를 사용하여 이랑을 관리하는 것이 무경운이라는 장기적인 농업 정책에 부정적인 영향을 줄 정도로 심각한 작업이라고는 보지 않는다.

이랑을 만들 때 경운 작업을 하지 않는 근본적인 이유는 잡초 때문이다. 경운 작업으로 흙을 뒤집어엎을 때마다 흙 밑에 있던 잡초 씨가 튀어 올라온다. 토양의 표토층에는 잡초 씨가 흩뿌려져 있고 한 번 갈 때마다 새로운 잡초 씨를 표토층으로 불러 올린다. 매주 잡초와 씨름해야 한다면 꽤 많은 일거리가 생기게 될 것이다. 래디쉬와 순무 같은 몇몇 신속 성장 작물 재배에는 잡초가 큰 문제가 되지 않는다. 반면에 지속 성장 엽채류를 재배하면 여러 번 잎을 수확할 수 있지만 잡초 때문에 힘들게 된다. 루콜라와 상추 이랑에 잡초가 많아지면 결국 여러분이 작물을 수확한 후 잡초를 솎아내느라 시간을 허비해야 한다.

관리기로 이랑을 경운하는 방법

관리기로 이랑을 경운하려면 이랑의 넓이에 맞는 기계를 사용하는 것이 최선이다. 먼저 경운하기 전에 깊게 뿌리내린 모든 잡초를 손으로 뽑거나 쇠스랑으로 제거해야 한다. 그렇지 않으면 다시 자라난다. 수확이 끝나고 버려진 작물 잔해도 확인해야 한다. 잔해 일부가 관리기 갈퀴 살에 걸려 경운을 힘들게 할 수도 있기 때문이다. 어떤 경우에는 갈아엎는 것보다 작물들을 뽑아 퇴비 처리하는 것이 더 낫다. 결실기에 접어들어 키가 13cm까지 자란 상추로 가득찬 이랑은 경운하지 않는 편이 낫다. 관리기로 모두 갈아엎으려면 몇 번씩 반복해야 하는데 차라리 뽑는 것이 힘이 덜 들기 때문이다. 그러나 수확량 잔해가 많지 않다면 갈아엎는 데 큰 문제가 되지 않는다. 수확물 잔해를 제거할 것인지 갈아엎을 것인지 결정되면 토질 보완재를 뿌리고 경운 작업으로 섞어 준다.

벽과 나무, 울타리와 같은 물리적 장애물 사이로 자주 돌아다녀야 하기에 도시 경작지에서 경운하는 작업은 까다롭다. 모퉁이에 갇혀서 꼼짝 못할 수 있으므로 항상 회전할 충분한 공간을 확보해야 한다. 울타리 끝까지 이랑이 있는 경우에는 이랑 끝에 도달하기 전 1m 앞에서 관리기를 멈추고, 관리기를 180도 회전시킨 다음에 경운 작업을 계속한다. 이렇게 하면 이랑 끝 한 면은 나머지 이랑보다 조금 덜 경운이 되지만 거의 차이는 없다.

관리기로 이랑을 경운할 때는 이랑 자체만 갈아엎고 작업로나 경작지 둘레는 그대로 놔두고 갈아엎지 않는다. 2년에 걸쳐 경운하고 광폭 쇠스랑이나 쇠스랑으로 이랑의 표토층을 부드럽게 해주면 심토층이 굳어지는 것을 막을 수 있다. 별첨 사진첩 사진 38번을 참고하라.

무경운 이랑

새롭게 농부가 된 많은 사람이 경운 작업을 최소화하거나 아예 하지 않는 기법을 개발하기 시작했다. 최근까지도 이러한 기법을 소농에 어떻게 적용시킬 것인가 하는 문제는 극복해야 할 과제였다. 무경운 농업 방식은 일부 대규모 농장에서 수년 동안 시행하지 못하고 있다. 그들은 이전 작물들을 갈아엎어 버리고 그 땅에 줄뿌림하는 대형 트랙터를 활용해 왔다. 도시농부는 경운 작업으로 이랑을 반듯하게 정리해 놓으면 소형 직파기가 씨앗을 고르고 정성스럽게 직파할 수 있다. 멀칭된 이랑에 직접 파종하는 농기구를 아직 본 적이 없다. 반듯하게 이랑을 정리해 직파기를 활용하는 것이 목표라면 경운하지 않고 목표를 달성할 수 있는 세 가지 방법을 설명하려고 한다.

이 방법을 사용하려면 시즌 초기에 이랑을 준비할 때부터 이랑의 심토를 쇠스랑이나 광폭 쇠스랑으로 부드럽게 만들어야 한다.

손 도구를 이용한 무경운

이 방법은 내가 수년간 활용해 온 것이다. 저렴하고 제법 효과적이지만 힘든 일이고 특히 뜨거운 여름철에는 엄청난 끈기가 필요하다. 그러나 1,012㎡ 이하의 소규모 도시농장에서는 수작업 경운이 결코 불가능한 작업은 아니다.

1단계: 잔여 작물 제거하기

먼저 이랑에서 전에 심었던 작물들을 모두 제거한다. 잔여 작물이 너무 많으면 수동으로 경운하는 일이 어려워지기 때문에 모두 제거해야 한다. 작물의 뿌리를 뽑아서 흙을 털어 낸다. 이때 주변에 흙이 흩어지지 않게 주의해야 한다. 가능한 주변의 흙을 많이 건드리지 않는 것이 최선이다.

2단계: 흔들 괭이로 표토 부드럽게 하기

흔들 괭이로 이랑의 위아래를 왔다 갔다 하며 모든 이랑의 흙을 부드럽게 만든다 이 작업은 이랑을 아주 얕은 깊이까지만 수동으로 경운하는 것과 같다. 이렇게 해야만 나중에 이랑을 평평하게 골라 다시 씨앗을 뿌릴 수 있는 푹신한 표토층을 확보할 수 있다. 이랑의 표면 어느 곳 하나 제외하지 않고 괭이질 했는지 확인한다.

3단계: 토질 보완재를 뿌리고 남은 잔해 가래로 섞기

다음 단계는 이랑에 맞는 토질 보완재를 뿌려주고 가래로 잘 섞어 준다. 양손 모두 엄지를 치켜든 자세로 만들어 가래를 비스듬한 각도로 잡고 걸어가며 가래질을 하면 보완재도 섞고 동시에 남아 있던 작물 잔해도 이랑 가장자리로 밀어낼 수 있다. 작물 잔해가 작업로에 쌓이겠지만 문제가 되지 않는다.

이제 이랑이 다시 식재할 준비가 되었다. 몇 번 같은 작업을 해 이 기법에 익숙해지면 길이 8m짜리 이랑 하나는 30분이면 갈아엎을 수 있을 것이다.

전기 경운기를 이용한 무경운

이 방법을 활용하려면 전기 경운기라고 불리는 아주 특별한 기구가 필요하다. 이 기구는 폭이 46cm인 전기 천공식 작은 경운기이다. 이 작은 경운기는 경운 작업 깊이가 겨우 2.5cm 정도로 얕아서 전통적인 의미의 경운 작업이라 할 수 없다. 이 작은 경운기를 사용하는 주목적은 관리기와 유사한 방식으로 새로운 묘판을 준비하는 것이지만 작은 경운기는 표토층을 부드럽게 만들어 직파기가 이랑 전체를 유연하게 작동하게 하고 동시에 토질 보완재를 표토층에 섞어 주는 작업도 수행한다. 이 기구를 효과적으로 이용하려면 이랑에 작물 잔해가 남아 있어서는 안 된다.

- 이전 수확의 잔해를 제거한다.

- 토질 보완재를 뿌린다.

- 작은 경운기를 사용해 토질 보완재를 흙에 섞는다. 토양 상태에 따라서 두 번 정도 이랑을 간다.

- 조경용 가래로 이랑을 평평하게 만든다.

별첨 사진첩 사진 39번, 40번을 참고하라.

동력 써레를 이용한 무경운

동력 써레는 흙을 뒤집지 못하는 것을 제외하면 반자동 트랙터와 유사하다. 수평축에 회전하는 갈퀴가 달려 있고 표토층의 흙만 떠서 엎는다. 이 기계는 평평하고 깔끔한 이랑을 준비하는 데 도움이 된다. 동력 써레 사용 순서는 (1) 이전 작물 잔해를 제거하고 (2) 토질 보완재를 뿌린 후 (3) 이랑을 고른다. 갈퀴질은 필요하지 않다. 이 기계는 크고 무거워서 도시농업에 적용하기가 쉽지 않다. 좁은 공간에서 작동하기도 매우 힘들다.

36

식재

Planting

농장에서 사용하는 식재 방식은 세 가지이다. 첫 번째는 보편적 방식인 직파 기법이다. 신속 성장 작물은 대부분 직접 씨앗을 뿌린다. 이 방식에 포함되지 않은 작물은 조생종 청경채와 비트, 양상추, 스켈리언 등이다. 날씨가 아주 따뜻해지면 양상추를 제외한 이 작물들도 직파한다. 대부분 플러그에 육묘한다.

두 번째 방식은 이식이다. 토마토와 파티팬호박, 피망, 근대, 케일 같은 지속 성장 작물은 시즌 초반에 육묘장에서 육묘를 시작해 바깥 날씨가 따뜻해지면 노지에 옮겨 심는다.

세 번째 방식은 점파이다. 점파는 아주 특별한 밀도로 간격을 주면서 손으로 직접 파종하는 것이다. 때때로 가을 케일과 비트, 양상추도 손으로 식재한다.

직파

재배 기간 내내 농장에서는 거의 매주 직파 작업이 실시된다. 루콜라와 시금치, 아시안 엽채류, 래디쉬, 순무 같은 주요 신속 성장 작물이 가장 자주 파종하는 작물들이다. 당근과 비트는 성숙 기간이 길기 때문에 다른 작물에 비해 약간 긴 간격을 두고 직파한다.

가장 일반적으로 사용하는 직파기는 27장에서 언급한 장(Jang) 파종기이다.

눈대중으로 완벽하게 이랑 열 맞추는 방법

초보 농부들은 이랑의 열을 표시해 놓고 식재하지만 숙련이 되면 모든 작물을 눈대중으로 식재하게 된다. 총이랑 수가 홀수(세 개, 다섯 개, 일곱 개, 아홉 개 등)인 경작지에 식재할 때는 아주 간단하다. 항상 양 바깥쪽에 있는 열부터 시작한다. 겨우 5cm 뿐인 양쪽 이랑 사이에 바로 붙여서 식재하고 싶지 않다면 바깥쪽에 있는 이랑부터 시작해라. 총 3열을 식재해야 한다면 경작지 양 바깥쪽 열부터 식재하고 남아 있는 열은 중간에서 반씩 나누어 식재하면 된다. 5열을 식재해야 한다면 우선 3열을 식재하고, 3열 사이의 간격을 똑같이 나누어 5열을 만들면 된다. 7열을 만들어야 한다면 3열을 식재한 후 3열 사이에 2열씩 식재하면 된다. 열과 열 거리가 똑같아야 한다. 9열을 식재하는 작업은 5열을 식재하는 방식과 같지만 차이를 두 번 나누면 된다. 즉 바로 전에 식재한 각 5열 사이에 4열씩 식재하면 된다. 이러한 모든 홀수의 조합에 대해서는 항상 양 바깥쪽부터 식재를 시작한다.

직파하는 작물 대부분이 홀수 조합이다. 그 이유는 밀집도가 좋을 뿐만 아니라 식재가 간단하기 때문이다.

짝수로 4열을 식재하려면 먼저 경작지 양 바깥쪽 열부터 식재하고 다음 2열은 중간에서 남은 면적을 나누어서 식재한다. 손으로 중간선을 가름하고 중간선에 있는 열의 차이를 조금씩 좁힌다. 짝수 식재 작업이 우주 과학은 아니므로 열이 정확하지 않아도 큰 문제는 없다. 별첨 사진첩 사진 41번을 참고하라.

작물명	파종 후 평균 DTM	파종 시기	GH/PLT 첫파종일	첫 노지 정식일 (무덮개)	마지막 정식일	GH/PLT 마지막 파종일	장 파종기 롤러	얼스웨이 파종기 플레이프	파종 깊이	열/이랑	씨앗 양 그램/8m 이랑	씨앗 양 온즈/8m 이랑
루콜라	35	3월–10월	3월 9일	5월 4일	9월 8일	9월22일	YYJ24	–	1.3cm	9	11.6	0.41
비트	72	6월–8월	–	5월 11일	8월 3일	–	–	근대	1.3cm	4	5	0.18
비트 잎	40	5월–8월	–	6월 1일	8월 3일	–	–	근대	1.3cm	7	83	2.93
당근(어린)	65	4월–8월	4월 13일	5월 4일	8월 3일	8월10일	XY24	–	1.3cm	7	7	0.25
당근(보통)	78	4월–8월	–	5월 4일	8월 3일	8월10일	XY24	–	1.3cm	5	5	0.18
고수	30	4월–9월	4월 6일	4월 13알	8월 17일	–	G12	근대	1.3cm	9	78	2.75
딜	60	4월–8월	4월 6일	4월 13일	8월 3일	–	MJ24	시금치	1.3cm	9	24	0.85
샐러드용 순무	38	4월–9월	3월 16일	4월 27일	8월 17일	–	YYJ24	–	1.3cm	9	5	0.18
상추	45	3월–10월	3월 16일	5월 4일	8월 31일	10월5일	F24	–	1.3cm	9	28	0.99
겨자	35	3월–9월	3월 9일	5월 4일	9월 8일	9월15일	X24	–	1.3cm	9	22	0.78
파슬리	70	6월–8월		5월 11일	8월 3일	–	MJ24	시금치	1.3cm	5	15	0.53
래디쉬	28	3월–9월	3월 16일	5월 4일	8월 25일	–	F24	–	1.3cm	7	20	0.71
러시안적 케일	30	4월–9월		4월 27일	8월 10일	8월31일	F24	–	1.3cm	9	17	0.6
시금치	45	3월–10월	3월 9일	4월 6일	9월 8일	10월5일	–	근대	1.3cm	5	54	1.9
다채	35	3월–5월	3월 9일	4월 13일	9월 7일	10월5일	X24	–	1.3cm	9	17	0.6
		9월–10월										
스켈리언	70	5월–8월	–	5월 4일	8월 3일	–	F24	–	1.3cm	7	15	0.53

이식

이식이란 육묘장에서 키운 모종을 노지에 식재하는 것을 말한다. 이식을 하는 주된 이유는 노지에서 재배하는 시간을 줄이기 위해서이다. 특히, 경작지를 자주 갈아엎어야 할 때는 불가피하다. 좁은 땅에서 농사짓는 도시농부에게는 매우 유용한 작업이 아닐 수 없다. 우리 농장에는 한 시즌에 한 가지 작물만 재배하는 단작 구역이 한 군데도 없다. 모든 경작지는 최소 2회전이다. 토마토 같이 오래 자라는 작물은 이식하기 전에 신속 성장 작물을 노지에 심어 수확을 끝낼 수 있다. 순서를 반대로 했을 때도 가능하다. 케일의 경우에는 조기에 이식을 하면 한여름에는 수확이 끝나고 그 자리에 무언가 다른 작물을 식재할 수 있다.

노지에 이식하기 전에 해당 이랑은 잡초가 자라기 전에 유인묘판기법으로 사전 준비를 끝냈거나 이식할 곳에 구멍을 뚫어 놓은 조경용 천으로 덮어 놓는다. 조경용 천을 이용하지 않고 식재할 때는 이식할 곳을 표시하기 위해 갈퀴가 부착된 소형 플라스틱 파이프를 이용하거나 묘판 롤러라는 농기구를 사용한다. 별첨 사진첩 사진 42번, 43번, 44번을 참고하라.

육묘장

우리 농장에서 운영하는 육묘장은 매우 작다. 신속 성장 작물 재배에 집중하고 대부분의 식재는 직파를 하기 때문에 육묘장 시설도 간소하다. 육묘장 시설에 대해서는 28장과 별첨 사진첩 사진 13번, 16번, 45번, 46번을 참고하라.

소일 블록이나 플러그

많은 농부들이 처음 농사를 지을 때 소일 블록(soil block)을 선호하는 경향이 있다. 나도 처음 2년간 사용했는데 여러 면에서 뛰어난 점이 많았다. 그러나 제작하는데 많은 시간이 걸린다. 대부분의 농부는 다양한 크기(묘판당 200셀과 128셀, 72셀)로 표준화된 육묘장용 플러그를 사용한다. 흙을 채우기도 싶고 언제든 이용이 가능하다. 플러그의 문제점은 작물이 셀 안에 너무 오래 머물러 뿌리가 셀에 너무 꽉 차게 자랄 수 있다는 점이다(이 말은 뿌리가 셀 둘레를 휘감기 시작하여 이식을 하면 땅에 뿌리를 내리고 성장해 가는 시간이 훨씬 오래 걸린다는 뜻이다). 소일 블록은 이 문제를 해결해 주는데 그 까닭은 작물 뿌리가 블록 가장자리까지 자라면 뿌리 스스로 공기 접촉을 피하는 현상 때문이다. 소일 블록은 기본적으로 그 안에 어떤 셀이나 포트가 없는 독립된 형태의 흙이다. 소일 블록은 흙이 혼합되어 있기 때문에 형태를 유지하는데 그 방법은 적당히 물을 섞어 거의 진흙 덩어리 같은 반죽을 만들고 틀에 채워 공기가 차단된 소형 흙 블록을 만드는 방식이다. 뿌리가 블록 가장자리까지 자라면 허파에 있는 모세 혈관처럼 갈라진다. 그것들은 실제로는 뿌리 성질의 표면적을 넓혀주어 경작지에 이식했을 때 작물 성장을 도와주는 역할을 한다.

나는 두 가지 방법 모두 선호한다. 토마토와 여름작물 같은 장기 생육 작물은 모두 플러그 방식을 사용하고 상추와 청경채, 비트, 심지어 바질처럼 육묘가 계속되는 작물은 소일 블록을 선호한다. 이 때문에 미니 블록 제조기를 사용한다. 25cm×50cm의 성형 틀에서 420개의 소일 블록을 만들 수 있다. 소일 블록에서 자란 작물을 이식할 때 보다 빠르게 작업이 가능한 것은 틀에서 작물을 뽑아내는 시간이 덜 걸리기 때문이다. 육묘장 자재 목록과 플러그, 소일 블록에 사용하는 혼합 흙에 대해서는 28장을 참고해라. 별첨 사진첩 사진 46번도 참고하라.

37

새싹채소

Microgreens

새싹채소는 잠재적 수익성이 있는 작물로 인식되어 지난 몇 년간 농부들에게 인기를 얻고 있다. 작은 공간에서 대량 생산이 가능하기 때문에 고부가가치 작물로 분류하지만 수익이 빠른 만큼 위험 요소도 많다. 일단 씨앗 가격이 비싸고 생산에 비해 수요가 적으면 큰 손해를 입을 수 있다.

처음 재배를 시작할 때는 소규모로 시작하는 것이 좋다. 고객의 반응을 살핀 후 수요가 늘어나면 점차 규모를 키워가도록 한다. 파머스 마켓 고객들은 다른 작물에 비해 여전히 낯설기 때문에 시식코너를 마련하여 요리법을 선보이거나 건강에 어떤 점이 도움이 되는지 설명하여 공을 들여야 한다.

우리 농장은 2가지 방식으로 새싹채소를 키우고 있다.

- 실내 혹은 온실에서 깊이 2.5cm인 발아 묘판에 키운다.

- 특별히 개발한 보드 기법으로 직파하여 키운다.

재배하는 주요 새싹채소는 완두새싹과 해바라기새싹, 래디쉬새싹 등이다.

실내와 온실 재배

실내 형광등이 부착된 멀티 레벨 선반에서 새싹채소를 재배한다. 이 방식은 반드시 실내 습도와 온도, 환기 조절에 세심한 주의를 기울여야 한다. 그렇지 않으면 곰팡이가 발생하여 전체 수확을 망치게 된다. 새싹채소는 일반적으로 11월부터 4월까지 실내에서 키운다.

이 기간이 지나면 밤사이 온도가 영하로 내려가므로 새싹 묘판을 입식 비닐하우스로 옮긴다. 옮겨 온 묘판은 비닐하우스의 대들보 위에 수직으로 연결된 T자 선반에 걸어 둔다. 5~7일이 지나면 발아하기 시작한다. 별첨 사진첩 사진 14번, 47번을 참고하라.

묘판에서 새싹채소를 재배하는 9가지 단계는 다음과 같다.

1 종자 살균하기

2 6~8 시간 물에 불리기

3 배수 및 헹구기

4 토양 준비

5 묘판에 흙 채우고 물주기

6 파종하기

7 소독된 묘판 덮고 같은 방법으로 쌓아 올리기

8 발아 후 햇빛에 노출하기

9 수확 및 세척하기

1 곰팡이가 생길 위험이 높기 때문에 해바라기새싹은 소독 작업이 가장 중요하다. 물 1리터에 무색 식초 4숟가락과 식품에 무해한 과산화수소액 4숟가락을 희석한 소독액에 씨앗을 10분간 담가 놓는다. 그런 후 물을 빼고 다시 깨끗한 물로 헹군다. 보건 당국은 모든 젖은 씨앗은 멸균 작업을 거쳐야 한다고 조언한다.

2 소독된 씨앗은 6시간에서 8시간 정도 담가 놓는다. 보통 잠자리에 들기 전에

담가 놓고 다음 날 아침에 헹구는 작업을 한다. 완두새싹의 경우 묘판 당 28g
의 씨앗을, 해바라기새싹의 경우 14g의 씨앗을 담가 둔다.

3 밤 새 담가 둔 씨앗을 물에 헹구고 물기를 완전히 제거한 후 깨끗한 통에 담
아 둔다. 씨앗을 바로 파종하지 않으려면 하루에 2번씩 헹구고 말리는 과정을
반복한다. 그늘지고 선선한 곳에 보관하면 하루나 이틀 정도 지나서 심어도
된다.

4 파종할 토양을 준비한다. 토트백에 맞게 제작된 작은 목재 프레임에 6mm 두
께의 철재 메시를 부착하여 굵은 흙을 걸러 낸다. 무균 혼합토를 이 체에 밭쳐
굵은 덩어리를 걸러낸다. 미리 작업해 놓고 필요할 때 사용하도록 한다.

5 깊이 2.5cm의 묘판에 3리터 정도의 상토를 채운다. 실내에서 해바라기새싹을
파종할 때는 깊이가 5cm인 묘판을 사용한다. 흙을 더 채워주면 생산량도 늘어
나고 곰팡이로부터 피해를 줄여 준다. 이 경우에는 4리터의 흙을 채우고 손으
로 묘판의 흙을 평평하게 골라 준다. 다음 단계는 묘판 크기와 같은 손잡이가
위에 달린 작은 합판으로 파종할 표면을 단단하게 눌러 준다. 그런 다음 물줄
기가 가는 물뿌리개로 묘판이 충분히 젖도록 물을 뿌려준다. 묘판 한쪽을 손
가락으로 찔러보고 흙이 충분히 젖었는지 확인해 본다.

6 다음 단계는 묘판에 파종한다. 씨앗을 손으로 구석구석 잘 뿌려 주어야 한다.
래디쉬의 경우 마른 씨앗을 흩어 뿌린다. 묘판당 5숟가락의 래디쉬 씨앗을 흩
뿌린다. 별첨 사진첩 사진 47번을 참고하라.

7 빈 묘판으로 덮어 층층이 쌓은 후 발아할 때까지 기다린다. 발아 과정에서 곰

팡이가 생기지 않도록 덮는 묘판 역시 소독하여 사용한다. 덮는 묘판 위에 골
진 플라스틱판을 높고 그 위에 다시 한 쌍의 묘판을 쌓는다. 최대 3층까지 쌓
고 맨 위에 움직이지 않도록 책을 올려놓는다.

8 싹이 트기 시작하면 덮어 놓았던 묘판을 제거하고 떡잎이 햇빛을 받도록 한
다. 여전히 흙에 습기가 많기 때문에 하루 혹은 반나절 기다렸다가 물을 준다.
덮어 놓은 묘판을 모두 벗겨 새싹이 잘 자라나도록 하루나 이틀 직사광선에
노출시키고 다시 덮어놓았다가 3일째부터는 직사광선이 비추는 곳에 계속 놓
아둔다.

9 계절에 따라 약간의 차이가 있지만 5~7일 정도 지나면 새싹채소를 수확할 수
있다. 수확에 관한 세부적인 사항은 10부를 참고하고, 세척하는 방법은 33장
을 참고하라.

노지 새싹 재배와 보드 기법

몇 년 동안 더 빠르게 새싹채소를 재배하는 방법을 시험해 왔다. 노지 작물
들을 수확하면서 새싹채소 묘판을 만드는 것이 쉽지 않았지만 수요가 있으면
틈틈이 만들어 공급을 해주어야 한다. 처음에는 파종기로 땅에 씨를 뿌리기
시작했다. 어느 정도 효과는 있었지만 성숙기가 일정하지 않고 묘판에서 키우
는 것에 비해 경작 면적당 생산성도 낮았다. 날씨가 추운 날에는 발아가 잘 안
되었다. 실내에서 발아시켜 비닐하우스 T자형 걸이에 재배해 오면서 이 기법
을 경작지에 적용할 방법을 찾고 있었다.

노지에서 새싹채소를 기를 때 가장 큰 이점은 파종 작업에 소요되는 시간이
비교할 수 없을 정도로 짧다는 것이다. 1.8m 길이의 이랑(10개의 묘판에 상당)
에 파종하는 데 1분이면 된다. 경작지에 있는 흙을 이용하기 때문에 더 이상

혼합토를 구입할 필요도 없다. 또 다른 이점은 새싹채소를 수확한 후 남아 있는 뿌리가 엄청난 양의 유기물이 되어 땅을 건강하게 만든다. 새싹채소는 땅에서 영양분을 섭취하지 않는다. 이 식물들은 씨앗에 비축된 영양분과 광합성에 의존하여 자란다. 이런 이유로 수확 후 남은 잔해는 흙을 갈아엎기만 해도 땅속으로 들어가기 때문에 여러 차례 반복해서 파종할 수 있다. 해를 거듭할수록 이 유기질 잔해들이 농장 토양의 구조를 만드는 데 도움이 되었다. 말하자면 제법 쏠쏠한 수입을 올리면서 동시에 녹색 비료를 얻는 혜택을 누리고 있는 셈이었다. 과거에도 토질이 형편없던 경작지에 유기 물질을 축적하기 위한 선행적인 조치로서 새싹채소 재배를 반복했고 그 결과는 믿을 수 없을 정도로 효과적이었다. 그렇다고 오염된 땅마저 살릴 방법은 아니다.

보드 기법은 76cm×180cm인 합판 양옆에 2개의 50mm×100mm 각목을 댄(들기 쉽고 시간이 지나 휘어지는 것을 방지하기 위해) 보드를 만들어 이용하는 것이다. 우리 농장에서는 1.4㎡ 크기의 경작지(대략 25cm×50cm 크기의 새싹 묘판 10개에 해당)에 새싹채소를 파종했다. 씨앗은 묘판 파종 때와 같은 방식으로 소독제에 불려서 헹구었고 새롭게 파종한 묘판 트레이 위에 빈 묘판 트레이를 덮듯이 파종한 이랑에 다른 보드를 덮었다. 이 보드는 씨앗이 신속하게 발아하고 작물이 완벽하게 균형 성장하도록 도와준다. 보드는 나흘 뒤에 걷어낸다. 보드가 걷히고 작물이 빛에 노출되면 보통 5일에서 7일 후에 새싹채소를 수확한다.

노지 새싹채소를 재배하는 과정은 묘판식 재배 방식과 거의 동일하다. 다른 점만 색을 넣어 구별하였다.

1   종자 살균하기

2   6~8시간 물에 불리기

3   배수 및 헹구기

온실 재배와 다른 부분은 4번과 5번, 6번, 7번 과정이다. 그밖에 과정은 동일하며 묘판에서 잘라내는 대신 땅에서 잘라낸다는 것 외에는 수확도 같은 방식으로 진행된다.

4 파종하기 전에 경작지를 관리기나 손 도구로 갈아 놓는다. 이랑을 준비하는 방식에는 큰 차이가 없을 뿐 아니라 따로 토질 개량도 할 필요가 없다. 그러나 한 차례 노지 새싹채소를 수확했던 경작지라면 파종하기 전에 잔해물이 표토에 남아 있지 않도록 흙을 뒤집어주어야 한다. 괭이로 작물을 뒤집어 주는 무경운 방식도 가능하다. 개인적으로 관리기를 선호하는 편인데 그 이유는 경작지 준비가 훨씬 빠르기 때문이다. 보통 8m에서 16m에 달하는 이랑 전체를 관리기로 한 번에 갈 수 있다. 그렇게 되면 최소한 4개의 1.8m짜리 이랑을 경운하게 되는 것이다.

5 이랑이 준비되면 보드를 흙 위에 올려놓고 이랑이 평평하고 단단해지도록 흙 위를 살짝 걸어 다닌다. 묘판을 합판으로 눌러주는 것과 같다. 그런 다음에 보드를 걷어 내고 흠뻑 물을 준다.

6 이제 실내 묘판에서 한 것처럼 씨앗을 구석구석 잘 펴가며 뿌린다. 유일한 차

이는 노지에는 훨씬 많은 씨앗이 뿌려질 것이다. 이 작업이 끝나면 곱게 체를 친 상토를 씨앗 위에 흩뿌려 준다. 경작지 흙을 사용하거나 혼합 상토를 사용하면 된다. 이렇게 하는 이유는 흙이 씨앗 사이의 틈새를 자연스럽게 메워 발아를 촉진하기 때문이다. 실내에서는 온도와 습도가 훨씬 안정적이기 때문에 그렇게 할 필요가 없다.

7 보드를 이랑에 덮고 살살 걸어 다닌 후 다시 걷어 내고 물을 충분히 준다. 마지막으로 보드를 덮고 5~7일 후 수확한다. 별첨 사진첩 사진 48번, 49번을 참고하라.

38

시즌 연장 방법

Extending the Season

작은 땅에서 생산을 극대화하기 위해서는 재배 시즌을 연장해야 한다. 겨울 문턱까지 심지어 겨울 내내 작물 재배가 가능하도록 연장할 수 있는 기법과 설비에 대해 설명하고자 한다. 도시농업의 장점이 될 수도 있다.

열섬 효과 덕분에 도시농부는 도시 외곽에 사는 농부보다 섭씨 5도까지 더 따뜻한 겨울을 누리게 된다. 다시 말해 도시농부는 다른 농부들에 비해 시즌 초기에 더 많은 작물을 생산할 수 있다는 뜻이다. 비록 우리 농장이 대부분의 농장과 비교하면 매우 작은 규모임에도 시즌 초반 파머스 마켓에서 대부분의 다른 농부들보다 심지어 4,048㎡ 경작지에서 작물을 재배하는 농부보다 판매할 물량이 더 많았다.

가장 중요한 것은 어떤 작물은 연중 특정 시기에만 더 잘 된다는 점을 이해해야 한다. 예를 들어 토마토의 경우 비록 비닐하우스일지라도 서둘러 재배를 시작하는 것이 최선의 전략이 아니라는 것이다. 토마토를 남들보다 더 오랫동안 생산하거나 좀 더 일찍 수확하는 것이 생산량에 영향을 주기는 하겠지만 시즌 연장이라고 볼 수는 없다. 날씨가 추울 때는 그 시기에 가장 잘 자라는 작물에 집중하는 것이 좋다. 시즌 초에 루콜라와 다채, 겨자채, 시금치, 래디쉬, 순무 같은 작물에 집중한다. 북미의 지역적 생태 여건이 추운 봄에도 이러한 작물들이 아주 잘 자라며, 심지어 경미한 서리도 견뎌낸다.

비닐하우스 효과

열섬 효과 외에 비닐 터널을 추가하면 신속 성장 작물 생산을 조기에 수확할 수 있다. 높이가 꽤 높은 하이터널 비닐하우스는 공기의 양이 많아 로우터널 비닐하우스에 비해 기온 변화가 심하지 않다. 다만 가격이 비싸고 누군가의 뒷마당에 온실 같은 구조물을 함부로 세울 수는 없다는 단점이 있다. 별첨 사진첩 사진 50번, 51번을 참고하라.

로우터널 비닐하우스

시즌을 연장시키기 위해 사용하는 최선의 방안은 로우터널 비닐하우스다. 별첨 사진첩 사진 52번을 참고하라. 이러한 로우터널 비닐하우스를 이용하면 시즌 초반과 시즌 후반에 1,335㎡인 농장 전체를 비닐로 덮을 수 있다. 이러한 로우터널 비닐하우스 덕분에 장소에 구애받지 않고 어느 곳에서나 온실을 갖는 것과 같은 효과를 보게 된다. 여름철이 되어 더 이상 작물을 덮을 필요가 없게 되면 해체하고 작물만 노지에 그대로 남겨 둔다.

봄에 로우터널 비닐하우스를 설치할 때 생각보다 적은 노동력만 필요하며 겨울이 되어 눈이 와도 유지하는 데 필요한 노동력은 약간이면 된다. 로우터널 비닐하우스로 덮기 전에 완벽하게 이랑을 준비하여 식재까지 끝난 상태여야 한다. 로우터널 비닐하우스 안에 있는 이랑에 물을 주는 일은 쉽지 않은데 물을 주려면 덮개 일부를 벗겨야 하기 때문이다.

터널 안으로 점적 관수 방식의 관수 설비를 하면 시즌 초반에는 상당히 시간을 절약할 수 있다. 2회전 경작지의 로우터널 비닐하우스에는 모두 점적 관수 설비가 되어있다. 다행히 기온이 선선하면 그렇게 많은 관수가 필요하지 않게 된다. 그러나 기온이 상승하면 로우터널 비닐하우스 덮개를 열어 공기 순환이 원활하게 되도록 해 주어야 한다. 스트레스를 받으면 열상을 입는 작물(청경채와 래디쉬)들은 조심해서 다루어야 한다. 작물들이 열에 시달리지 않도록 가끔씩 한쪽을 열어 두는 것이 좋다.

가을에 로우터널 비닐하우스를 설치할 때는 작업로를 확보하여야 한다. 시금치나 당근 같은 작물의 월동을 돕기 위해 사용한다면 하우스와 하우스 사이에 이랑 하나를 휴한지로 남겨 두는 것이 좋다. 터널 위에 눈이 쌓이면 비닐이 내려앉아 작물에 피해를 주기 때문에 눈을 치울 수 있는 작업로를 남겨 둔다.

따뜻한 기후대에서 터널 비닐하우스 이용하는 법

여름이 너무 더워서 어떤 작물도 기를 수가 없거나 증발량이 많아 토양의 습도를 유지하기 힘든 남부 캘리포니아나 플로리다 같은 곳에서도 시즌 연장 기법이 적용된다. 온실이나 터널 비닐하우스 위에 차광막을 설치하면 위에서 설명한 모든 기법을 더운 기후에도 적용시킬 수 있다. 점적 관수 방식이 뜨거운 여름에는 최선의 관수 대책이다. 따라서 뜨거운 여름철에도 작물을 계속 기르기 위한 복합 대책으로 차광막과 점적 관수 설비를 갖춘 로우터널 비닐하우스를 추천한다.

북미의 추운 기후대에서 겨울 농사짓기

기온이 영하 7도 이하인 곳에서 농사짓는 일은 실현 가능성이 없다고 여길 것이다. 엄밀히 말해 무엇인가 생산하여 판매해야 농사를 짓는 것이라 할 수 있지만 대부분 겨울에 재배하는 작물은 영양 성장은 하지 않지만 어느 정도 성장한 상태로 유지한 후 수확할 수는 있다.

열쇠는 겨울철에 활용할 수 있는 경작지와 수확물에 대한 전략을 갖는 것이다. 시금치와 양배추, 양상추 등은 수확하기까지 시간이 오래 걸리기 때문에 매주 수확할 양을 정확하게 파악하고 있어야 한다. 햇빛과 온도가 적당하지 않아서 한 차례만 작물을 식재할 뿐 순환 재배는 할 수 없다.

우리 농장에서 겨울 동안 일은 흔하지 않다. 현금 흐름을 유지하기 위해 겨울 농사를 짓지만 성수기에 비하면 매우 미비하다. 겨울 농사의 좋은 점은 거의 일할 거리가 없다는 것이다. 일단 작물이 자리를 잡으면 성숙기에 접어든 작물들은 거의 동면 상태에 들어간다. 밖에서 주로 하는 일은 비닐하우스의 눈을 치우고 가끔 수확하는 것뿐이다.

겨울 농사에 필요한 설비와 기반 시설은 성수기 농사철과 비교해 큰 차이가 없다. 다만 채소를 선별하고 세척할 실내 공간은 반드시 필요하다. 여러분도 몇 동의 하이터널 비닐하우스나 로우터널 비닐하우스를 가지고 있어야 한다. 눈 치울 걱정을 안 해도 되는 하이터널에서 작업하는 것은 로우터널에서 일하는 것보다 훨씬 더 즐거울 것이다.

겨울이 되어 기온이 영하로 내려가면 대부분의 작물이 성숙기에 이르렀거나 적어도 더 추워지기 전에 자리를 잡을 것이기 때문에 물을 줄 필요가 없다. 온도가 섭씨 10도 이하로 내려가면 물을 주는 것이 오히려 해가 되기도 한다.

겨울 농사는 얼마나 많은 이랑을 식재할지 생산 계획을 세워서 접근한다. 이러한 계획은 겨울철 동안 판매할 양과 주 단위로 수확 가능한 양을 기록한 자료에서 나와야 한다. 겨울에는 작물이 다시 생산되려면 시간이 오래 걸리기 때문에 각 작물의 이랑 수에 따라 생산할 수 있는 양과 매주 어느 정도 팔 수 있느냐에 따라 결정된다.

우리 농장은 겨우내 매주 토요일마다 파머스 마켓에 참여하고 두 군데 레스토랑에 작물을 판매했다. 이러한 마케팅은 11월 1일에 시작해 본격적인 생산이 시작되는 3월 중순까지 계속되었다. 겨울철에 판매한 작물들은 완두새싹과 해바라기새싹, 래디쉬새싹, 케일, 시금치, 혼합 상추, 당근 등이었다. 겨울철에 재배한 작물의 많은 부분은 날씨와 상관없이 일 년 내내 쉽게 재배할 수 있는 실내 새싹채소들이 차지했고, 그 밖에 네 가지의 작물은 겨우내 이랑에 묻어 놓아도 되고 심지어는 섭씨 영하 15도에도 살아남는 것들이었다.

겨울 농사 준비는 한 여름부터 시작된다. 가장 먼저 준비하는 것은 케일이고 그다음은 당근이다. 세부 사항은 10부를 참고하라.

시금치와 상추는 성장이 빠른 작물이기 때문에 겨울철에 재배하는 작물 중 가장 늦게 식재한다. 이 두 가지 작물은 두 번에 걸쳐 연속으로 식재할 필요가 생길지도 모른다. 한 그룹의 작물은 9월 셋째 주에 다른 한 그룹은 그다음 주에 식재한다. 가을로 접어들면서 낮이 점점 짧아지면 작물이 성숙해지는 시간이 더 오래 걸린다. 실제로 9월 중순에 한 주씩 건너서 식재한 작물들이지만 실제 성숙기는 수주 혹은 몇 달씩 차이가 난다. 이렇게 되는 이유는 추분에 가까워지거나 추분이 지난 후에는 낮이 기하급수적으로 짧아지고 저녁이 되면 더욱 추워지기 때문이다. 북쪽으로 가면 갈수록 낮의 길이가 얼마나 짧아졌는지 눈으로 확인할 수 있다. 날이 너무 추우면 상추는 겨울 작물로 불안정할 수 있다. 상추는 온도가 영하로 떨어지면 스스로 오그라드는 경향이 있고, 낮이 되어 해가 나오면 그대로 썩어 버린다. 시금치는 잎이 훨씬 두껍고 튼튼하기 때문에 추위를 잘 이겨내는 작물이다.

초봄 수확용 월동 작물

월동시킨다는 말은 내한성 작물을 시즌 늦게 심어 겨울 동안 살아 있게 하는 과정을 뜻한다. 대표적인 월동 작물은 시금치와 케일, 당근 등이다. 월동에는 기본적으로 2가지 접근 방식이 있다.

1   겨울이 오기 전에 성숙하고 겨울 동안 정체 상태로 지내는 작물을 심어라.

2   시즌 늦게 심어서 추워지기 전까지는 아주 더디게 성장하게 해야 한다. 그래야 다가오는 이른 봄에는 더욱더 활발하게 영양 성장을 하기 때문이다. 시금치가 여기에 해당된다. 이 방식은 혹독하게 추운 캐나다 초원 지역이나 북부 지역에서는 통하지 않는다. 기온이 영하 15도 이하로 계속 내려가면 키우기 어렵다.

다음 봄에 수확하려면 가을에 식재를 시작해야 한다.

저장 작물

저장 작물은 근채류 저장고나 저온 저장고와 같은 통제된 환경에서 겨울 동안 저장될 수 있는 능력을 가진 근채류 작물들이다. 작물을 저장하는 일은 인류가 수천 년 동안 해온 것으로 전혀 새로운 방식이 아니다. 감자와 당근, 비트, 매운 셀러리, 양파, 파스닙(설탕 당근) 등은 농부들이 저장하여 겨우내 파는 작물이다. 도시농업에서는 부지가 부족하기 때문에 저온 저장 공간을 확보하기가 쉽지 않다. 수개월 동안 판매할 상당한 양의 작물을 한 번에 모두 보관하려면 넓은 저온 저장 공간이 반드시 필요하기 때문이다. 작은 농장에서 전문화하고 집중적으로 생산하여 저장할 능력이 되는 작물은 비트와 당근뿐이다. 과거에 비트와 당근(당근 또는 비트만)을 가을에 대량 수확하려고 늦은 여름 내내 식재한 적이 있다. 당근은 수확하면 세척한 후 자연 건조시켜 저온 저장고에 저장했다. 당근을 저온 저장고에 두면 건조해지기 때문에 저장 전에 세척하는 것이 좋다. 비트는 수확해서 흙 묻은 상태로 저장하고 세척하기도 쉽다. 대부분의 도시농부에게는 복잡한 문제이지만 근채류 전용 저장고가 없다면 저온 저장고 온도를 추운 몇 달 동안 섭씨 2도에서 4도 사이로 유지할 수 있도록 소형 실내 난방기를 저온 저장고에 들여놓으면 된다.

도시 농장은 경작지 규모로 볼 때 신속 성장 작물에 집중하고 겨울 동안 판매하기 알맞은 몇몇 월동 작물과 새싹채소 생산을 추가하는 것이 더 수익성이 높다. 아주 작은 부지에서는 비트를 재배하여 저온 저장고에 비축하고, 당근은 겨우내 노지에서 재배하도록 한다. 이상이 시즌 연장에 사용할 수 있는 최선의 방법이다.

9부

기본 작물 계획

대부분의 정원사나 소농업인과는 다른 방식으로 농장 운영 계획을 세워야 한다. 이렇게 하는 데는 몇 가지 중요한 이유가 있다.

1   아주 작은 경작지를 근간으로 하기 때문에 융통성 없는 운영 계획에 매달릴 수 없다. 한 구역에 특정 작물을 재배하는 계획을 세웠으나 그 작물은 팔리지도 않고 수익도 내지 못할 수도 있다. 그렇다면 그 경작지는 과감히 포기한다.

2   전통적인 공동체 지원 농업 프로그램을 운영하고 있지 않다. 공동체 지원 농업 프로그램을 중심으로 농장을 운영하는 것은 단순하다. 매주 지역 농산물 판매 상자에 넣고 싶은 것을 계획하고 배송할 일자에 맞추어 작물들이 어떻게 준비되고 있는지 점검만 하면 된다.

3   시장 상황은 수시로 변한다. 레스토랑 고객들과 일하려면 시장 변화에 적응하는 능력을 갖추어야 한다. 한해 유행이었던 것이 다음 해엔 구식이 되어버린다. 레스토랑은 고객들이 원하는 메뉴를 제공하려 노력하고, 고객의 요구에 맞추려고 한다. 따라서 매년 재배할 작물이 정해져 있는가 하면 해마다 변하고 심지어 시즌 중간에도 수시로 바뀔 수 있다.

39

산출량 결정

Determine Your Outcome

어느 농장이든 제일 먼저 해야 할 일은 얼마나 많은 수입을 올리고 싶은지 결정하는 것이다. 고회전 경작지에서는 최소한 76cmx8m 크기의 한 이랑에서 800달러의 수입을 올리고, 2회전 이랑에서는 이랑당 400달러의 수입을 올려야 한다. 이와 같은 모범 답안을 활용해 여러분이 경작하는 이랑 수를 곱해서 수입을 얼마나 낼 것인지 결정하면 된다.

표 39-1은 크기가 1,012㎡에서 2,024㎡에 이르는 농장에서 한 시즌 30주를 기준으로 설정한 6가지 형태의 수입 모델들이다. 오른쪽 열에 표시된 숫자가 주당 평균 수입 목표치이다. 시즌당 경작하는 시기가 30주 이하라고 해도 주당 평균 수입 목표치를 여러분이 정한 기간과 곱하여 총수입 예상치를 측정해 볼 수 있다. 예를 들어 1번 모델로 경작 시기가 20주라면 2,667달러에 20주를 곱한 53,340달러가 여러분의 목표 수입이 된다.

표 39-1　　　6가지 형태의 도시 농장 운영 모델

예시 번호	경작지 크기	고회전이랑 $800(작물당 $200 4개) 이랑 76cm×8m(1회전)	2회전이랑 $400(작물당 $200 2개) 이랑 76cm×8m(1회전)	시즌당 총수입	주당 평균 수입
1	1,012m²(모두 고속성장)	100		$80,000	$2,667
2	1,012m²(균형 성장)	60	40	$64,000	$2,133
3	1,335m²(모두고속성장)	130		$104,000	$3,467
4	1,335m²(균형 성장)	70	60	$80,000	$2,667
5	2,024m²(모두 고속성장)	210		$168,000	$5,600
6	2,024m²(균형 성장)	110	100	$128,000	$4,267

이 숫자는 달성할 목표이지 그렇게 된다는 보장은 없다는 점을 명심해야 한다. 농사라는 것은 날씨, 시장 수요, 노동 윤리 등 다양한 변수가 있다. 이것들이 복합적으로 작용해 현실과 다른 결과를 가져오기도 한다.

시즌 첫해 나는 목표치의 33%를 달성했고, 두 번째 해에는 65%, 세 번째 해에는 100%를 달성했다. 1번 모델의 경우라면 첫해에 80,000달러의 33%인 26,400달러, 두 번째 해에는 52,000달러, 세 번째 해에는 80,000달러가 될 것이다.

참고   이 책에서는 2번 모델을 기준으로 설명할 것이다.

표 39-2   **작물별 시즌 중 수확 시기**

작물 이름	수확 가능 시기	작물 이름	수확 가능 시기
루콜라	이른 봄	겨자채	봄
바질	여름	파슬리	여름
비트잎채	여름	래디쉬	봄
비트	봄	러시안적케일	이른 봄
청경채	봄	스켈리언	봄
당근	여름	시금치	이른 봄
고수	봄	여름 호박	여름
딜	봄	근대	봄
샐러드용 순무	봄	다채	이른 봄
케일	이른 봄	토마토	여름
상추	봄		

시즌별 판매 가능한 작물

시즌 중에 무엇을 팔 것인지 결정하기 전에 먼저 계절별로 어떤 작물이 재배 가능한지 판단해야 한다. 가능 작물을 판단하기 위해 시즌을 초봄, 봄, 여름의 세 개의 수확 기간으로 나눈다. 재배 정보를 살펴보면 어떤 작물이 성수기인지 알 수 있다. 3월 중순부터 4월 중순까지가 초봄이다. 이 시기에는 주로 실내 새싹채소와 시금치, 케일, 가끔은 상추와 당근 같은 지난 가을에 심은 월동 작물들을 수확한다. 봄 시즌은 4월 중순에서 6월 중순까지다. 대부분의 작물들이 본격적으로 생산되는 시기이다. 작물 종류로는 래디쉬, 순무, 비트, 조숙 당근, 몇 가지 허브, 케일, 다양한 엽채류 등이다. 여름 시즌은 토마토와 여름 호박, 많은 양의 당근이 대량 생산되는 기간이다.

이 정보를 기준으로 판매 기간을 몇 주간으로 할 것인지 판단해야 한다. 여러분이 사는 지역의 생태 환경에 따라 수확 가능 작물이 다를 수 있다.

일단 지역에서 시즌 중 가능한 작물이 어떤 것들인지 파악하게 되면 그 정보를 더욱 상세하게 분석해야 한다. 정확하게 언제 출시가 가능하고 매주 얼마씩 팔려고 하는지 등이다. 이 방식은 공동체 지원 농업 프로그램 계획 수립과 유사하다. 무엇을 심을 것인지 결정하려면 수확일로부터 역순으로 계산해 식재일을 판단한다.

예를 들어 7월 1일에 래디쉬 수확을 원한다면 래디쉬의 평균 성숙 기간(28일)을 고려해 7월 1일로부터 28일을 역순으로 계산해 보면 6월 3일이 식재일이 된다. 그러나 이른 봄에는 날씨가 좀 더 차갑고 낮이 짧아 평균 성숙 기간이 꼭 들어맞지는 않는다. 하이터널 혹은 로우터널 비닐하우스와 같은 시즌 연장 기법을 활용하면 작물의 성숙 기간을 평균치에 가깝게 맞출 수 있다. 그렇지 않으면 예상 성숙 기간을 며칠 더 고려해야 한다. 이 정보 역시 지역 생태 환경에 따라 다르다. 여러분이 사는 곳의 일교차가 작물에 어떤 영향을 끼치는지 좀 더 정확한 정보는 지역 농부들로부터 얻도록 한다. 이 개념에 대해서는 40장에서 상세하게 언급하겠다.

일단 이러한 원리와 변수를 이해하면 기본적인 작물 식재 계획은 어떤 작물을 팔려고 하며 매주 어느 정도가 수확 가능한지를 계획하고 그런 다음에 역순으로 계산해 식재일을 결정하면 된다. 여러분의 기대 수익률을 분명하게 파악하는 일도 대단히 중요하다. 그렇게 하면 판매하고자 하는 작물에 근거하여 얼마나 식재해야 되는지 알 수 있다.

40

기본계획

The Base Plan

농장 모델 2번을 참고해 보자(표 39-1). 이 농장은 1,012㎡의 경작지에서 목표 수입은 64,000달러이다. 60개의 고회전 이랑과 40개의 2회전 이랑으로 세분할 수 있다. 고회전 이랑은 역동적이라 할 수 있다. 즉, 작물 계획은 주 단위로 식재하고 수확을 앞둔 작물들(래디쉬, 순무, 다양한 종류의 잎채소 등)로 구성되어 있다. 전년도 판매 실적에 근거하여 어떤 것들이 계획에 포함되는지 알고 있다. 예를 들어 4월 1일과 6월 1일 사이에 매주 400단의 래디쉬를 판매할 수 있다. 다시 말해 이 기간 동안 매주 수확해야 할 이랑이 4개에서 6개 필요하다는 것이다. 매주 18kg의 루콜라를 팔 수 있다고 하면 매주 4개의 이랑에서 수확이 가능해야 한다. 반면 엽채류는 여러 번 반복해서 수확할 수 있으니 4개 이랑이 꼭 필요하지는 않다.

엽채류를 심은 이랑에서 얼마나 자주 수확할 수 있는지 가늠하기 어렵기 때문에 고회전 구역은 기본 작물 식재 계획에 포함하지 않는다. 이곳의 작물 생산량은 날씨에 크게 좌우된다. 모든 고회전 구역의 작물 성장을 지속적으로 관찰하여 변화에 대응하는 것이 최선의 방법이다. 예를 들어 몇 주에 걸쳐 4개의 이랑에 루콜라를 심어 왔고 예상보다 더 자주 루콜라를 수확하게 되었다고 하자. 루콜라 생산이 많아졌다면 한 주는 식재를 하지 않게 된다.

그러나 여름에는 식재한 많은 작물들이, 더운 날씨에 생식 성장을 하는 봄 작물들이라서 반복 수확 횟수가 생각보다 많지 않다. 기후도 매년 조금씩 달라지고 있다. "변하지 않는 것은 변화한다는 사실뿐이다."라는 말이 있다. 이 말에 전적으로 동의하고 부분적으로는 이런 이유로 대부분의 농부들이 하는 방식대로 농장 운영 계획을 세우지 않는다. 이 같은 농장 운영 기본 계획이 도시 농장 성공의 필수 불가결한 요소는 아니지만 그래도 이 계획에 따라 농장을 경영하면서 변화를 수용하고 상황에 따라 생산 계획을 즉시 수정하는 방식은 성공적인 농장 경영에 도움이 되었다.

농장 운영 계획 중 내가 상세하게 다루는 부분은 2회전 경작지의 우선 재배 작물들인데 그 이유는 그 작물들이 성숙 기간이 매우 길고, 육묘장에서부터 재배를 시작해야 하기 때문이다. 2회전 구역에서는 지속 성장 작물이 우선 재배 작물이고 후속 재배 작물은 식재하지 않는다. 왜냐하면 여름 동안에는 특정 작물의 수요가 증가하고 우선 재배 작물의 수확이 끝난 후에는 신속 성장 작물을 심게 될 수도 있기 때문이다. 예를 들어 지난해 늦은 여름 케일 같은 지속 성장 작물에 관리할 수 없을 정도로 진드기 피해가 심해져서 아예 이랑에서 모두 뽑아버리고 그 자리에 가을까지 생산이 지속되도록 신속 성장 작물(상추, 가을 비트, 당근)을 심었다. 계획된 것은 아니었지만 고회전 구역에서 관리하는 것과 같은 방식으로 대처했다.

상세하게 계획을 세워 관리하는 작물 중의 하나는 당근이다. 고회전 구역에 당근을 심었기 때문에 매번 장소가 바뀐다. 그러나 필요한 이랑 수와 식재 횟수 등은 정확히 알고 있다. 당근은 성숙 기간이 긴 작물이기 때문에 시장 수요가 변했다고 해서 생산량을 급격하게 확대하기 어렵다. 당근을 식재하는 방식은 확정 산출량으로 결정해 접근한다. 시즌 동안 필요한 당근 생산량을 결정하고 식재 계획을 세운다. 예를 들어 성수기인 5월 하순에서 6월 초에 매주 한 이랑의 당근을 수확할 수 있도록 계획을 세운다.

순환 재배

순환 재배는 시장의 수요, 계절에 따라 달라지는 일조량, 기온차, 재배 기간과 수확량의 변화 등에 영향을 많이 받기 때문에 농사짓기 가장 어렵다. 그럼에도 불구하고 농부는 자신의 농장에서 일관된 수확을 올리기 위해 순환 재배를 할 수밖에 없다. 지속적인 수입을 얻기 위해서는 시즌 내내 꾸준히 식재와 수확을 반복해야 한다.

순환 재배를 하기 전에 특정 작물에 대한 수요가 어느 정도인지 알고 있어야 한다. 그에 맞춰 생산량을 예상하고 식재를 할 수 있기 때문이다. 그러나 작물의 수확 시기나 일조량, 기온 등을 고려하여 식재한다는 것이 결코 쉬운 일이 아니다.

주 단위로 열리는 파머스 마켓과 몇몇 레스토랑에 한 주에 150다발의 래디쉬를 판매할 수 있다고 하자. 내가 만든 작물 개요표 정보에 근거하여 매주 차질 없이 래디쉬를 수확하려면 8m짜리 2개의 이랑이 필요하다. 만약 이러한 래디쉬가 5월 1일까지 필요하면 씨앗 카탈로그를 찾아보고 래디쉬의 성숙 기간이 대략 30일이라는 것을 파악한다. 이 정보가 맞는다면 5월 1일부터 거슬러 올라가 30일 전에 래디쉬를 심으면 그때 수확이 가능할 것이다. 이 말은 또 매주 지속적인 수확을 얻으려면 그런 식으로 식재하면 된다는 것이다. 그러나 이것도 항상 일정한 것은 아니다.

식재 일자와 수확 일자를 작물별로 꼼꼼히 기록하였다면 적도에서 북쪽이나 남쪽으로 갈수록 기온의 차이가 작물에 끼치는 영향이 얼마나 큰지 절감하게 될 것이다.

밴쿠버주 켈로나 중심지(기후대 6B) 노지에서 4월 1일에 직파한다면 예상 성숙 기간은 41일이다. 두 주 후인 4월 14일에 다시 심으면 성숙 기간은 32일이 된다. 일 년 중 이 시기는 낮 길이가 기하급수적으로 늘어나고 기온도 올라가 작물의 성숙 기간이 짧아진다. 농사를 지은 첫해 이른 봄철에 매주 식재하는 실수를 저지른 경험이 있다. 자연 변화를 예상하지 못한 덕분에 4월 1일에 심은 작물과 4월 8일에 심은 작물을 동시에 수확할 수밖에 없었다.

그 일로 내가 배운 점은 작물은 일정에 따라 식재하는 것이 아니라 작물의 성장 단계를 파악하고 식재해야 한다는 것이다. 래디쉬 같은 작물을 주마다 식재할 때는 날짜를 고정하여 무조건 심기보다 첫 번째 심은 것이 어떤 성장 단계에 도달했는지 파악한 후 그에 맞추어 식재한다. 예를 들어 4월 1일에 첫 번째 래디쉬를 심었으면 래디쉬가 발아하여 두 장의 떡잎이 돋기 전까지는 두 번째 래디쉬를 식재하지 않는다. 2주간에 걸쳐 수확할 작물을 한 주씩 이어서 심지 않고 일시에 같이 심기도 한다. 날씨가 서늘해지면 래디쉬는 성숙이 느려지기 때문이다. 봄철에는 식재 간격을 늘리는 대신 더 많은 이랑에 동시 식재한다.

일단 날이 따뜻해지기 시작하고 일교차가 줄어들면 일관성 있게 주간 일정대로 식재를 시작한다. 이 시기가 되면 더 이상 작물 성장에 맞추어 식재하지 않는다. 래디쉬의 경우도 5월 2(두) 번째 주가 지나면 성숙 기간이 일관성을 갖게 된다. 이 시점이 되면 한 번에 일주일치 수확 예상 물량만 심는데 그 까닭은 일주일 안에 모두 수확해야 하기 때문이다. 래디쉬는 여름에는 매우 활발하게 자라서 며칠 지나면 이랑이 숲처럼 변할 것이다. 여름에는 식재 사이 기간을 짧게 하여 소량만 식재하는데 초봄과는 정반대이다.

반복 수확하는 엽채류

나는 루콜라, 겨자채, 상추, 시금치를 잎따기 엽채류로 분류한다. 첫 잎을 수확한 지 2주 안에 이들 작물은 계속 재생하기 때문에 여러 번에 걸쳐 수확할 수 있다. 매주 지속적으로 식재한다면 앞서 식재한 작물들의 두 번째와 세 번째 잎을 따면서 동시에 새로 식재한 작물의 첫 잎을 딸 수 있다. 시즌 내내 판매할 엽채류가 너무 많아 판매하지 못하고 밭을 갈아엎은 경험을 여러 번 하고 나서야 깨닫게 된 사실이다. 여러분은 그런 아픈 경험들을 모두 피해야한다.

여러 번 수확이 가능한 엽채류에 대한 순환 재배 전략이 몇 가지 있다. 판매할 양에 따라 생산량과 재배 일정이 조금씩 달라진다. 표 40-1에 루콜라와 시금치를 재배하는 전략을 정리해 놓았다. 표 40-2는 잎 상추를 어떻게 재배하는지 보여 주고 있다. 표 40-3은 겨자채와 러시안적케일 재배 전략을 설명하고 있다.

각각의 작물은 최소 세 번씩 수확할 수 있다. 러시안적케일과 상추는 4번이상 수확할 수도 있다. 모든 엽채류가 똑같이 2주간의 간격으로 자라지 않을뿐더러 지역의 기후와 재배하는 시기에 따라 다양하다. 하지만 이 표는 재생 과정의 주기를 보여주고 이것이 작물 식재와 어떤 연관이 있는지 설명하고 있다.

표 40-1 **루콜라와 시금치 순환 재배 계획표**

식재일	5월 4일	5월 11일	5월 18일	5월 25일	6월 1일	6월 8일	6월 15일	6월 22일	계속
첫 번째 수확	#1	#2	#3	#4	#5	#6	#7	#8	–
	5월 28일	6월 4일	6월 11일	6월 18일	6월 25일	7월 2일	7월 9일	7월 16일	
두 번째 수확	#3	#4	#5	#6	#7	#8	#9	#10	–
	6월 11일	6월 18일	6월 25일	7월 2일	7월 9일	7월 16일	7월 23일	7월 30일	
세 번째 수확	#5	#6	#7	#8	#9	#10	#11	#12	–
	6월 25일	7월 2일	7월 9일	7월 16일	7월 23일	7월 30일	8월 6일	8월 13일	

표 40-1은 첫 줄에 루콜라와 시금치를 같이 혹은 각각 식재하는 날짜를 표시했는데 5월 4일, 5월 11일, 5월 18일 순으로 이어진다. 식재한 각 작물의 수확 날짜는 칼럼 아래에 표시되어 있고, 일자 앞 각각의 상자에 표시된 숫자는 수확 순서를 나타내고 있다. 주당 루콜라 한 이랑을 식재한다면 5kg을 수확하

게 될 것이다. 5월 4일에 심고, 이어서 매주 심으면 첫 번째 수확일인 5월 28일에 5kg을 수확하고 다음 주 수확일은 5월 11일 식재한 것으로 6월 4일이 될 것이다. 순서에 따라 세 번째 수확일은 6월 11일이 될 것이다. 5월 4일에 식재한 것의 두 번째 수확과 5월 18일 식재한 것의 첫 번째 수확한 것을 주의 깊게 보기 바란다. 그 주는 두 곳의 이랑에서 수확하기 때문에 10kg의 루콜라를 수확하게 된다. 첫 번째 순환 수확은 6월 11일에 발생했는데 그것은 5월 18일 식재한 작물의 첫 번째 수확과 5월 4일에 식재한두 번째 수확이 겹쳐진 것이다.

두 번째 순환 재배 전략은 2주간 계속 심고 한주는 쉬는 것이다. 이것은 입상추 재배 스케줄에서 우선적으로 채택한 기본 일정이다. 매번 최소 3회 가끔은 4회까지 수확하였다. 여름 몇 달 동안은 기온이 상승하여 상추에 스트레스를 주고 열상 현상이 일어나 3회 수확에 그칠 확률이 높다.

5월 4일과 5월 11일에 식재하고 다음 주는 건너뛴다. 5월 25일과 6월 1일에 다시 식재한 다음 건너뛴다. 이 일정대로라면 최고 생산은 6월 18일에 발생되는데 그 지점에서 5월 25일에 심은 작물의 첫 번째 수확을 하고, 5월 11일에 심은 작물의 두 번째 수확을 하게 된다. 이 일정의 목적은 1번 방식으로 세 번을 수확하는 것과 다르게 두 번만 수확하는 것이다.

표 40-3은 러시안적케일과 겨자채를 식재할 때 사용하는 일정이다. 시즌이 한창일 때는 1주 만에 다시 자라나고 최소 3회의 수확을 안겨 준다.

이 일정은 약간 겹치거나 전혀 겹치지 않으면서 일관된 생산량을 올리게 해준다. 만약 4회까지 수확을 한다면 첫 번째 식재한 작물의 4번째 수확과 3번째 식재한 작물의 첫 번째 수확이 겹치게 될 것이다. 아주 더운 여름을 맞이하고 있다면 이 계획을 약간 변경할 필요가 있다. 7월과 8월 중에는 식재 간격을 넓혀 수확 횟수를 줄이라고 제언하겠다. 일주 혹은 2주 간격으로 변경해야 할 것이다.

잎상추 순환 재배 계획표

식재일	5월 4일	5월 11일	생략 주	5월 25일	6월 1일	생략 주	6월 15일	6월 22일	계속
첫 번째 수확	# 1	# 2		# 4	# 5		# 7	# 8	–
	5월 28일	6월 4일		6월 18일	6월 25일		7월 9일	7월 16일	
두 번째 수확	# 3	# 4		# 6	# 7		# 9	# 10	–
	6월 11일	6월 18일		7월 2일	7월 9일		7월 23일	7월 30일	
세 번째 수확	# 5	# 6		# 8	# 9		# 11	# 12	–
	6월 25일	7월 2일		7월 16일	7월 23일		8월 6일	8월 13일	
네 번째 수확	# 7	#8		# 10	# 11		# 13	# 14	–
	7월 9일	7월 16일		7월 30일	8월 6일		8월 20일	8월 27일	

표 40-3

겨자채/러시안적케일 순환 재배 계획표

식재일	5월 4일	생략 주	생략 주	5월 25일	생략 주	생략 주	6월 15일
첫 번째 수확	#1			#4			#7
	5월 28일			6월 18일			7월 9일
두 번째 수확	#2			#5			#8
	6월 4일			6월 25일			7월 16일
세 번째 수확	#3			#6			#9
	6월 11일			7월 2일			7월 23일
네 번째 수확	#4			#7			#10
	6월 18일			7월 9일			7월 30일

도시농부의 작물 종류

여기서는 우리 농장에서 재배하는 주요 작물들에 대한 포괄적인 기록들을 포함했다. 2010년부터 대략 80여 종의 일년생 채소를 재배해 왔고 이것들이 도시농부나 작은 땅을 기반으로 하는 농부에게는 가장 돈이 되는 현실적인 작물이라는 것을 깨닫게 되었다. 5장에서 작물가치 평가율(CVR), 즉 도시에서 재배하기에 적절한 작물을 평가하는 5가지 주요 항목을 언급한 적이 있다. 작은 땅에서 가능한 많은 수익을 내는 것이 목표라면 재배하려는 작물을 구성할 때 고부가가치이며 빠르게 성장하는 작물에 집중하여야 한다는 점을 명심해야 한다.

작물 유형	신속 성장 혹은 지속 성장
수확 기간	작물을 수확하는 달
작물가치 평가율(CVR)	가치 측면에서 작물을 판단하는 기준.
재배 사양	파종 밀집도와 이랑에 뿌린 씨앗에 관한 상세 사항
품종	재배 선호 품종
성숙 기간(DTM)	직파나 정식 후 성숙기에 도달하는 평균적인 기간
이랑당 평균 생산량	반복 수확을 포함한 작물의 총 예상 수확량
이랑당 평균 총수입	이랑당 총 예상 수입

루콜라

루콜라는 셰프들과 파머스 마켓용으로 재배하는 가장 인기 있는 품목 중 하나이다. 요식업계에서 매우 인기 있는 품종이다. 루콜라 단일 품목으로 판매하거나 샐러드용 혼합채소에 포함해 판매한다. 내가 선호하는 루콜라 품종은 잎이 톱니처럼 생긴 것인데 보통 야생 루콜라라고 한다.

생산 루콜라는 봄과 가을에 왕성하게 성장하고 생산량도 대단히 많지만 여름 몇 달은 성장이 더디다. 온실에서 생산하는 루콜라는 빠르면 3월 첫 주에 식재하기 시작하고, 로우터널 비닐하우스에서 생산하는 것은 3월 셋째 주에 시작한다. 이후에는 작물 성장 단계에 따라 순환 재배를 시작하는데 보통 2주 간격으로 2번 더 심는다. 5월부터 9월까지 한 주도 빼지 않고 식재한다. 낮이 길어지면 식재 빈도는 늘리고 식재하는 이랑 수는 줄인다. 봄철엔 이랑당 세 번 이상 수확할 수 있다. 하지만 여름에는 이랑당 많아야 두 번 혹은 한 번에 그친 적도 있다. 작물가치 평가율 평점은 총 5점 중 5점을 받았다. 도시농부가 꼭 재배해야 할 품목이다.

 가능한 한 줄기 없이 여리고 짧은 잎을 많이 수확하기 위해 미성숙 상태로 되도록이면 줄기를 남기지 않고 자르려고 노력한다. 여름 몇 달은 아주 어렸을 때 수확해야 되므로 생산량도 줄어든다. 무더운 날씨에는 아주 빨리 시들어 버리기 때문에 아침 일찍 수확해야 한다. 가끔은 당일 주요 작물 수확보다 앞서 수확해야 할 때도 있다. 5월 중순까지는 일주일 만에 다시 자란다. 목요일 날 채취하면 다음 주 목요일에 다시 수확할 수 있다. 날씨가 선선해지면 더디게 자라는데 대략 10일에서 2주가 걸린다. 매주 꾸준한 수확량을 유지하려면 한 주는 월요일에 수확하고, 그다음 주에는 목요일이나 금요일에 수확한다. 복수의 이랑에서 재배하고 있다면 서로 다른 순환 식재로 생산량의 차이가 크지 않게 된다. 채취할 때는 엽채류 신속 수확기나 날이 잘 드는 톱니 모양의 스테이크용 칼을 사용한다.

작물 유형 신속 성장

수확 기간 4월에서 10월까지

작물가치 평가율 ★★★★★ · 짧은 성숙 기간 · 높은 생산성 · 높은 가격 · 긴 수확 기간 · 높은 수요

재배 사양 9 줄로 직파, 씨앗 소요량 – 12g, 파종기 – 장 파종기 YYJ24롤러 사용

품종 로켓(Rocket), 보야저(Voyager), 실비에타(Sylvietta)

성숙 기간 봄 35일, 여름 21일

이랑당 평균 생산량 3회 채취에 15kg

이랑당 평균 총수입 kg당 20달러 판매로 300달러

보조 엽채류

보조 엽채류는 다양한 샐러드용 혼합채소로 재배하는 것이다. 비정기적으로 짧은 이랑에서 재배한다. 주 재배 작물이 아니므로 여분의 공간에서 재배한다. 재배하는 주요 엽채류는 겨자채, 다채, 비트채이다. 이 엽채류들은 다양한

색상과 식감 때문에 샐러드용 혼합채소로 적합하다.

생산 다채는 생산량이 많은 조생 엽채이며 몇 주에 걸쳐 수확할 수 있다. 온실에 첫 번째로 파종하는 작물 중 하나로 4월 초 첫 수확 후 4주에서 6주 동안 매주 다시 자라는 작물이다. 날씨가 따뜻해지면 바로 시들어 버린다. 보통 3월 중순에 온실에 파종하고, 4월 초에 노지에 파종한다. 겨자채는 좀 더 융통성이 있어 여름 내내 식재가 가능하다. 온실과 노지에 첫 번째 파종한 겨자채는 여러 차례 수확이 가능하지만 여름이 되면 두 번밖에 수확할 수 없다. 여름엔 비트채가 주요 보조 엽채류가 된다. 비트는 여름에 잘 성장하는 작물이라서 매주마다 여러 번 수확할 수 있다. 온도가 최적일 때를 계산하여 첫 번째 파종 시기를 6월로 잡는다. 비트는 날씨가 쌀쌀하면 발아 시간이 길어지므로 날이 따뜻해질 때까지 기다려야 한다.

수확 보조 엽채류를 수확할 때는 신속 수확기를 많이 쓰지만 손으로도 수확이 가능하다. 겨자채는 수확할 때마다 키가 더 커지기 때문에 가는 줄기와 풍성한 잎을 갖춘 모습으로 채취하려면 자주 잘라야 한다. 다채와 비트채는 땅에 바싹 붙어서 자라기 때문에 시간이 갈수록 수확하기 쉽다. 비트채는 반드시 크기가 8cm일 때 수확해야 한다. 이 작물들은 성장 속도가 지나치게 빠른데 특히 날씨가 뜨거워지면 그 정도가 심해진다.

작물 유형 신속 성장

수확 기간 4월에서 10월까지

작물가치 평가율 ★★★★★ ・짧은 성숙 기간 ・높은 생산성 ・높은 가격 ・긴 수확 기간 ・높은 수요

재배 사양 **겨자채** - 9열로 직파 │ **씨앗 소요량** - 22g │ **파종기** - 장 파종기 X24롤러

비트채 - 7열로 직파 │ **씨앗 소요량** - 82g │ **파종기** - 얼스웨이 파종기

바질

봄철 중순까지 출하 준비가 된다면 높은 가격을 받을 수 있지만 여름이 되어 너도나도 출하하기 시작하면 조기 출하의 절반 값에도 미치지 못한다. 바질은 파머스 마켓에서는 인기가 있지만 셰프들에게는 인기가 없는 편이다. 시즌 중에 한두 번 페스토(Pesto)를 만들기 위해 대량으로 구매한다. 통조림을 만드는 계절인 여름 후반기에 파머스 마켓 고객들도 수제 페스토를 만들기 위해 대량으로 구매한다. 대부분의 기간 동안 두 번만 식재한다. 조생종은 3월에 육묘장에서 육묘를 시작해 4월 초에 온실에 이식한다. 5월 말에 소량을 채취하는데 이때는 50g짜리 작은 봉지에 담아 1달러에 판매한다. kg당 20달러 정도이다. 두 번째 식재는 여름부터 가을까지 수확하기 위해 6월에 시작한다. 이때가 되면 kg당 15달러를 받는다. 따라서 조기에 식재하여 생산 시기를 앞당겨야 한다.

생산 자주 가지치기를 하지 않고도 많은 양을 수확할 수 있도록 중앙에 15cm 간격으로 심는다. 종종 토마토 사이에 바질을 간작하는데 15cm 간격으로 한 줄 혹은 두 줄에 심고, 토마토를 식재한 줄과는 20cm 간격을 둔다.

수확 첫 수확은 아주 소량이지만 여름이 되면 전주 대비 두 배씩 수확량이 늘어 결국은 매주 10kg씩 수확하게 된다. 많은 양의 바질을 수확하게 되면 가격은 아주 서서히 바닥세가 되어 버린다. 그래서 여름 내내 방치해 버리고 좀 더 높은 가격에 팔 수 있는 작물을 심는다. 절대 낮은 가격으로 경쟁하지 말아야 한다.

2마디째 줄기 중간의 곁가지를 따고,
처음 순따기 후에는 모든 곁가지의 중간을 따준다.
순따기를 하면 키가 더 크지 않고 하단부 중심으로
계속 자라서 잎이 무성해진다.

작물 유형	지속 성장
수확 기간	6월에서 9월까지
작물가치 평가율	★★★☆☆ · 높은 생산성 · 높은 가격 · 높은 수요
재배 사양	이랑 중앙에 15cm 간격으로 이식, 직파할 경우 셀당 씨앗 2~3개, 한 이랑에 4줄
품종	스위트(Sweet), 이탈리안
성숙 기간	직파 76일, 이식 24일
이랑당 평균 생산량	여러 차례 수확 12.5kg
이랑당 평균 총수입	kg당 20달러 판매로 250달러

비트

비트는 우리 농장의 주요 작물이다. 셰프들에게 우선적으로 어린 비트를 판매하고 6월까지 마켓에도 공급한다. 이때가 되면 다른 농부들도 대형 비트를 공급하기 시작하여 시장이 포화 상태가 되는데 경쟁하지 않는 것이 좋다. 대형 비트로 키우려면 경작지에서 오랫동안 길러야 하기 때문에 경제성 면에서 바람직하지 않다. 도시 농장에서는 경작지를 갈아엎어 빠르게 자라는 작물을 심는 것이 성장이 느린 작물을 재배하는 것보다 낫다. 대다수의 셰프들은 잎이 2.5cm 정도 남아 있고 뿌리 크기는 골프공만 한 비트를 선호한다. 비트는 껍질을 벗겨 반으로 잘라 요리 접시에 잎이 조금 남아 있는 상태로 제공한다. 골드 비트는 빨간 비트에 비해 즙이 흘러나오지 않기 때문에 셰프들이 가장 좋아하는 품종이다. 치오기아(Chioggia) 비트도 비슷한 품종이지만 수요가 많지 않기 때문에 자주 재배하지 않는다.

생산 소형 비트 생산을 목표로 하기 때문에 좁은 간격으로 식재한다. 너비 76cm 이랑에 4줄로 파종한다. 첫 번째는 모종을 이식하지만 그다음부터는 직파한다. 한 해에 비트를 4번 정도 식재한다. 첫 번째 비트는 3월 초에 육묘장에서 재배를 시작하고 마지막 식재는 8월 첫째 주에 직파하는데 가을 및 겨울용이다. 늦은 11월까지 수급이 가능하도록 충분히 식재한다. 비트는 월동을 잘 하지 못하는데 특히 추운 겨울(섭씨 영하 15도 이하)에 더 심하다. 때때로 로우터널 비닐하우스에서 겨우내 비트를 재배하기도 한다. 겨울 날씨가 영상을 유지한다면 겨우내 노지에서 재배할 수 있다.

수확 비트를 수확할 때는 크게 자란 것부터 먼저 뽑고, 조금 작은 것들이 자랄 공간을 확보해 더 크게 자라도록 해 준다. 3주에 걸쳐 한 이랑에 있는 비트를 모두 수확한다. 수확한 비트는 구멍 뚫린 토트백에 여유 있게 넣고 세척하여 다발로 묶어 포장한다. 특별히 요청이 없으면 밑동에서 5cm만 남겨 놓고 윗부분을 제거하여 셰프들에게 판매한다. 마켓에서 판매할 때는 윗부분을 제거하지 않는다.

작물 유형	지속 성장
수확 기간	6월에서 11월까지
작물가치 평가율	★★★★☆ • 높은 생산성 • 높은 가격 • 긴 수확 기간 • 높은 수요
재배 사양	이랑당 4줄, 육묘장 파종시 셀당 씨앗 1~3개, 이식시 이랑에서 8cm 간격 유지
품종	레드 에이스(Red ace), 터치스톤 골든(Touchstone Golden), 치오기아(Chioggia)
성숙 기간	**봄** – 육묘장에서 80일 | **여름** – 직파로 50일
이랑당 평균 생산량	여러 차례 수확하며 100다발
이랑당 평균 총수입	다발당 3달러에 판매하여 300달러

청경채는 이른 봄 시즌 작물로도 훌륭하고 가을 작물로서도 나쁘지 않다. 이른 봄에는 마켓에서 소량의 청경채를 판매하지만 늦은 봄이 되면 고객들의 관심이 줄어든다. 이때가 되면 청경채는 셰프들만을 위해 재배한다. 고급 식당들은 재배한 작물 중에서 가장 작은 것을 선호한다. 셰프들은 뿌리만 제거하고 작물 밑동부터 잎사귀와 줄기까지 전체를 요리하는데 통째로 살짝 데치거나 삶는다. 가장 선호하는 품종은 성숙 기간이 아주 짧은 작고 단단한 시로(Shiro)이다. 청경채를 재배하며 해결해야 할 가장 큰 과제는 열상을 입지 않도록 하는 것이다. 5월 말이 지나면 식재하지 않는다. 청경채는 차가운 토양에서 잘 자라며 더운 날씨로 스트레스를 받으면 맛이 떨어진다.

생산 가을용 청경채도 이식하여 재배를 시작한다. 날씨가 뜨겁고 건조한 지역에서는 9월 초에도 발아가 힘들어 가을용 작물은 플러그에서 발아시킨 후 이식하여 재배하는 것이 더 낫다. 온실이나 로우터널 비닐하우스에서 재배한 청경채를 판매하는 달은 4월과 5월이다. 10월과 11월에 노지에 정식하고 10월 초에 로우터널 비닐하우스를 설치해 덮개를 만들어주면 그 시점에서 날씨가 더 추워지거나 해가 짧아지면 영양 성장을 멈춘다.

수확 간단하고 작은 칼로 작물의 밑 뿌리를 잘라서 위로 향하게 쌓는다. 청경채는 빨리 수확할 수 있지만 세척할 때 조심해야 한다. 특히 작은 품종들은 잎이 잘 부서지는 경향이 있으니 살살 다루어야 한다.

작물 유형	신속 성장
수확 기간	4월에서 5월까지, 10월에서 11월까지
작물가치 평가율	★★★☆☆ · 짧은 성숙 기간 · 높은 생산성 · 높은 가격
재배 사양	이랑당 4줄, 육묘장 파종시 이랑 재식 간격은 8cm
품종	**작은 결구용** - 시로(Shiro) | **중간 결구용** - 조이 초이(Joi Choi)
성숙 기간	**봄** - 육묘장 재배는 80일 | **여름** - 직파는 50일
길이 8m 이랑당 평균 생산량	25kg
이랑당 평균 총수입	kg당 10달러 판매 250달러

허브 다발

허브 다발은 가장 많은 수익을 올리는 작물로 단위면적당 수익이 거의 새싹 채소 수준이다.

그러나 문제는 누구도 한꺼번에 많은 양을 필요로 하지 않다는 것이다. 예외가 있긴 하지만 한 번에 수백 다발을 팔아 본 기억이 없다. 허브를 취급하는 대형 수요처를 찾을 여력이 없어서 보통 이랑의 절반 정도 크기에 식재하고 한 주에 40여 다발 정도를 생산하고 있다. 가장 인기 있는 허브 다발은 고수와 파슬리, 베이비 딜이다. 작물가치 평가율로 고수는 총 5점 중 5점을 받았고 나머지 2가지는 총점 5점 중 4점을 받았는데 재배 기간이 약간 짧기 때문이다.

 세 가지 허브를 생산하려면 길이 1.8m에서 3.6m 이랑에서 동시에 재배한다.

 모든 허브는 경작지에서 다발로 묶으며 무게는 눈짐작으로 매긴다. 대부분 다발당 54g 정도이다. 날카로운 칼로 수확하고 고무줄이 담긴 작은 통을 함께 가지고 다닌다.

고수

고수는 시즌 내내 셰프들에게 가장 인기 있는 허브이다. 늦은 여름에는 모든 사람이 살사 통조림을 만들기 때문에 반드시 많은 양을 파머스 마켓에 가져가야 한다. 시즌 내내 재배가 가능하지만 무척 더운 날에는 생산량이 줄어든다. 그 시기에도 여전히 식재할 수 있지만 수확 횟수는 줄어든다. 루콜라처럼 소규모로 자주 식재한다.

파슬리

여름에서 가을까지 재배하는 허브이다. 이른 봄에는 잘 자라지 않지만 모종 이식으로 재배하기 시작하면 보다 이른 시기에 수확할 수 있다. 5월 중순 무렵까지 기다렸다가 대부분 직파한다. 늦은 여름까지 몇 번 더 식재한다. 파슬리도 덮개로 덮어주면 겨울을 날 수 있다.

베이비 딜

아주 적은 양의 베이비 딜을 재배하고 크게 키우지 않는다. 길이가 밑동에서 맨 위까지 15cm 이내인 작은 잎이 많은 다발을 목표로 재배한다. 씨앗은 비싸지만 셰프들에게 인기가 많다. 여름이 되면 진딧물 문제가 생겨서 봄에만 재배한다.

작물 유형	신속 성장
수확 기간	**고수** - 5월 중순에서 10월	**파슬리** - 6월 중순에서 10월	**베이비 딜** - 4월 중순에서 5월
작물가치 평가율	다양함
재배 사양	다양함
품종	**고수** - 칼립소(Calypso)	**파슬리** - 이탈리안	**베이비 딜** - 펀 리프(Fern Leaf)
성숙 기간	**고수** - 30일	**파슬리** - 70일	**베이비 딜** - 55일
이랑당 평균 생산량	**고수** - 길이 3.6m 이랑에서 250다발	**파슬리** - 길이 3.6m 이랑에서 235다발	 **베이비 딜** - 길이 3.6m 이랑에서 200다발
이랑당 평균 총수입	**고수** - 500달러	**파슬리** - 470달러	**베이비 딜** - 400달러

당근

당근은 전통 작물이면서 모두가 좋아하는 작물이다. 셰프와 레스토랑용으로 당근을 재배하지만 판매 관점에서 보면 수요처별로 요구 조건이 조금씩 다르다. 셰프들은 대부분 간신히 중심핵이 형성된 어린 당근을 찾는다. 어린 당근은 두께가 엄지손가락만 하며 가장 맛이 풍부하다. 무지개 품종이 인기가 있지만 오렌지 당근도 여전히 인기가 있다.

대부분 최고급 레스토랑에서는 윗부분 잎 길이가 1.3cm인 당근만 찾고 있는데 그것은 그 형태 그대로 요리 접시에 놓고 싶기 때문이다. 셰프들은 특별 행사를 위해 초미니 당근(거의 솎은 수준)을 가져가기도 한다. 이런 경우를 대비해 길이 9m 이랑에 9줄을 파종하는데 각 열마다 한 구멍에 씨앗을 2개씩 뿌린다. 마켓용으로는 약간 큰 당근을 재배하는데 대형 주스용이 아니므로 중간 아랫부분에 약간의 핵이 생성된 정도로만 자란 것이다.

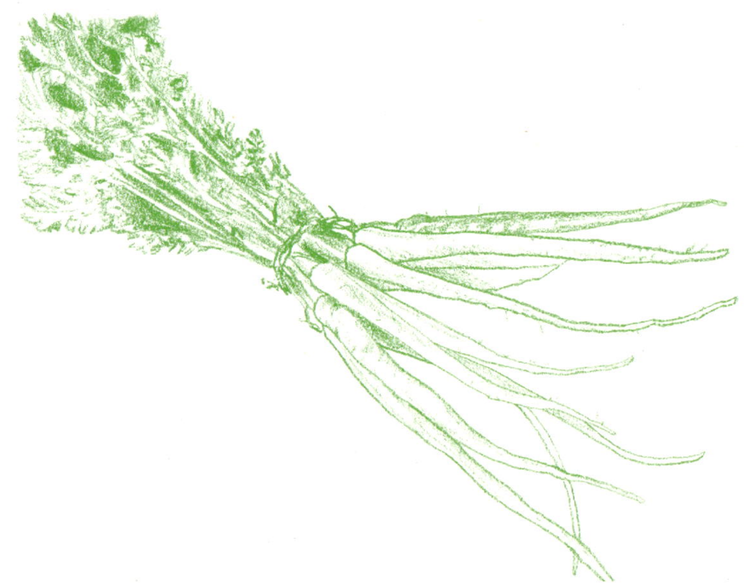

재배 시즌당 5회 식재한다. 첫 번째는 로우터널 비닐하우스나 온실에서 4월 첫째 주에 심고, 마지막으로 8월 1일에 직파한 월동용 작물을 포함해 매달

심는다. 당근을 월동시키면서 겨우내 노지에서 뽑아 수확할 수 있다. 핵심은 가을 동안 흙을 건조하게 유지시키는 것이다. 겨울 당근은 10월 첫 주 전에 완전히 성숙되며 그때가 되면 로우터널 비닐하우스로 덮어주고 더 이상 물을 주면 안 된다. 겨울 습기를 제거할 수 있다면 날씨가 영하로 내려가도 흙은 얼지 않는다. 이 점이 바로 당근을 노지에 묻어둘 때 반드시 고려해야 할 부분이다. 이 방식이 효과를 보려면 땅이 배수가 잘되어야 한다. 당근밭이 물이 잘 빠지지 않는 저지대에 있다면 효과가 없다. 흙이 얼었다 녹으면 당근도 썩어 버린다.

수확 일반 정원용 쇠스랑을 사용해 한 줄씩 교대로 흙을 부드럽게 해 준다. 먼저 바깥쪽 이랑부터 시작하는데 윗부분 2.5cm 혹은 5cm 흙을 부드럽게 만든다. 당근을 마켓용으로 출하한다면 윗부분을 잘라내 버리지만 셰프들한테 공급하는 것은 잎사귀를 몇 cm 남아 있게 한다. 땅에서 3cm에서 5cm 정도 남겨 놓고 잎을 잘라낸 후 쇠스랑으로 수확한다.

작물 유형	지속 성장
수확 기간	6월에서 다음 해 3월까지
작물가치 평가율	★★★★☆ · 높은 생산성 · 높은 가격 · 긴 수확 기간 · 높은 수요
재배 사양	**어린 당근** – 7열(씨앗 7g) ┃ **대형 및 월동 당근** – 5열(씨앗 5g) ┃ **장 파종기** – XY24롤러
품종	모금(Mokum), 레인보우(Rainbow), 퍼플 헤이즈(Purple Haze), 미니 당근용 찬트네이(chantenay)
성숙 기간	**봄** – 68일 ┃ **여름** – 54일
이랑당 평균 생산량	어린 당근과 중형 30kg, 대형 당근 37.5kg
이랑당 평균 총수입	어린 당근과 중형은 kg당 80달러로 240달러, 대형은 kg당 6달러로 225달러

케일

케일은 최근 들어 인기가 많아서 경작지에 파종할 충분한 양의 씨앗을 구할 수 없다고 한다. 어떤 종자 회사는 씨앗을 0.5kg에 1,000달러에 팔고 있다. 건강에 좋은 식품으로 알려져 있으며 작물가치 평가에서도 총 5점 중 4점을 받은 도시농업에 아주 적합한 작물이다. 파머스 마켓과 셰프들을 위해 많은 양의 케일을 재배하고 있다. 케일은 1년 내내 기를 수 있다. 7월에 진드기 문제가 심각해지면 몹시 더운 6주간은 아예 아무런 조치 없이 경작지에 그대로 방치해 두기도 한다. 7월 둘째 주에 플러그 육묘로 시작해 8월 중순에 정식한다. 그러면 9월 중순에 제법 많은 양을 수확할 수 있다. 늦게 식재한 케일은 겨울을 날 수 있다. 겨울을 나려면 작물은 완전히 성숙한 단계여야 하고 서리가 본격적으로 내리기 전에 땅 밖으로 최소 30cm는 나와 있어야 한다. 끝부분에 올라온 곁가지를 계속 잘라 영양 성장을 유도하면 작물은 땅 밖으로 높이 자란다. 케일은 눈이 3cm까지 쌓여도 살아남아 3월 중순에 다시 수확이 가능해진다. 만약 온실에서 늦은 여름에 식재한다면 겨우내 수확하는 것도 가능하다. 고부가가치 작물은 아니지만 여러 번에 걸쳐 수확이 가능하고 단위면적당 생산성이 높기 때문에 도시농부에게는 매우 유익한 작물이다.

생산 일 년에 두 번만 케일을 식재한다. 한 번은 이른 봄(4월 첫째 주에 이식)에, 또 한 번은 가을(8월에 이식)에 한다.

수확 작물이 완전히 튼튼하게 성숙했으면 손으로 잎사귀를 잡아 바닥 쪽으로 밀어내면서 크게 한 움큼씩 수확한다. 작물이 어리면 좀 더 부드럽게 다루어야 한다. 수확할수록 케일은 더 잘 자란다.

케일은 손으로 끝부분을 밑으로 밀면서 수확하는 것이 가장 좋은 방법이다.

작물 유형	지속 성장
수확 기간	8월 중순에서 9월 중순을 제외한 연중
작물가치 평가율	★★★★☆ · 짧은 성숙 기간 · 높은 생산성 · 긴 수확 기간 · 높은 수요
재배 사양	이식 간격은 25cm, 이랑당 3열
품종	윈터보(Winterbor), 다르키보(Darkibor), 레드보(Redbor), 투스카나(Toscanna)
성숙 기간	봄에는 파종 후 74일, 이식 후 35일
이랑당 평균 생산량	여러 차례 수확하여 58kg
이랑당 평균 총수입	kg당 10달러에 580달러

상추

상추는 우리 농장의 가장 대표적인 상품이다. 매주 수백 kg의 상추를 셰프들에게 판매하거나 수백 봉지가 넘는 상추를 파머스 마켓에서 판매한다. 셰프들은 샐러드용 혼합채소로 크기가 일정하고 작은 상추를 주문한다.

생산 대부분의 노지 잎상추는 직파하고, 루콜라와 시금치 같은 반복 수확하는 작물과 동일하게 작업한다. 시즌이 한창일 때는 직파로 거의 매주 식재한다. 특히 잘 자라는 다섯 가지에서 일곱 가지 품종의 잎상추를 재배하는데 모두 성숙 기간이 같다. 따라서 씨앗을 섞어서 한 이랑에 모두 같이 파종한다. 해마다 품종은 다르며 시즌 내내 달라지기도 한다. 반드시 성숙 기간이 비슷하여 일정하게 수확할 수 있는 품종을 재배해야 한다.

최근 결구 상추를 시험 삼아 재배해 보았다. 선택한 품종은 살라노바(Salanova)로 일반 결구 상추처럼 재배하여 손으로 수확하고, 수차례 수확할 수 있다. 품질이 일정해 셰프들이 선호한다. 결구 상추는 일반 상추와는 다른 형태로 성장한다. 이 품종은 머리 부분이 성장하면 잎은 더 이상 자라지 않고 잎 수만 늘어난다. 이랑별로 정확한 일정에 따라 수확해야 하는 걱정을 할 필요가 없는 것이 가장 큰 장점이다. 따라서 생산량이 너무 많아도 수확 시점을 유연하게 조절할 수 있다. 조경용 천 중앙에 15㎝ 간격으로 구멍을 뚫고 상추 묘를 정식한다.

수확 상추를 손으로 수확할 때는 날카로운 톱날이 있는 스테이크용 칼을 사용한다. 이랑 사이로 다리를 벌리고 뒤로 걸으면서 수확하면 된다. 수확한 상추를 담는 통은 수확이 끝난 이랑에 놓으면 된다. 오른손잡이라면 오른손으로 칼을 잡고 왼손으로 상추를 움켜쥐어 수확한다. 수확할 때 가장 효율적인 방법은 상추를 수확 통에 담기 전에 가능하면 많은 상추를 움켜쥐는 것이다. 수확 방법이 손에 익으면 20분이 채 걸리지 않아 한 이랑을 수확할 수 있다. 별첨 사진첩 사진 21번을 참고하라.

작물 유형	신속 성장
수확 기간	4월에서 11월까지
작물가치 평가율	★★★★★ · 짧은 성숙 기간 · 높은 생산성 · 높은 가격 · 긴 수확 기간 · 높은 수요
재배 사양	**직파** - 이랑당 9줄 │ **이랑당 씨앗 소요량** - 28g │ **장 파종기** - F24 롤라 │ **미니 결구** - 줄 간 간격 15cm로 4줄 정식
품종	살라노바(Salanova®), 레드 앤드 그린 샐러드 볼(Red and green salad bowl), 오크리프(Oak leaf), 로그 드히버(Rouge D'hiver), 탱고 앤드 레드 세일(Tango and red sails)
성숙 기간	**봄** - 어린잎은 45일 │ **여름** - 21일
이랑당 평균 생산량	여러 차례 반복 수확(최대 4회까지) 이랑당 20kg
이랑당 평균 총수입	kg당 20달러로 400달러

새싹채소

생산성 측면에서 새싹채소는 상당한 잠재력이 있다. 작은 공간에서 적은 노력으로 한 주에 수천 달러의 과외 수입을 창출할 수 있다. 문제는 판매 능력이다. 나는 셰프들과 파머스 마켓, 유통업자들에게 많은 양의 새싹채소를 판매한다. 덕분에 농장은 취급 품종도 다양해졌고 업계에서의 위상도 한 단계 상승했다. 실내에서 새싹채소를 기르려면 습도와 대류, 온도를 신중하게 적용해야 하므로 일종의 모험이라고 할 수 있다. 작은 변화로 인해 곰팡이 문제가 생기면 전체 작물을 못 쓰게 된다. 새싹채소는 작물가치 평가율에서 총점 5점 중 4점을 받았는데 그 까닭은 새싹채소가 대량 판매에 도전해 볼 수 있는 틈새 시장이기 때문이다.

생산 가장 손쉬운 방법은 한창 농사철에 온실이나 노지에서 재배하는 것이다. 그때가 위험 요소가 가장 적다. 게다가 농장의 현금 사정은 빠르게 개선될 것이다. 작물 재배 관련 상세 사항은 37장을 참고하라.

수확 육묘판에 키운 새싹채소를 수확할 때 날카로운 셰프용 칼을 사용한다. 조심스럽게 묘판 위 한 움큼의 새싹채소를 왼손으로 움켜쥐고 자른다. 한 번 자를 때 묘판의 1/6을 잘라 낸다. 여섯 번 정도의 손놀림으로 묘판 위 새싹채소를 깔끔하게 수확한다. 가능한 많은 양을 수확하기 위해 작물 밑동까지 평평하게 자른다. 주로 깊이 2.5cm의 육묘판을 사용하는데 이러한 방법을 사용하면 작물을 거의 땅이 닿는 부분까지 잘라낼 수 있다. 노지에서 새싹채소를 수확할 때도 비슷한 기법을 사용하지만 셰프용 칼을 쓰지 않는다. 대신에 깨끗한 문구용 커터 칼을 쓴다. 커터 칼은 잘 씻어서 소독하여 보관해야 한다.

작물 유형	신속 성장
수확 기간	연중
작물가치 평가율	★★★★☆ • 짧은 성숙 기간 • 높은 생산성 • 높은 가격 • 긴 수확 기간
재배 사양	육묘판 직파 | **완두새싹** – 332g | **해바라기새싹** – 170g | **래디쉬새싹** – 56g 75cm에 1.8m 이랑 | **직파** – 육묘판 10개와 동일
품종	블랙오일 선플라워(Black oil sunflower), 스펙클드 완두(Speckled Pea), 차이나 로즈 래디쉬(China rose radish)
성숙 기간	10~14일
판당 평균 생산량	**해바라기새싹** – 750g | **완두새싹** – 625g | **래디쉬새싹** – 500g
판당 평균 총수입	**해바라기새싹** – kg당 30달러에 22.50달러 | **완두새싹** – kg당 30달러에 18.75달러 | **래디쉬새싹** – kg당 40달러에 20달러

파티팬호박과 애호박

여름 호박은 주로 셰프들을 위해 재배하는 작물 중 하나이다. 시즌 중에 한 두 번 마켓에 내놓기는 하지만 대부분은 고급 레스토랑에서 필수품처럼 대우를 받는다. 순무나 비트처럼 소형 채소 개발을 목표로 하고 있다. 셰프들에게 파티팬호박의 최적 크기는 약간의 줄기가 달린 탁구공 정도의 크기이다. 애호박은 길이가 8cm에서 10cm일 때 수확한다. 높은 가격(kg당 8달러)을 받으려고 항상 작을 때 수확한다. 가끔 수확 시기를 놓칠 때가 있는데 그럴 경우 중간 크기는 kg당 5달러에 대형은 3달러에 판매한다. 중간 크기와 대형은 파머스 마켓용으로 판매하고 소형은 셰프용으로 공급한다.

생산 파티팬호박과 애호박은 지속 성장 작물이고 2회전 경작지에서 재배한다. 5월 중순에서 10월 중순(혹은 첫서리가 내릴 때)까지 노지에서 재배할 수 있다. 여름 호박은 2회전 경작지에서 우선 재배 작물이며, 북미 지역 기후대에서는 정식 후 땅에 뿌리를 내릴 때까지 후속 재배 작물을 재배할 여력이 있다. 래디쉬와 루콜라, 시금치는 우선 재배 작물(파티팬호박)이 뿌리를 내리기 전에 재배할 수 있는 후속 재배 작물이다. 묘목을 이식한다면 신속 성장 작물이 심어져 있는 작물 사이에 간작하는 것도 가능하다(8부 간작 부분을 참고하라).

수확 파티팬호박과 애호박이 줄기에 오래 달려 있으면 너무 크게 자라서 제값을 받지 못한다. 작물에 잔가시들이 있고 긁히면 피부에 자극을 주기 때문에 바지와 긴소매 셔츠, 장갑을 끼고 아침 일찍 수확한다. 파티팬호박을 수확할 때는 조심스럽게 살펴보아야 하는데 열매가 작물 밑동 쪽에 숨겨져 있는 경우가 많기 때문이다. 최대한 한 손에 많이 담아서 양동이에 옮겨 놓아야 한다. 애호박도 수확하는 방식은 비슷하다. 특별히 어린 열매를 수확할 때는 작은 칼이나 전지용 가위가 있으면 더 좋다. 자르지 않고 비틀어 따면 열매 일부분을 상하게 할 수도 있다.

작물 유형	지속 성장
수확 기간	7월에서 9월
작물가치 평가율	★★★☆☆ · 짧은 성숙 기간 · 높은 생산성 · 높은 수요
재배 사양	45cm 간격으로 한 줄로 식재
품종	파티팬호박 – 선 버스트(Sun Burst), 애호박 – 라벤(Raven), 골든 딜라이트(Golden Delight)
성숙 기간	직파 60일, 이식 42일
이랑당 평균 생산성	이랑당 40kg
이랑당 평균 총수입	kg당 8달러, 이랑당 320달러

래디쉬

믿거나 말거나 래디쉬는 나에게는 최고의 작물 중 하나다. 래디쉬는 파머스 마켓에서는 거의 팔지 못하지만 레스토랑에는 한 주에 수백 kg을 판다. 셰프들에게 래디쉬는 다양한 용도로 사용되는 작물이다. 깍둑썰기를 하거나 채로 썰 수도 있으며 평범하게 약간 조리거나 굽고 피클을 만들 수도 있다. 매주

13kg에서 25kg까지 구매하는 여러 명의 셰프들과 거래를 하고 있다. 제일 좋은 점은 고객들이 시즌 내내 필요로 하고, 농장은 시즌 내내 재배가 가능하다는 것이다. 특히 비수기에 판매가 잘된다. 문제는 양배추 뿌리 구더기 같은 해충에 쉽게 감염된다는 것이다. 이를 방지하려면 80g짜리 방충망으로 덮어주어야 한다. 방충망은 빛과 물, 공기는 통하지만 뿌리 구더기 나방이 잎에 알을 까는 것을 막아 준다.

 너비 76cm 이랑에 7줄로 래디쉬를 식재하는데 여름에는 한두 줄 적게 식재하여 약간의 공간을 확보한다. 이렇게 하면 일정하게 성숙하여 일시에 이랑의 모든 래디쉬를 깔끔하게 수확할 수 있다. 따라서 다른 작물을 재배할 공간을 확보할 수 있으며, 동일한 품질의 래디쉬를 수확할 수 있다.

 파머스 마켓용으로 다발로 묶을 때는 밭에서 눈대중으로 무게를 맞춘다. 레스토랑용으로 포장할 때는 잎사귀를 떼어내고 낱개로 수확한다. 한 이랑의 래디쉬가 일정하게 성숙하면 한 번에 모두 수확한다. 또 다른 수확 방식은 솎아내는 것이다. 날이 추워지면 작물은 동시에 성숙하지 않는다. 보통은 바깥쪽 작물들이 먼저 성숙한다. 이들을 먼저 수확하고 다음 주에 작물을 수확해 마무리 짓는다. 솎음 수확을 할 경우 작업로가 너무 좁아서 수확용 통을 놓을 공간이 부족할 수 있다. 이 경우 작업로에 작은 더미로 쌓아 놓고 작업이 다 끝난 후에 수확 통에 담는다.

작물 유형	신속 성장
수확 기간	4월에서 11월까지
작물가치 평가율	★★★★☆ · 짧은 성숙 기간 · 높은 생산성 · 긴 수확 기간 · 높은 수요
재배 사양	5열에서 7열 파종 ｜ **장 파종기** - F24롤러 ｜ **씨앗 소요량** - 이랑당 20g
품종	이스터 에그(Easter Egg), 프랜치 브랙퍼스트(French Breakfast), 화이트 아이시클(White Icicle), 락씨(Raxe)
성숙 기간	28일
이랑당 평균 생산성	70 다발(18kg)
이랑당 평균 총수입	175달러

러시안적케일

러시안적케일은 아름답고 튼튼하며 오랫동안 수확할 수 있는 샐러드용엽채류이다. 일반 케일처럼 크게 키울 수도 있지만 샐러드용 혼합채소나 독자적인 샐러드용으로 어린잎 상태로 재배하는 것이 가장 좋다. 시즌 내내 수급이 가능해서 지속적으로 메뉴로 내놓을 수 있지만 한편으로는 식료품 마트에서 쉽게 구할 수 없다는 점에서 셰프들에게 공급하기 좋은 작물이다. 잎 모양이 아름다워 접시 장식용으로도 쓰인다. 잎 몇 장을 접시 위에 올려 내놓을 수도 있지만 삶거나 살짝 데쳐서 내놓을 수 있는 작물로도 잘 어울린다. 최고 품질의 작물을 지향하므로 작은 크기로 재배하는데 잎과 줄기의 길이는 8cm에서 10cm 사이여야 한다.

생산 러시안적케일은 믿을 수 없을 정도로 튼튼하여 섭씨 영하 15도의 날씨를 견디어 낸다. 매해 늦은 겨울 온실에서 직파하는 첫 번째 엽채류 중 하나인데 가장 빠른 시기는 늦은 2월이다. 한 이랑에서 여러 차례 수확할 수 있다. 아홉 번까지 수확한 적도 있다. 끝물에 가까워지면 검보라색으로 변하면서 잎사귀 끝도 노란색으로 변한다. 여전히 아름답게 보이지만 쓴맛이 나기 시작한다. 일반 케일과는 다르게 여름 진드기 공격을 훨씬 더 잘 이겨낸다. 잎이 큰 케일을 재배하는 밭 주변에서 러시안적케일을 기르면 진드기가 잎 크기가 큰 케일로 옮겨갈 확률이 매우 높다. 늦은 2월이나 3월 초에 첫 번째 식재를 한 후 시즌 내내 3주마다 러시안적케일을 식재한다.

수확 루콜라와 같은 방식으로 수확한다. 날카로운 톱니 모양 칼이나 엽채류 신속 수확기로 수확한다. 여름 몇 달은 직파한지 21일이 지나면 수확할 수 있다. 봄이나 가을에 비해 여름에는 수확 횟수가 줄어든다.

작물 유형	신속 성장
수확 기간	4월에서 11월까지
작물가치 평가율	★★★★★ · 짧은 성숙 기간 · 높은 생산성 · 높은 가격 · 긴 수확 기간 · 높은 수요
재배 사양	9열로 직파 ｜ **씨앗 소요량** - 17g ｜ **장 파종기** - F24 롤러
품종	레드 러시안(Red Russian)
성숙 기간	30일
이랑당 평균 생산성	**봄** - 4회에서 9회 수확하여 이랑당 21kg ｜ **여름** - 3회 채취하여 이랑당 13kg
이랑당 평균 총수입	이랑당 250달러

샐러드용 혼합채소

가장 수익성이 높고 규모가 큰 작물은 샐러드용 혼합채소이다. 파머스 마켓의 대표 상품이기도 하지만 대부분의 물량을 레스토랑 고객들을 상대로 소진한다. 엽채류와 혼합채소는 소규모 경작지에서 가장 높은 수익성을 내는 작물이다. 성장이 빠르고 여러 차례 수확할 수 있다. 혼합채소를 재배하며 얻게 되는 엄청난 혜택은 매주 똑같은 물량의 엽채류를 샐러드용 혼합채소로 수급하지 않아도 된다는 것이다. 샐러드용 혼합채소 구성의 한 부분을 담당했던 어떤 특정한 작물이 남아돌거나 혹은 부족할 때 유연하게 대처할 수 있게 해준다. 해를 거듭하면서 농장의 총수입이 배로 늘어난 것은 판매하는 샐러드용 혼합채소 생산이 확장된 덕분이다. 또한, 주당 50kg까지 샐러드용 혼합채소를 구매해 준 단골 레스토랑 고객들이 함께해 준 덕분이다.

　　데침용 혼합채소와 봄철 혼합채소, 스파이시 혼합채소 등 세 가지 유형의 샐러드용 혼합채소를 제공한다. 각각의 샐러드는 가장 잘 팔릴 때가 다르다. 대부분의 고객들은 엽채류에 계절적인 요인이 있다는 점을 좋아한다.

　　데침용 혼합채소는 시즌 중 가장 먼저 제공하는 샐러드용 혼합채소이다. 다채와 러시안적케일, 루콜라, 겨자채로 구성되어 있다. 데침용은 살짝 데쳐서 (가볍게 조리) 수프나 볶음 요리에 곁들여 나온다. 여기에 포함되는 모든 엽채류는 극심한 냉한성이라서 조금 더 추운 달에 잘 자란다. 데침용은 4월 첫째 주부터 5월 중순까지 수급이 가능하다. 이런 관점에서 날씨가 너무 더워 다채를 재배할 수 없게 되면　샐러드용 혼합채소 수급에 결정적인 차질이 생기게 된다. 5월 이후에도 계속해서 다른 엽채류를 재배할 수 있고 루콜라와 겨자채가 스파이시 혼합채소 구성에 포함된다. 여름철 데침용은 비트채와 겨자채, 루콜라, 러시안적케일로 구성된다.

스파이시 혼합채소는 겨자채와 루콜라로 구성된다. 스파이시용은 데침용과 비슷한 시기에 공급을 시작할 수 있지만 겨자채와 루콜라는 다채에 비해 빨리 시들지 않기 때문에 좀 더 오랜 기간 재배할 수 있다.

봄철 혼합채소는 대표적인 상품이다. 몇 가지 상추와 그 시기에 수급 가능한 계절 엽채류로 구성되어 있다. 봄에는 상추 종류와 다채, 루콜라, 겨자채, 러시안적케일로 구성된다. 여름에는 한대성 작물들의 생산이 줄어들기 때문에 상추 종류가 더 들어가고 다른 엽채류는 덜 들어간다. 여름 동안에는 90%가 상추류로 구성된 샐러드용 혼합채소에 추가하기 위해 베이비 비트채를 재배한다.

각각의 샐러드용 혼합채소를 구성하는 작물들은 별도로 재배한다. 다채와 겨자채, 비트채는 샐러드용 혼합채소로만 사용하지만 러시안적케일과 루콜라는 각각 별도로 판매할 수 있다.

생산 봄철 혼합채소 상품이 성공하려면 상추 생산이 활성화되어야 한다. 상추 생산이 샐러드용 혼합채소를 구성하는 주요 요소이고 나머지 엽채류는 후속 재배 작물이라는 점을 잊지 말아야 한다. 어떤 한 주에 루콜라가 넘칠 정도로 생산이 되어 다 팔 수 없게 되었다면 루콜라를 좀 더 넣을 수 있다. 여름에는 봄철 혼합채소 상품이 100% 상추로 구성된 적도 있었다.

작물 유형 신속 성장

수확 기간 4월 중순에서 11월까지

작물가치 평가율 ★★★★★ · 짧은 성숙 기간 · 높은 생산성 · 높은 가격 · 긴 수확 기간 · 높은 수요

샐러드용 순무

하쿠레이(hakurei) 또는 도쿄 순무(Tokyo turnip)는 고급 레스토랑에서 엄청나게 인기가 있지만 파머스 마켓에서는 별로이다. 그래도 때때로 마켓용으로 순무를 재배하는데 마켓 고객들은 테니스공만 한 크기로 한 다발에 3개 묶은 것을 선호하고, 반면에 셰프들은 작은 탁구공만 하며 몇 cm의 잎사귀가 달리고 300g 정도 나가는 다발로 포장한 것을 선호한다. 셰프들이 요리 접시에 순무를 장식할 때 다른 근채류와 똑같이 순무에 잎이 몇 cm쯤 붙어 있기를 바란다. 하쿠레이(Hakurei) 품종은 봄에는 양배추 뿌리 구더기를 처리해야 하는 문제 때문에, 여름에는 덥고 건조한 날씨로 인해 발아가 부실하다는 문제때문에 재배하기가 쉽지 않은 작물이다.

이런 이유로 비싼 가격에 판매되었지만 봄철에 방충망으로 작물을 덮어두면 이런 문제를 완화시킬 수 있다.

생산 과거에 샐러드용 순무를 두 가지 방식으로 재배했는데 두 가지 다 쓸 만했다. 첫 번째 방식은 줄 간격을 조밀하게 해 이랑에 5줄씩 6mm마다 2개의 씨앗을 뿌렸다. 이런 식이면 작물은 줄을 따라 조밀하게 보이지만 열 간격을 보다 넓게 하면 된다. 얼스웨이 파종기를 래디쉬 프레이트로 맞추어 파종한다. 이 식재 방법으로 이랑당 200다발 이상을 수확했다. 문제는 밀식 때문에 생기는 곰팡이 문제를 대가로 받아들여야 한다는 점이다. 제일 좋은 방법은 조금 더 넓은 줄 간격에 씨앗당 6mm로 해서 9줄로 파종하는 것이었다. 이 경우 장 파종기를 YYJ24 롤러에 맞추어 파종한다. 이렇게 하면 작물이 자랄 정확한 공간을 만들어 더 빨리 자라고 보다 일관성 있는 수확이 가능하다. 생산성은 낮지만 그래도 이랑당 100다발은 수확한다.

수확 샐러드용 순무는 어느 고객들에게 공급하느냐에 따라 두 가지 방식으로 수확한다. 마켓용으로는 래디쉬처럼 경작지에서 다발로 묶어 포장한다.
레스토랑용으로는 3kg 케이스에 담아 판매한다. 이 경우에는 다발로 만들지
않는다. 수확 작업 중에 잎사귀 부분 몇 cm 만 남겨 놓고 다른 잎사귀는 잘라
버리고 수확용 통에 넣는다. 그것들을 운영 본부로 운반, 세척하여 케이스
단위 판매 용기에 넣어 포장한다.

작물 유형	신속 성장
수확 기간	5월부터 10월까지
작물가치 평가율	★★★★★ · 짧은 성숙 기간 · 높은 생산성 · 높은 가격 · 긴 수확 기간 · 높은 수요
재배 사양	**이랑당** - 9줄　|　**씨앗 소요량** - 5g　|　**장 파종기** - YYJ24
품종	하쿠레이(Hakurei)
성숙 기간	파종 후 38일
이랑당 평균 생산량	상부 잎과 줄기 제거 후 개당 무게 250g의 순무 100다발
이랑당 평균 총수입	300달러

스켈리언

봄 양파 혹은 그린 양파라고도 부르며 일 년 내내 수확할 수 있고 용도가 다양한 작물이다. 파머스 마켓에서 112g 묶음으로 팔고 셰프들에게는 포장하지 않고 대량으로 판매한다. 수요가 많은 작물은 아니지만 사람들이 어떻게 사용하는지 알고 있으므로 충분히 대표 작물로 취급할 만하다. 스켈리언에 대해 정말 탐탁지 않게 여기는 것은 세척 작업이다. 팔아서 얻는 대가에 비해 많은 작업이 수반된다. 레스토랑에 팔 때는 마켓에 진열하듯이 다발로 묶을 필요도 없고, 세세하게 세척할 필요도 없어서 일이 조금 덜하다.

생산 이 작물의 가장 큰 장점은 생산량이다. 한 이랑에서 약 70일에 320달러 상당의 작물을 재배할 수 있다. 식재 후 3주 만에 수확할 수 있다. 대량으로 팔 수 있는 작물이 아니라서 시즌 중에 약 네 번 정도만 식재한다. 초기 작물은 비닐하우스에서 키운 후 이식한다. 그 이후부터는 다른 샐러드용 작물들과 똑같이 직파한다. 이렇게 하면 노동 시간은 줄이고 생산성은 높일 수 있다.

수확 스켈리언은 당근과 똑같이 수확한다. 작물 주변의 흙을 쇠스랑으로 느슨하게 한 다음 뽑아내 수확 통에 넣으면 된다. 일단 수확용 통을 채우면 통에 물을 채우고 스켈리언을 똑바로 세워 뿌리 부분이 몇 시간 동안 물에 잠기도록 한다. 이렇게 하면 세척 작업이 아주 쉬워진다.

작물 유형	지속 성장
수확 기간	연중
작물가치 평가율	★★★☆☆ • 짧은 성숙 기간 • 높은 생산성 • 긴 수확 기간
재배 사양	**이식** - 10cm 간격 6줄 ｜ **직파** - 7줄 ｜ **씨앗 소요량** - 14g ｜ **장 파종기** - F24 롤러
품종	긴초(Kincho)
성숙 기간	파종 후 70일
이랑당 평균 생산량	20kg
이랑당 평균 총수입	320달러

시금치

시금치 역시 우리 농장의 대표 작물이다. 아주 작은 경작지에서 엄청난 양을 재배할 수 있다. 많은 양의 시금치를 비수기와 겨울에 판다. 주로 어린 시금치와 광엽 시금치, 두 종류를 판매한다. 어린 시금치는 대부분 레스토랑으로 납품되는 프리미엄급 작물인데 봄에는 주로 샐러드용으로 사용한다. 또한, 파머스 마켓에서 168g씩 봉지에 넣어 3달러에 판매한다. 광엽 시금치는 마켓과 레스토랑 양쪽에서 팔리지만 조리용이나 주스용으로 사용하기 때문에 가격을 달리 매긴다. 시즌에 따라 다르지만 상당히 가격이 낮다(kg당 10~14달러). 시금치를 성장 유형이나 가격 측면 모두 수익성이 있다고 보는 이유는 광폭 시금치의 생산성이 매우 높기 때문이다.

여름철을 제외하고는 연중 시금치를 심는다. 첫 번째 대규모 수확은 3월 중순쯤인데 이른 10월에 식재하여 월동한 작물에서 걷은 것이다. 이 경작지에서 봄에 첫 번째로 노지에 파종한 시금치가 나올 때까지 채취한다. 첫 번째 노지 파종은 3월 셋째 주에서 넷째 주 사이에 한다. 그때부터 6월 중순까지 주 단위로 2달에 한 번씩 식재한다. 그 무렵이 되면 날이 너무 뜨거워 시금치가 잘 발아하지 못해 9월 중순까지는 좀 쉰다. 9월 중순에서 9월 말쯤에 가을 수확용 작물로 2번 더 파종한다. 10월 첫째 주에 월동용 작물을 식재한 후 시즌을 마감한다. 추운 계절에 여러 차례 수확할 수 있는 밀생 작물을 5줄 심는다. 날이 더워질수록 작물은 맛과 형태를 잃기 시작한다. 시금치는 추운 달에 제일 맛이 좋고 심지어 겨울에는 단맛까지 난다. 3월에 첫 수확하는 월동 시금치는 최대 4회까지 수확할 수 있고 날이 더워질수록 점점 회수가 줄어든다.

수확 대부분의 다른 엽채류를 수확하는 방식대로 손과 칼로 채취한다. 엽채류 신속 수확기는 밑동에 있는 잎사귀를 절단하지 못하기 때문에 시금치에는 잘 맞지 않는다. 손으로 채취하는 것이 생산량은 물론 품질도 더 좋다.

작물 유형 신속 성장

수확 기간 3월에서 6월 초, 9월 중순에서 12월까지

재배 사양	5줄에 직파	**파종기** -얼스웨이 파종기	**씨앗 소요량** -이랑당 53g
품종	스페이스(Space)
성숙 기간	45일
이랑당 평균 생산성	2회에서 4회 수확 18kg
이랑당 평균 총수입	245달러

근대

근대는 인기 있는 작물은 아니지만 셰프들과 마켓 진열대에 다양성을 주기 위해 재배하는 작물이다. 근대는 생산성도 높고 재배하기도 쉽다. 여러 가지 색이 섞인 브라이트 라이트(Bright Light)라는 품종을 좋아한다. 셰프들도 좋아해서 한 주에 5kg 이상 셰프들에게 판매한다. 10다발에서 20다발은 파머스 마켓에서 팔 수 있다. 보통 한 시즌에 한 이랑에서만 근대를 재배한다. 여러 번 수확할 수 있고, 전혀 씨앗을 맺지 않는다. 또한, 근대는 봄에 민달팽이가 기생하는 것 외에는 해충 문제가 없다.

생산 근대는 케일과 재배 방법이 같다. 거의 일 년 내내 재배가 가능하다. 월동도 가능하지만 케일만큼 저항성이 있지는 않다.

수확 케일과 유사하게 맨 아래에 있는 잎을 따낸다. 수확을 빨리 끝내려면 칼로 깔끔하게 자른다. 그럴 경우 다시 잎이 나오려면 시간이 좀 걸린다.

작물 유형	지속 성장
수확 기간	5월부터 10월까지
작물가치 평가율	★★★☆☆ • 높은 생산성 • 높은 가격 • 긴 수확 기간
재배 사양	25cm 간격으로 중앙에 이식
품종	브라이트 라이트(Bright Lights)
성숙 기간	직파 후 65일
이랑당 평균 생산성	수차례 채취하여 33kg
이랑당 평균 총수입	325달러

토마토

토마토는 대부분의 농부들에게 대표적인 여름작물이다. 어떤 농부도 재배하지 않는 토마토 품종을 재배해야만 토마토 시장에서 살아남는다. 우리 농장이 위치한 곳은 여름에는 날씨가 뜨겁고 건조해 토마토 재배 조건으로 최적이다. 이 때문에 대부분의 농부들이 토마토를 재배하고 있고, 수확기에는 시장에 토마토가 넘쳐난다. 수많은 유기농 농부들이 모두 에어룸 품종을 재배하고 있고, 불과 몇 사람만이 일반 샐러드용이나 슬라이스용을 재배하고 있었다. 레스토랑 고객들과 파머스 마켓용으로 교배종 살라데테(hybrid saladette) 품종과 방울토마토를 재배하는 것이 틈새 시장이라고 파악했다. 우리 역시 에어룸 비프스테이크용 토마토를 재배하는데 모두 무한 성장 품종이다. 가장 선호하는 방울토마토 품종은 선 골드(Sun Gold)와 사꾸라(Sakura)고, 살라데테 품종은 마운틴 매직(Mountain Magic)과 골든 레이브(Golden Rave)다. 대형 에어룸용으로는 옥스하트(Oxheart)와 빈티지 바인(Vintage Vine), 소스용으로는 산 마르자노(San Marzano)를 재배한다.

 농장에서는 무한 성장 품종만 재배한다. 무한 성장 품종은 더 오랫동안 열매를 맺는 반면 제한 성장 품목은 모든 열매를 한꺼번에 맺는다. 농장의 모든 토마토는 우리가 명명한 '강전지' 기법을 활용해 재배한다. 토마토는 줄 간 간격이 25cm에 불과한 밀식으로 재배한다. 그것들은 포장용 줄로 격자 구조로 엮여 있고 자라면서 줄을 따라 꼬아 올라간다. 원줄기 옆에 난 모든 곁순을 따주고, 동시에 마지막으로 열매를 맺을 가지 외에 나머지 가지는 잘라낸다. 순과 줄기를 제거하면 4가지 효과가 있다.

화살표가 가리키는 것이 곁가지이다. 작물이 위쪽으로 곧게 자라도록 이 곁가지들은 지속적으로 전지해 주어야 한다.

1. 작물의 잎을 무성하게 하지 않고 열매를 맺는 일에 집중하도록 유도한다.

2. 순과 줄기를 제거하면 작물의 밑동 쪽에 공기가 순환되어 질병과 곰팡이를 방지한다.

3. 가을엔 토양에 햇볕이 더 많이 비추게 된다. 9월과 10월에 토마토 사이에 가을과 겨울 작물을 간작할 수 있다.

4. 시즌을 마감할 때 청소 작업을 빠르고 쉽게 할 수 있다.

별첨 사진첩 사진 53번을 참고하라.

 토마토를 따는 일은 그렇게 복잡한 일이 아니지만 토마토가 겹쳐 쌓이지 않도록 얕은 통에 담아 수확하는 것이 좋다. 토마토를 너무 무겁게 쌓으면 아래 있는 토마토 표면에 흠집이 생긴다. 한 겹의 토마토만 담을 수 있도록 얕은 통을 사용한다. 방울토마토는 두 겹 깊이로 쌓아 수확해도 된다.

작물 유형	지속 성장
수확 기간	7월부터 10월까지
작물가치 평가율	★★★☆☆ · 높은 생산성 · 높은 가격 · 높은 수요
재배 사양	25cm 간격으로 한 줄
품종	방울토마토 – 선 골드(Sun Gold), 사꾸라(Sakura), 살라데테 – 마운틴 매직(Mountain Magic), 골든 레이브(Golden Rave), 대형 에어룸 – 옥스하트(Oxheart), 빈티지 바인(Vintage Vine), 소스용 – 산 마르자노(San Marzano)
성숙 기간	파종 후 145일
이랑당 평균 생산량	90kg
이랑당 평균 총수입	720달러

맺는말

Parting Words

농장을 처음 시작할 때를 돌아보면 한 번도 모든 것이 완벽하게 준비된 적이 없었다. 농장을 운영하는 전반적인 계획을 구상하느라 너무 긴장되어 뒤척이다 밤을 지새운 적이 많았다. 모르는 것도 너무 많았다. 이 방법이 잘 안되면 어떻게 하지? 실패하면 어떻게 하지? 나로서는 어떻게 해야 할지 모르는 일들이 너무 많았고 여전히 답을 얻지 못한 것이 많았다. 솔직히 말해서 지금 이 순간도 별로 변한 게 없다.

해야 할 일을 모르는 때가 많았고 언제나 더 많은 의문점이 생겨난다. 경험을 통해서 일을 더 잘 처리할 수 있는 자신감을 얻기까지 배움을 결코 멈춰서는 안 된다. 세상에는 알아야 할 것들이 널려 있다는 사실에 위안을 받고, 두려움 때문에 행동하지 않거나 새로운 것을 시도하는 일을 중단해서는 안 된다. 새롭게 출발하려고 할 때 모든 것을 알 필요는 없다. 한 발을 내딛기만 하면 되고 그렇게 시작하는 것이다. 자질구레한 일들은 일하면서 파악하면 된다.

얼마 안 있어 다른 사람들이 여러분의 뒤를 따르고 있음을 깨닫게 되고, 그들이 여러분을 앞으로 더 나가도록 도와줄 것이다. 첫걸음을 내디디고 나면 매 순간 하는 일이 더욱 수월해지고 흥미로워질 것이다. 이런 현상이 바로 농장 경영에 뛰어든 내게 일어난 일이고, 다른 많은 도시농부들에게도 일어난다. 요즘 세상은 좋은 소식에 목말라 있고, 지속 가능한 농업을 추구하는 세계에서는 도시농업이 가장 흥미로운 뉴스거리가 되었다.

더 나은 세상을 만들기 위해 우리가 해야 할 일은 모든 문젯거리를 기회로 삼는 것이다. 농부에 대한 인식을 새롭게 바꾸어 나와 함께 시도해 보자. 다시 말하지만 지역 주민들이 원하는 일을 하고, 지역 사회에 도움이 되는 역할도 하자. 오늘날의 농부들은 사람들에게 먹거리가 어디서 왔는지 정직하게 알려주고, 스스로 작물을 재배할 수 있게 도와주는 농부가 되어야 한다. 도시농부들은 버려진 지역을 아름답고 생산적인 농장으로 변모시켜 로컬 푸드 운동의 모범적인 본보기가 되고 있다.

과거에 농부가 가졌던 근면하고 당당했던 모습을 상기시키고 우리처럼 돈도 벌고 성공한 모습을 확실하게 보여주어 까탈스럽고 궁핍하다는 농부에 대한 선입견을 지워버리자. 여러분의 농장이 생산적인 곳이 되면 될수록 더 많은 사람이 찾아와 문의를 할 것이다. 수익성 있는 농장은 설명이 필요 없다. 사람들이 직접 와서 보면 바로 이해하게 된다. 우리가 도시농업을 전 세계에 퍼트리려면 이 점이 매우 중요하다. 생산하는 일은 준비가 필요 없다. 현장으로 나가 시작하면 된다. 이러한 혁명은 바로 여러분의 뒷마당 혹은 누군가의 뒷마당에서 시작된다.

'지금 나의 모습은 나와 친밀한 다섯 명의 모습을 합친 것과 같다.'라는 말이 있습니다. 처음 농장을 시작할 즈음 이 말을 접했던 나는 진심으로 공감하게 되었고 멘토가 될 사람들을 찾아 나섰습니다. 그리고 그들의 경험과 조언을 최대한 많이 듣고 실천하려고 노력해 왔습니다.

먼저 나의 부모님께 감사드립니다. 나의 어머니 세럴(Chery), 무한한 사랑과 지지를 보내주셨고 끝까지 나를 믿어 주셨습니다. 나의 아버지 글랜(Glen) 역시, 내게 노동의 가치와 진실의 가치를 일깨워 주셨고 삶과 사업에 회의를 느낄 때마다 나의 곁에서 힘이 되어주셨습니다. 이 두 분께 감사의 말씀을 전합니다.

웬 스틸(Gwen Steele)과 존 알콕(Jon Alcock), 울프 웨슬리(Wolfe Wesle), 윌리 새쯔위찌(Wally Satzewich). 당신들의 지혜와 지식, 격려가 나의 성공에 결정적인 역할을 했습니다. 나를 위해 기꺼이 시간을 내주었던 분들입니다 정말 고맙고 감사합니다.

용어 해설

2회전 경작지

한 시즌에 2차례만 작물을 재배하는 경작지이다. 농장 네트워크상 가장 멀리 있는 경작지가 대부분 2회전 경작지인데 그 까닭은 추가 작업이 많지 않기 때문이다. 온실은 예외이다. 2회전 경작지는 우선 재배 작물과 후속 재배 작물로 구성한다. 우선 재배 작물은 지속 성장 작물로서 땅에 가장 오랫동안 심어 놓아야 할 작물(예: 토마토)이다. 후속 재배 작물은 보통 신속 성장 작물로서 우선 재배 작물보다 앞서 재배하거나 뒤이어 재배한다. 예를 들어 신속 성장 작물인 시금치는 토마토가 땅에 뿌리내리기 전에 토마토와 같은 경작지에 식재해서 수확한다.

보드 기법

합판으로 만든 판을 이용해 씨앗을 발아시켜 노지 새싹채소를 재배하는 방식이다.

공동체 지원 농업 프로그램

농부들이 회원제 프로그램을 통해 소비자와 직거래하는 방식이다. 소비자는 농장의 일정 지분을 구입하고, 농부에게서 매주 지역 농산물을 공급받는다. 농산물에 대해 선금을 지급하기 때문에 소비자들도 농장의 위험과 보상을 공유한다. 오늘날에는 공동체 지원 농업 프로그램에 참여하는 많은 농부들이 인터넷 기반 주문 시스템 덕분에 고객별 관리가 가능해졌다.

완전 수확   아무것도 남겨 놓지 않고 이랑의 작물을 모두 수확하는 작업이다.

작물가치 평가율   도시농업에서 작물의 경제적 가치를 결정하기 위해 사용한다. 경작지가 작을수록 재배하는 작물의 작물가치 평가율이 높아야 한다. 평가 기준당 점수로 1점씩 부여하는 다섯 가지 평가 기준이 있다. (1) 짧은 성숙 기간, (2) 이랑당 높은 생산성, (3) 단위 무게당 높은 가격, (4) 긴 수확 기간, (5) 높은 작물 수요 등 다섯 가지가 평가 기준이다.

반복 수확   한 번 식재로 여러 차례 수확이 가능한 것. 주로 엽채류가 해당된다. 루콜라, 상추, 겨자채, 러시안적케일 등이 있다.

성숙 기간   작물을 심고 수확할 때까지 걸리는 시간을 말한다.

노지 열기   더운 날 채소를 수확하면 햇볕 때문에 채소에 열기가 더해진다. 오랫동안 진열하여도 파는 데 지장이 없도록 하려면 수확한 작물에서 노지 열기를 신속히 제거해 주어야 한다. 저온 저장이나 차가운 물이 노지 열기를 처리하는 최선의 방법이다.

노지 새싹채소   야외에 있는 경작지에서 재배하는 새싹채소를 말한다. 5월 중순에서 9월 중순까지 재배할 수 있다.

성수기   연중 낮의 길이가 가장 길고 농장의 작물 생산이 가장 활발한 시기이다. 우리 농장에서는 루콜라와 래디쉬 같은 작물은 21일 만에 성숙하고, 여름작물은 거의 매일 수확한다. 북반구에서 성수기는 6월 중순에서 9월 중순까지이다.

고회전 경작지　연속해서 수확이 이루어지는 경작지이다. 고회전 경작지의 이랑은 시즌 중 최대 4회까지 식재 가능하다. 주로 신속 성장 작물을 식재하지만 성수기에는 비트와 당근도 재배할 수 있다.

수확 후 작업　수확 후에 작물을 처리하는 모든 단계를 말한다. 세척 작업과 선별 작업, 포장 작업이 포함된다.

가공 작업　수확 후 작물을 세척하고 선별하는 작업이다.

우선 재배 작물　2회전 경작지에서 재배하는 주요 작물(토마토와 케일, 파티팬호박 등)이다. 우선 재배 작물이 2회전 경작지 대부분을 시즌 내내 점유한다.

신속 성장 작물　60일 이내에 성숙하는 작물들이다. 래디쉬와 시금치, 잎상추, 순무는 신속 성장 작물들이다. 성수기에는 거의 매주 식재하고 수확한다.

후속 재배 작물　2회전 경작지에서 우선 재배 작물에 앞서 식재하거나 뒤이어 식재하는 작물이다. 대부분 신속 성장 작물이며 성숙 기간이 아주 짧아 우선 재배 작물이 자리 잡기 전에 성숙하거나, 우선 재배 작물을 수확한 후 시즌이 마감되기 직전에 성숙하는 작물이다.

비수기　봄과 가을이다. 연중 기온은 이때가 되면 다소 춥고 우리 농장 생산물 대부분은 온실과 로우터널 비닐하우스에서 나온다.

지속 성장 작물　신속 성장 작물보다 성숙 기간과 수확 기간이 길다. 토마토와 파티팬호박, 애호박, 케일 등이 지속 성장 작물이다.

미주

추천사

1. 미국 농무부 경제연구소: "2015년도 농업 부문 수
익성 약화 예상된다."
Farm Sector Income & Finances, Highlights from the
2015 Farm Income Forecast, April 22,
2015. 〔online〕. 〔cited July 6, 2015〕. ers.usda.gov/top-
ics/farm-economy/farm -sector-
income-finances /highlights-from -the-2015 -farm-in-
come -forecast.aspx1.

서문

1. World Wide Opportunities on Organic Farms web-
site. 〔online〕. 〔cited May 3, 2015〕.
wwoof.ne

1장

1. Francie Diep. 〈미 대륙의 잔디대 작물〉〔cited Au-
gust 25, 2015〕. scienceline
.org /2011/07/lawns-vs-crops-in-the -continental -u-
s/.

2. 미국 8천 5백만 가구가 개인 잔디밭을 소유하고 있
고, 잔디밭 크기는 대략 평균 809㎡이다. Erin Chap-
man. 〈잔디밭 크기〉 Grounds Maintenance. 〔online〕.
〔cited July 25, 2015〕. grounds-mag.com/mag /
grounds _maintenance_lawn_size/.

5장

1. 요한 하인리히 폰 튀넨. ≪고립된 국가≫ Pergamon,
1966.

7장

1. 진 마틴 포티어. ≪마켓 가드너: 소규모 유기농 농
장을 위한 작물 재배 안내서≫ New Society, 2014. 또
는 엘리엇 콜만. ≪신세대 유기농 농부: 자가 소비 및
상업 재배에 사용되는 도구와 전문 사용법≫" 2nd ed.
Chelsea Green, 1995.

9장

1. F. John Reh. ≪파레토 원리 — The 80 -20 Rule≫
About.com. 〔online〕. 〔cited April
30, 2015〕. management.about.com/cs/ generalman-
agement/a/Pareto081202 .htm.

14장

1. 가장 대중적인 클라우드 펀딩 사이트: kickstarter.
com, indigogo.com and
crowdfunder.com. 〔online〕. 〔cited May 7, 2015〕. 이
외에도 더 많은 것이 있음.

18장

1. 온라인에 게재된 2가지 기사. 〔cited June 24,
2015〕: Gary Buiso. 〈마을 텃밭 토양에 함유된 납이 작
물에 미치는 영향〉 New York Post, March 26, 2014.
Nypost .com/2014/03/16/lead-found-in -communi-

ty-gardens-soil-may-affect -produce/; Randy Shore.
〈밴쿠버 재개발 단지내 마을 텃밭에서 발견된 중금속
오염물질〉Vancouver Sun, December 2, 2014. van-
couversun .com /life /Metal＋contamina tion ＋found
＋ Vancouver ＋community ＋garden ＋brown field
＋sites/10431761/story .html #feder ated＝1.

31장

1. J. Rahkonen, J. Pietikainen and H. Jokela. 〈화염 제
초가 토양속 미생물 서식처에 미치는 영향〉Microbial
Biomass." Biological Agriculture & Horticulture: An
International Journal for
Sustainable Production Systems, Volume16#4 (1999),
pp. 363－368. 〔online〕. 〔cited
July 13, 2015〕. tandfonline .com/doi/abs
/10.1080/01448765 .1999 .9755239#.VZXz QWC-
Cp4.

찾아보기

1 파머스 마켓
2 레스토랑과 셰프
3 땅에서 뽑아낸 억센 덩굴 식물과 그 뿌리
4 경작지에 드리운 남향쪽 그늘

5 대중 친화적 경작지

6 조경용 천으로 처리한 경작지 둘레

7 고가 관수 시설을 갖춘 크기 15m×15m 고회전 경작지

8 원 수도관과 연결된 관수 컨트롤 박스

9 관수 박스: 5구역 고회전 경작지에 위치

10 4구역 고회전 경작지의 고가 관수 설비와 2대의 짧은 이랑을 갖춘 특이한 경작지

11 온실 상부의 소형 스프링클러

12 점적 관수: 너비 76cm 이랑에 4개 라인

13 수직 공간을 활용한 소규모 육묘장

14 실내 육묘장에서 겨울 새싹채소 재배 중

15 수직 육묘로 비닐하우스 공간 2배 확장

16 비닐하우스에서 초기 묘묙 작업: 포트에 흙을 담고 토마토 묘묙 식재

17 3기통 소형 트럭에 파머스 마켓용 물품 상자

18 2대의 주문 제작한 쳘제 트레일러를 연결한 다묙적 전기 자전거

19 시금치 수확 수작업 모습: 왼손으로 다발을 잡고 오른손으로 자름

20 가능한 많은 양을 왼손으로 집어서 상자에 투입

21 상추 수확 수작업 모습: 상추 사이에 토마토 간작

22 신속 엽채류 수확기로 다채 수확: 왼쪽은 간작한 토마토

23 해바라기 새싹 수확 모습: 왼손으로 잡고 오른손으로 절단

24 래디쉬 수확 모습: 왼손으로 잡고 오른손을 사용해 고무밴드로 묶음

25 당근 수확 모습: 쇠스랑으로 흙을 헐겁게 한 후 당근을 뽑아 상자에 투입

26 수확한 작물을 그늘에 두고 노지 열기를 없애기 위해 물을 뿌린다

27 해바라기새싹 세척 모습

28 세척한 엽채류를 회전 탈수기에 투입

29 건조대/선별대에서 해바라기새싹 선별

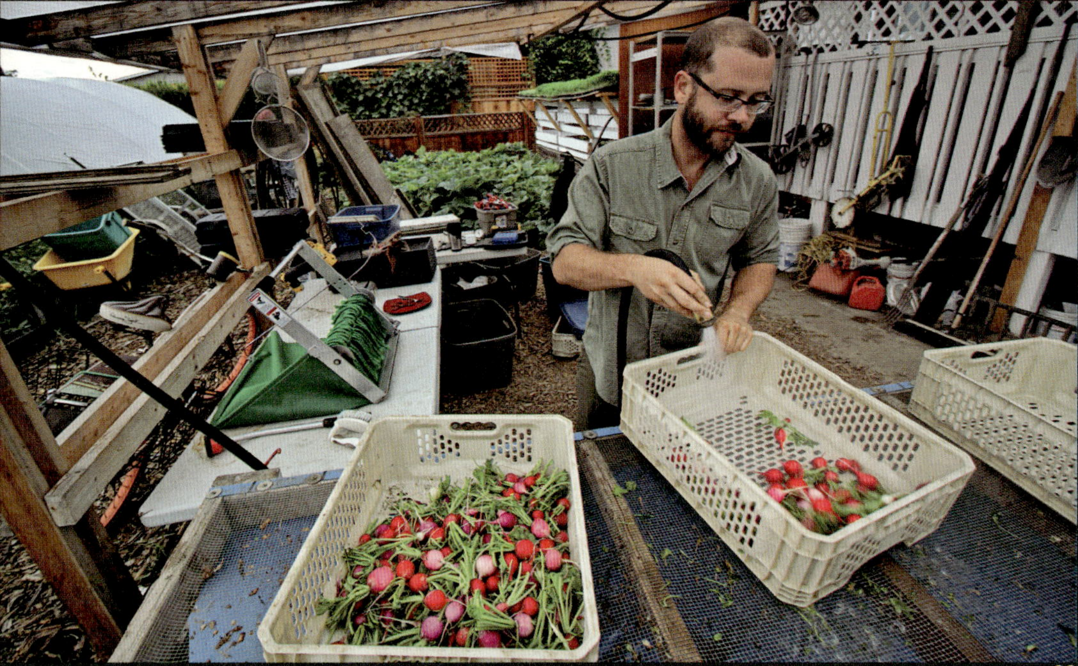
30

31

32

33

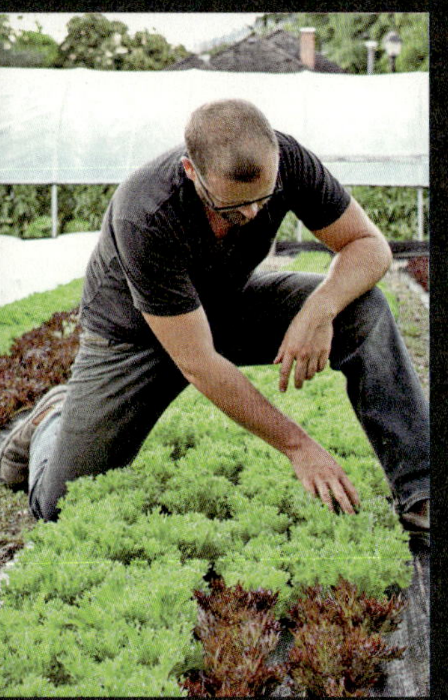

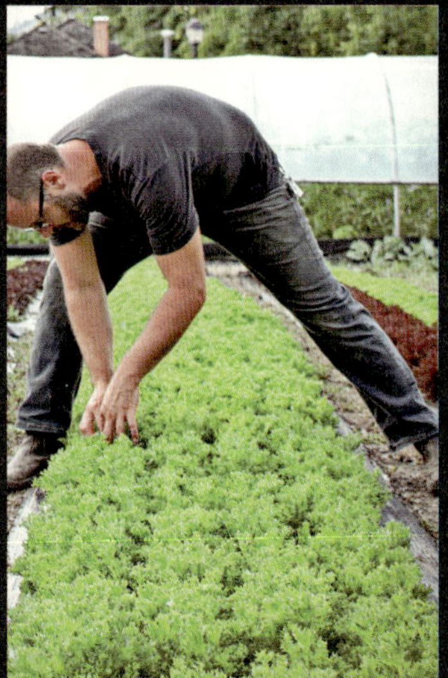

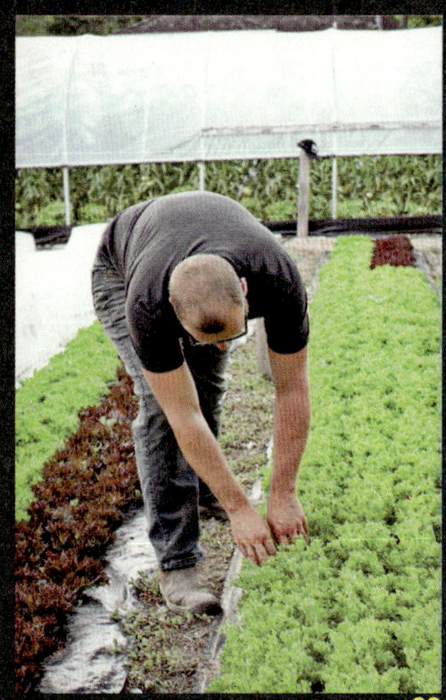

30 근채류 세척: 당근, 래디쉬, 비트는 동일한 방식으로 세척

31, 32, 33 이랑에서 각기 다른 자세로 일하는 모습

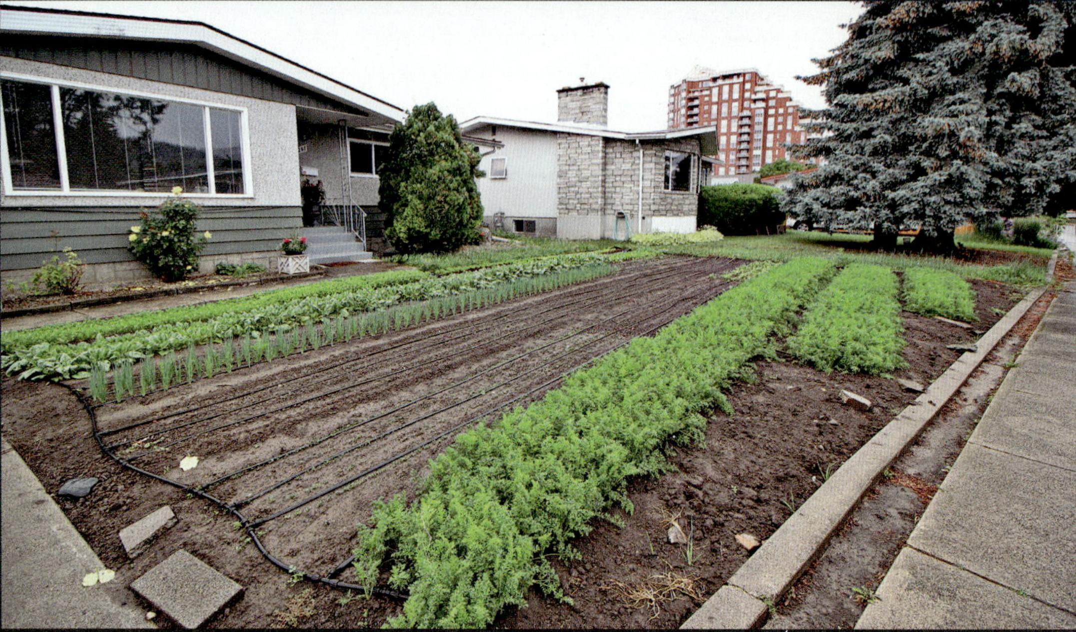

34 앞마당 특이 모양 경작지: 보도블럭 각도로 인해 불완전한 정사각형

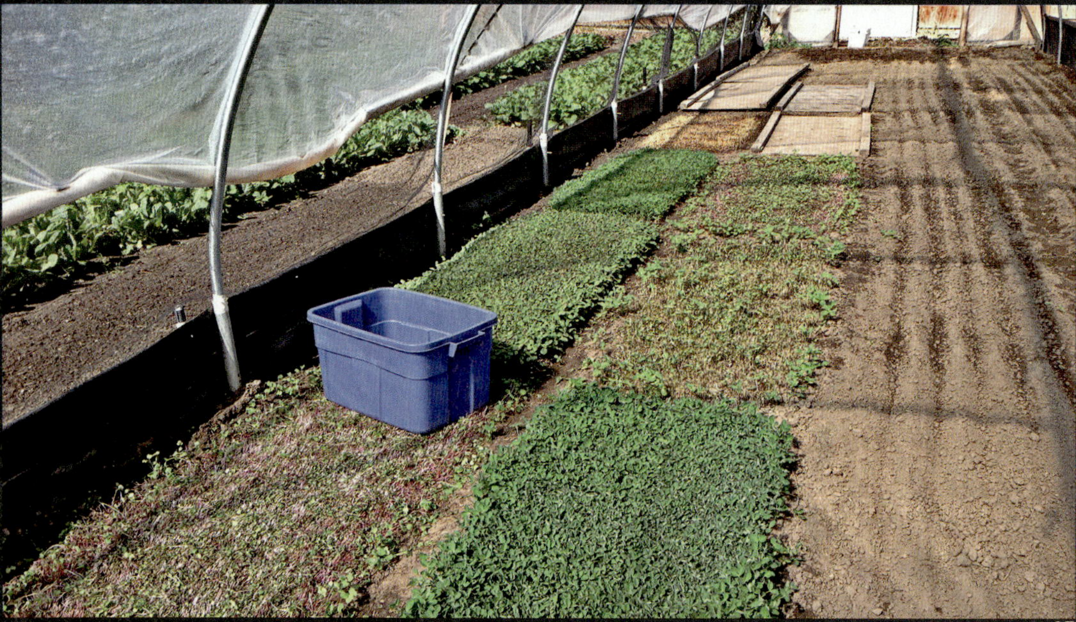

35 짧은 이랑: 1.8m 온실 이랑에서 키우는 노지 새싹채소

38

39

40

41

38 이랑 관리기 작업

39 수동 소형 관리기로 무경운 이랑 정리

40 쇠스랑을 이용해 흙을 고르는 작업: 흙 상태는 거의 변하지 않음

41 점파종기를 이용한 직파: 줄 간격을 맞추기 위해 계속 전방을 응시

42 묘판 롤러를 이용해 이식 구멍을 만드는 모습

43 봄 엽채류 고랑에 간작으로 토마토를 이식하는 모습: 왼쪽 엽채류 이랑 2줄 제거 후 토마토 한 줄 식재

44

45

46

47

48 보드를 걷어내 햇볕에 노출한 새싹채소: 발아 후 보드를 치움

49 수확할 시기가 된 노지 해바라기새싹 이랑

50 3.5mX11cm 크기의 신속 비닐하우스: 철조망 울타리용 상부 난간을 연결하여 제작

51 5m×15m 크기의 비닐하우스 전경

52 로우터널 비닐하우스

53 강전지 기법을 활용한 격자형 토마토 경작지